Pueblos indígenas y afrodescendientes
Jóvenes y desarrollo con identidad

Editado por

Rafael Sevilla
Juliana Ströbele-Gregor
Javier Ruiz

D1672530

HORLEMANN

Originalausgabe

Die Deutsche Bibliothek – CIP-Einheitsaufnahme
Für diese Publikation ist ein Titeldatensatz bei
der Deutschen Bibliothek erhältlich

Portada:
«ASHTA CHAKAKUNA» (kichwa: «muchos puentes»).
Sobre el Puente de Alcántara, Toledo,
participantes en el III Foro de Diálogo

Con el patrocinio de
AECID Madrid, GTZ/BMZ Fráncfort/Bonn, INWENT Leipzig-Zschortau,
CJ Toledo, SEGIB Madrid

Horlemann Verlag
Postfach 1307
53583 Bad Honnef
Fax (0 22 24) 54 29
E-mail: info@horlemann-verlag.de
www.horlemann-verlag.de

Gedruckt in der EU

ISBN 978-3-89502- 307-1

Índice

II – Educación y participación

III – Jóvenes en el área rural y biodiversidad

VI – Anexos

Rafael Sevilla / Juliana Ströbele-Gregor / Javier Ruiz[*]

III Foro de Diálogo Europa – Pueblos Indígenas y Afrodescendientes de América Latina: «Jóvenes y desarrollo con identidad»

Este segundo volumen de la serie *Ediciones Foro de Diálogo* recoge las contribuciones presentadas en el curso del III Foro de Diálogo Europa – Pueblos Indígenas y Afrodescendientes de América Latina, celebrado en Toledo, la capital de la Comunidad Autónoma de Castilla-La Mancha (España), del 2 al 4 de marzo de 2009, bajo el título «Jóvenes y desarrollo con identidad».

Al igual que los anteriores, también este III Foro fue organizado por el Centro de Comunicación Científica con Ibero-América (CCC Tubinga) en cooperación con diversas instituciones: el Instituto Latinoamericano de la Universidad Libre de Berlín, la Organización Iberoamericana de Juventud (OIJ) y la Universidad Carlos III de Madrid; y con el patrocinio y la participación activa de la Agencia Española de Cooperación Internacional y Desarrollo (AECID); la Cooperación Técnica Alemana (GTZ); la Capacity Building International, Germany (INWENT); el International Working Group on Indigenous Affairs (IWGIA) de Dinamarca; la Secretaría General Iberoamericana (SEGIB), el Consejo de la Juventud de España (CJE), el Instituto de la Juventud (IJ) y la Consejería de Bienestar Social de Castilla-La Mancha.

---

[*] Rafael Sevilla, Centro de Comunicación Científica con Ibero-América, CCC, Tubinga (Alemania), *ccc@oe.uni-tuebingen.de* / Juliana Ströbele-Gregor, Universidad Libre de Berlín (Alemania), *Jstroebelegregor@gmx.net* / Javier Ruiz, Organización Iberoamericana de Juventud, OIJ, Madrid (España), *jruiz@oij.org*

Queremos destacar en este lugar muy en especial el valor testimonial de las contribuciones de jóvenes indígenas impresas en este volumen. Sus autoras y autores provienen en su gran mayoría de una tradición fuertemente marcada por la oralidad y, sin embargo, han hecho el gran esfuerzo de concretar por escrito sus ideas, propuestas, preocupaciones y soluciones expuestas y discutidas en Toledo. Lo cual viene a demostrar, por un lado, tanto el progreso alcanzado en la formación intercultural de futuros líderes indígenas y afrodescendientes como, por otro, el alto grado de concientización realmente existente en estas nuevas generaciones que marcarán en buena parte el futuro desarrollo de sus comunidades. El vivo diálogo que imprimió carácter al encuentro se puede percibir en el informe que, por este motivo, hemos incluido en un anexo al final de la publicación, y que también puede servir de resumen del fructífero intercambio de ideas y experiencias entre los jóvenes participantes –provenientes de unas 25 nacionalidades correspondientes a 12 Estados de Europa y América Latina.

Para entender el marco y la filosofía en que tienen lugar estos encuentros consideramos pertinente echar una mirada atrás.

I Foro de Diálogo (Weingarten 2004)

En julio de 2004, un Simposio pluridisciplinario sobre el tema «Pueblos indígenas y desarrollo en América Latina – Hacia la construcción de un futuro propio» reúne en la ciudad alemana de Weingarten (Alta Suabia, Alemania) a representantes de pueblos indígenas americanos –de Bolivia, Chile, Colombia, Ecuador, Guatemala, Honduras y Perú– donde en diálogo con expertas y expertos europeos se desarrollaron enfoques que, sin olvidar la dolorosa experiencia de la colonización y la exclusión sistemática de las poblaciones indígenas, pusieron la mira en su futuro dentro de un mundo globalizado.[1] Los asistentes estuvieron de acuerdo en la necesidad de profundizar ese diálogo encaminado a *redefinir* conjuntamente –pueblos indígenas, organizaciones internacionales, gubernamentales y no gubernamentales– el concepto de «desarrollo», nivel cultural, político, económico y

---

[1]   Un informe completo en Rafael Sevilla/Teresa Valiente, «Pueblos indígenas y Desarrollo en América Latina. Hacia la construcción de un futuro propio», en: *Pueblos Indígenas y Educación* 56, enero-junio 2005, 135-148 (Ediciones Abya-Yala, Quito-Ecuador). La versión alemana a cargo de Juliana Ströbele-Gregor apareció en *WeltTrends. Zeitschrift für Internationale Politik* 46, 2006, 195-197 (Potsdam). El Simposio fue organizado conjuntamente por el Centro de Comunicación Científica con Ibero-América de Tubinga y el Instituto Latinoamericano de la Universidad Libre de Berlín en la sede de la Academia de la Diócesis Rottenburg-Stuttgart en Weingarten (Alta Suabia, Alemania), y con el patrocinio de la Sociedad Alemana de Cooperación Técnica (GTZ)/Ministerio Federal de Cooperación Económica y Desarrollo (BMZ).

ambiental y, a partir de ahí, trazar alternativas realistas para superar la situación reinante de exclusión en las poblaciones indígenas con miras a la meta común del «buen convivir».

Fue aquí donde nació el proyecto de un FORO DE DIÁLOGO EUROPA – PUEBLOS INDÍGENAS Y AFRODESCENDIENTES DE AMÉRICA LATINA que en el marco de la futura Universidad Indígena Intercultural congregara alternativamente en Europa y América a actores destacados para intercambiar y concretar ideas en la solución de esta urgente tarea pendiente, en un proceso realmente liberador *desde* y *para* el continente americano.[2]

II Foro de Diálogo (Weingarten 2006)

Bajo el tema «Derecho, estrategias económicas y desarrollo con identidad en América Latina», el CCC de Tubinga convocó en julio de 2006 un segundo simposio pluridisciplinario con pueblos indígenas que fue la continuación y concretización de la propuesta desarrollada dos años antes, y en el mismo lugar, la Academia de la Diócesis Rottenburg-Stuttgart en Weingarten. La publicación de ahí resultante[3] no sólo es documentación de las contribuciones a este II Foro, sino también y muy en especial, de un pionero y ejemplar esfuerzo de cooperación interinstitucional europea e iberoamericana que refleja el espíritu «de equipo» que caracterizó este segundo encuentro en Alemania. La Agencia Española de Cooperación Internacional y Desarrollo (AECID), la Sociedad Alemana de Cooperación Técnica (GTZ), la Capacity Building International, Germany (INWENT), el International Work Group for

---

[2]　La idea del Foro fue presentada por Juliana Ströbele-Gregor (LAI Berlin/GTZ Eschborn) durante el Congreso «Evaluación de la Década Indígena (1994-2004)» organizado del 25 al 27 de octubre de 2004 en Quito/Ecuador por la Coordinadora de las Organizaciones Indígenas de la Cuenca Amazónica (COICA), el Fondo Indígena (FI) y el Consejo Indígena de Centroamérica (CICA). En esta primera propuesta se contemplaban dos niveles:
Nivel I: Celebración periódica y alternativa –en Europa y América– de Conferencias pluridisciplinarias en las que conjunta e interculturalmente se analizaran temas de urgente actualidad y de las que surgieran propuestas concretas dirigidas a las agencias de cooperación en Europa y a las organizaciones indígenas en América. Posibles temas para futuros encuentros: a) Pueblos indígenas, economía y derecho; b) Jóvenes indígenas y desarrollo con identidad; c) Pueblos indígenas, ecología y salud, etc.
Nivel II: Identificación de universidades en Europa y América Latina que apoyaran los programas de la Universidad Indígena Intercultural contribuyendo a la formación de estudiantes altamente cualificados para el desempeño de funciones y abriendo horizontes para la solución global de problemas locales. Concretamente se mencionan en este contexto la Universidad Carlos III de Madrid, Universidad Técnica de Berlín, Universidad Autónoma de Barcelona, Universidad de Andalucía, Universidad de Tesalónica…

[3]　Rafael Sevilla / Juliana Ströbele-Gregor (eds.), *Pueblos Indígenas: Derechos, estrategias económicas y desarrollo con identidad*, Bad Honnef: Horlemann / Centro de Comunicación Científica con Ibero-América 2008, 302 págs.

Indigenous Affairs, Dinamarca (IWGIA), la Secretaría General Iberoamericana (SEGIB) y la Consejería de Bienestar Social de la Junta de Comunidades de Castilla-La Mancha, hicieron posible la publicación de este primer tomo de la serie *Ediciones Foro de Diálogo.* Como nota distintiva de este encuentro es de destacar la presencia de un representante de un Gobierno regional europeo particularmente comprometido con la causa de los indígenas americanos, D. Tomás Mañas, entonces Consejero de Bienestar Social de Castilla-La Mancha y actualmente (2010) Director de la Fundación Castellanomanchega de Cooperación. De ahí su generosa oferta de Toledo como capital anfitriona del próximo III Foro.

III Foro de Diálogo (Toledo 2009)

En consonancia con la propuesta temática inicial, este III Foro se centró en el tema de la juventud indígena. Pese a que el futuro de toda sociedad se va construyendo sobre la base de las generaciones jóvenes, poca atención se ha prestado hasta ahora al papel clave que desempeñan las y los jóvenes indígenas y afrodescendientes en el lento proceso de construcción de un desarrollo adecuado a la propia identidad. A caballo entre la niñez y la edad adulta los jóvenes indígenas y afrodescendientes de América Latina son actores, cada vez más numerosos –en algunos países «en desarrollo» el porcentaje de población menor de 25 años alcanza hasta el 70%–, a tener prioritariamente en cuenta a la hora de desarrollar acciones e implementar proyectos de apoyo a un desarrollo con identidad y futuro de los pueblos indígenas y afrodescendientes integrantes de los Estados plurinacionales latinoamericanos. Los jóvenes constituyen un enorme potencial para transformaciones sociales y políticas de una sociedad. De ahí que este III Foro fuera nuevamente una llamada a actores indígenas/afrodescendientes y europeos en la cooperación, a analizar y discutir conjuntamente las perspectivas de los jóvenes indígenas/afrodescendientes, especialmente indefensos –como toda persona joven– frente a carencias, influjos y presiones culturales y económicos, provenientes tanto del interior como del exterior de sus sociedades. El encuentro adicional con jóvenes europeos mostró intereses comunes pese a las muy diferentes condiciones de vida. Como los anteriores, también éste fue un Foro de Diálogo *con* y no sólo *sobre* jóvenes indígenas y afrodescendientes.

Ser joven e indígena en América Latina – Algunas reflexiones introductorias

Los jóvenes constituyen un potencial significativo en los procesos de transformación. Tal es el caso en todas las sociedades, pero especialmente en el de jóvenes indígenas dentro de sociedades latinoamericanas con alto porcentaje de población indígena. Sobre todo en comunidades campesinas tradicionales representan un potencial de cambio cultural, por estar ellos más abiertos a «lo nuevo» que la vieja generación. La juventud es la edad de la vida en que se forma la identidad. Y aquí juega un papel central el proceso de construcción de identidad dentro del grupo. Un proceso que encierra contradicciones y presenta múltiples facetas. En la confrontación de valores y normas tradicionales con nuevos patrones de vida surgen fracturas en el interior del grupo así como fluctuaciones y cambios entre diversos modelos culturales.

Desde esta perspectiva se observa entonces que la formación de identidad de los jóvenes en el ámbito rural –y todavía más en el contexto urbano– ya no se va construyendo sobre un fundamento sólido de estructuras sociales; que aquí ya no son exclusivamente decisivas las viejas normas culturales, las tradicionales formas de vida, imágenes del mundo y la lengua materna, sino que ideas y formas de vida llegadas del exterior van ganando terreno. Los jóvenes son particularmente receptivos frente a nuevas ideas, nuevas formas de expresión cultural –por ejemplo, modos de vestirse, la música o el baile– , frente a innovaciones técnicas, tanto en lo que se refiere al internet y los nuevos medios como a la producción. Y también están más abiertos que sus padres a las nuevas formas de vida y a los cambios en la relación entre los sexos. De esta suerte, el proceso de la formación de identidad de los jóvenes se integra dentro de la dinámica del cambio –ellos mismos son los portadores de este proceso de transformación cultural altamente complejo.

Particularmente en las zonas rurales, los jóvenes juegan un papel clave dentro de los actuales desarrollos de comunidades campesinas en cuanto que dan impulsos hacia los cambios. Cómo son estos cambios, qué importancia otorgan los jóvenes a las tradiciones y qué significa para ellos la tradición cultural, varía sin duda localmente de una comunidad a otra, y es algo que merece ser estudiado. En el marco del encuentro de Toledo tuvimos oportunidad de conocer experiencias y puntos de vista de jóvenes que proceden de comunidades rurales pero a los que no les es extraño el mundo fuera de sus aldeas. E igualmente escuchamos experiencias de boca de jóvenes de ascendencia indígena que viven en ciudades.

Con ello hemos tocado los temas de la movilidad y la migración. Como bien sabemos todos, muchas familias se ven obligadas por motivos económicos a enviar a uno o varios hijos con los parientes o paisanos que viven en la ciudad, para que éstos puedan combinar la asistencia a una escuela secundaria con trabajitos para ganarse la vida. En muchos países, la asistencia a una escuela secundaria es sólo posible en la ciudad, por lo que aquellos jóvenes que quieren continuar estudios se ven obligados a trasladarse a ella. La migración va así ligada a expectativas y a la esperanza del ascenso social. Los jóvenes viven nuevas formas de vida, nuevas estructuras sociales, nuevas formas de trabajo. Muchas veces son dolorosas estas experiencias –no sólo por la separación de la familia, del entorno conocido de vida, sino porque llegan a un mundo duro de vida, extraño para ellos, en el que personas de origen indígena rural se ven confrontados con discriminación, marginalización y, no pocas veces, con racismo. Y, como siempre, las niñas y las mujeres jóvenes son aquí las más afectadas. Una situación que se potencia aún más cuando la migración es hacia el extranjero. El abrirse camino en esta situación de existencia como migrante es duro, exige una sólida salud psíquica y una firme voluntad de resistencia. La creación de nuevas comunidades de emigrados que faciliten la comunicación y promuevan la solidaridad, es aquí una importante estrategia de supervivencia.

En este entorno de la migración, los jóvenes han desarrollado múltiples formas nuevas de vida. Aquí encontramos el fortalecimiento consciente de modelos sociales tradicionales, la revitalización de formas de expresión cultural y/o la construcción de concepciones políticas y visiones sociales que se remiten al pasado prehispánico; otros enlazan con formas de organización social de la vida cotidiana que fueron estructuradas por anteriores generaciones de migrantes indígenas urbanos y que los jóvenes amplían ahora con miras a la defensa de sus propios intereses –por ejemplo, con los sindicatos de jóvenes estudiantes donde luchan por que la administración comunal tenga en cuenta sus intereses, como serían, por citar algunos ejemplos, tranporte público más barato, comedores escolares, instalaciones de tiempo libre, mejora de la enseñanza escolar. Esta defensa de intereses llega hasta la participación dentro de partidos políticos o la creación de nuevas formas alternativas de expresión y formación de grupos, es decir, de una cultura juvenil que se manifiesta especialmente en el ámbito de la música y de la praxis artística o también en la labor dentro de grupos juveniles que discuten crítica y creativamente su situación vital, y que desarrollan visiones de futuro en el contexto de la interculturalidad, es decir, del diálogo, del intercambio y del trabajo conjunto con jóvenes de origen cultural y social distinto.

Aquí, el reconocimiento y valoración de culturas diferentes, así como el diálogo entre ellas, juega también un papel importante. El antiguo Secretario General de las Naciones Unidas, Javier Pérez de Cuellar, en su presentación del informe de la comisión de la UNESCO con el título «Nuestra diversidad creativa», del año 1995, lo define de la siguiente manera:

«… la cultura moldea nuestro pensamiento, nuestra imaginación y nuestro comportamiento. La cultura es la transmisión de comportamiento tanto como una fuente dinámica de cambio, creatividad y libertad, que abre posibilidades de innovación. Para los grupos y las sociedades, la cultura es energía, inspiración y enriquecimiento, al tiempo que conocimiento y reconocimiento de la diversidad: si la diversidad cultural está "detrás, alrededor y delante de nosotros", como bien dijo Claude Lévi-Strauss, debemos aprender a evitar el "choque entre culturas" y más bien conducirlas a una coexistencia fructífera y una armonía intercultural.

Tal y como ocurre en la tarea de construcción de la paz y de consolidación de los valores democráticos, que forman un conjunto de objetivos indivisible, los derechos económicos y políticos no pueden ser realizados separándolos de los derechos sociales y culturales.

El reto para la humanidad consiste en adoptar nuevos modos de pensar, nuevos modos de actuar, nuevos modos de organizarse en sociedad, en resumen: nuevos modos de vivir. También es un reto promover diferentes caminos hacia el desarrollo. Estos caminos requieren el reconocimiento de cómo los factores culturales moldean la manera en que las sociedades conciben su propio futuro y eligen sus propios medios para construirlo.»[4]

Así llegamos al tema de la vivencia de la violencia por parte de jóvenes indígenas, puesto que en muchos lugares no sólo están expuestos a la discriminación por razón de su pertenencia a una cultura y a una etnia. La violencia marca en muchos países latinoamericanos la vida diaria. Aquí se cuentan las consecuencias de guerras civiles, como en la América Central y en el Perú; la violencia en el contexto de la economía de la droga; conflictos violentos internos donde confluyen conflictos sociales y políticos con la economía de la droga, como es el caso de Colombia. Pero también se cuenta como violencia la pérdida del espacio de vida cuando empresas agroindustriales o de otra índole exigen para sí la tierra hasta ahora explotada por comunidades indígenas, expulsando de ellas a la población nativa. Con ello no sólo la privan de la base de su subsistencia sino de todo su mundo de vida: el empobrecimiento es también una forma de experimentar la violencia. Y también, y no en último lugar, el enorme incremento de la violencia cotidiana. La criminalidad y la falta de seguridad caracterizan ya no sólo las megalópolis, sino que

---

[4] «…culture shapes all our thinking, imagining and behaviour. It is the transmission of behaviour as well as a dynamic source for change, creativity, freedom and the awaking of innovative opportunities. For groups and societies, culture is energy, inspiration and empowerment, as well as the knowledge and acknowledgment of diversity: if cultural diversity is „behind us, around us and before us", as Claude Levi-Strauss put it, we must learn how to let it lead not to the clash of cultures, but to their fruitful coexistence and to intercultural harmony.

Just as in the tasks of building peace and consolidating democratic values, an indivisible set of goals, so economic and political rights cannot be realized separately from social and cultural rights.

The challenge to humanity is to adopt new ways of thinking, new ways of acting, new ways of organizing itself in society, in short, new ways of living. The challenge is also to promote different paths of development, informed by a recognition of how cultural factors shape the way in which societies conceive their own futures and choose the means to attain these futures.»

existen también en las regiones rurales. Los niños y jóvenes que crecen en medio de tales situaciones violentas reciben una impronta duradera. Para ellos, violencia y miedo estructuran, consciente o inconscientemente, la vida diaria. La solución de conflictos ya no va por la vía del diálogo, sino por la de la violencia, tanto a nivel bajo como alto. Para superar o abandonar tales patrones de comportamiento se precisan –y ello sin duda que lo tenemos todos muy claro– no sólo del apoyo y la intervención a nivel individual, sino cambios fundamentales en el contexto social general. Sólo si se dan ambas cosas paralelamente se podrán liberar los jóvenes y salir de la espiral de la violencia. La creación de una cultura de la paz, como hace años ya definió Pérez de Cuellar al frente de la Uno, sería aquí una pieza importante.

Las contribuciones que siguen distribuidas en cinco capítulos: «Derechos, seguridad/violencia»; «Educación y participación»; «Jóvenes en el área rural y biodiversidad»; «Jóvenes en el área urbana» y «Migración y afirmación de identidad» giran en torno a estas problemáticas, reflejando la situación y las expectativas del momento sobre todo desde la perspectiva de los sujetos de cambio.

Al celebrarse el encuentro en la decantada «Madre Patria», en España, hemos considerado oportuno anteponer la ponencia marco de un antropólogo español perfectamente familiarizado con la problemática afroindia. Sus reflexiones vienen a demostrar una vez más, entre otras cosas, que el verdadero diálogo sólo es posible entre iguales, cuando entre los dialogantes existe una simetría real de situaciones y vivencias.

Por último rogamos al paciente lector sepa comprender eventuales «peculiaridades» estilísticas en el uso del castellano en las contribuciones de las autoras y autores en su mayoría bilingües y, como ya señalamos al principio, educados en una cultura eminentemente oral. Nuestro agradecimiento y felicitaciones por su encomiable y exitoso esfuerzo.

Rafael Sevilla / Juliana Ströbele-Gregor / Javier Ruiz
Tübingen, Berlín y Madrid, Junio de 2010

Antonio Pérez[*]

De la esclavitud y sus variedades – Reflexiones sobre el tema afroindio desde la vivencia de un antropólogo en España

Si la juventud es lo opuesto de la senectud, la antropología clásica prefirió el estudio del polo viejuno. Por ello, en los textos hereditarios de esta disciplina, el joven indígena sólo figura como porteador o cocinero mientras que el anciano aparece como el «guardián de los secretos de la tribu» –sabio si los regala al antropólogo, taimado si mercadea con ellos–. Pero un ligero examen de las narrativas del trabajo de campo nos enseña que, a menudo, el joven es el informante principal y el viejo, el príncipe mudo de la foto. En los casos en que así ocurre, es fácil colegir que el joven desea erigirse en intermediario entre su pueblo y Occidente o que, simplemente, padece más que el viejo el prurito de novedad. Sin embargo, esta avidez es una característica del Occidente actual que no deberíamos extrapolar automáticamente a las demás culturas –ni tampoco al Occidente de antaño–. Es harto probable que, siendo así de prudentes, ganaríamos en calidad etnográfica. Digámoslo en lenguaje periodístico: esos taxistas a los que el apresurado corresponsal limita todo su contacto con el pueblo visitado, pueden ser buenos o malos informantes pero nunca deberían ser los únicos porque no es lo mismo entrevistar que entrever. Un pueblo entrevistado es un pueblo con jóvenes y con viejos; un pueblo entrevisto carece de ambos.

Por su parte, la antropología moderna –sea eso lo que sea–, se ha visto obligada a ampliar desaforadamente sus objetos de estudio, en parte porque los verdaderos indígenas –los míticos «caníbales»–, son cada día más difíciles de encontrar y en parte porque se ha dejado encadenar paulatinamente a la maquinaria productiva. Como correlato de esto último, la antropología sobrevive dedicándose a la propia sociedad occidental y, dentro de ella, observamos que está especializándose en sus extremos etarios: en los jóvenes y en

---

[*]   Fundación Kuramai, Valencia de Alcántara (España), *beltranp@arrakis.es*

los viejos. Huelga añadir que esta (polémica) tiene menos relación con las respectivas culturas que con las potencialidades económicas de unos y otros – la juventud como gran consumidora y la senectud como proveedora de herencias–.

Sin embargo, no sólo cuando de Occidente se trata sino en general, se suele olvidar que la juventud es también una enorme reserva laboral. La razón de esta negligencia es obvia: una menor conflictividad con los amos del Mercado. Es menos conflictivo caracterizar a la juventud como ese nicho del Mercado que, siguiendo a estos reduccionistas, se distingue por ser fértil en plusvalías pero tan misérrimo en contenidos como para provocar que algunos filósofos de taberna la despachen asegurando que «es una enfermedad que se cura con la edad» –otros van más allá y proclaman que, como ocurre con el mal de amor juvenil, no es necesario esperar al paso de los años sino que, simplemente, «se cura viajando»–.

En todo caso, la juventud se transforma en un tema elusivo[1] cuando de *negrindios* –amerindios y afroamericanos– se trata.[2] Y quien suscribe no es el más adecuado para analizarlo por la simple razón de que yo no tengo la suficiente experiencia.[3] Por ello, entiendo que, al igual que hice al ser invitado a

---

[1] Por romper este maleficio hay que felicitar a los organizadores del encuentro con «jóvenes indígenas y afrodescendientes» que tuvo lugar en el castillo de San Servando (Toledo, España) en marzo del 2009. Estas notas son una ampliación de las palabras que improvisé el miércoles 04.marzo dentro de ese foro. Al redactarlas, he tratado de mantenerme fiel al guión que seguí en aquella ocasión pero no creo haberlo conseguido. Aún más, lamento que estas páginas no reflejen la riqueza del debate posterior donde los jóvenes congresantes teorizaron con conocimiento y energía sobre el Poder. Por otra parte, aunque supiera reproducirlo –una tarea superior a mis capacidades–, tampoco lo intentaría porque no estoy interesado en simplificar un tema tan importante como el esbozado en aquel debate: nada menos que la posibilidad de acceder al Poder por parte de pueblos hasta ahora abusivamente marginados – aunque fuera a través de las actuales élites «negrindias»–.

[2] La corrección política es un fenómeno correcto que ha sobrevenido cuando buena parte de los occidentales ya teníamos fosilizado el vocabulario político –algunos todavía estamos tan petrificados que aún seguimos hablando de derechas e izquierdas e incluso de genocidio cuando de pueblos no occidentales se habla–. Por ello, debo advertir que prefiero utilizar el término *negro*. Y, por supuesto, lo hago sin carga ideológica alguna. A fin de cuentas, el negro es un color como cualquier otro. Más aún, si es verdad que «para gustos se han hecho los colores», añadiré que no tengo preferencia alguna por los patentes en las epidermis humanas. En la misma línea, uso el neologismo «negrindio» –*indonegro* no es tan eufónico– cuando me refiero al conjunto de indígenas y negros latinoamericanos –no es sinónimo ni siquiera parónimo de zambo–. Es mi modesto homenaje a su inspirador, Nicomedes Santa Cruz, un poeta y periodista negro peruano que residió durante décadas en Madrid, que me honró con su amistad y que, además, acuñó unos términos muy adecuados para designar a buena parte de la población latinoamericana –por ejemplo, *blanquinegrindios, indoblanquinegros* y *negrindoblancos*–.

[3] Probablemente, ésta es la primera vez que escribo para un segmento de hipotéticos lectores tan especializado como el de la juventud negrindia. La sabiduría convencional –esa que siempre se equivoca–, me dicta que debo evitar el paternalismo pero, ¿cómo hacerlo si soy

tomar la palabra en el Foro de Toledo, en primer lugar y además de pedir excusas por mi atrevimiento, debo justificar la hipotética pertinencia de las notas que siguen.

De por qué algunos españoles pueden entender a los negrindios

Desde la comodidad que otorga la hegemonía político-económica, no es fácil entender a los pueblos oprimidos, esclavizados incluso. Se necesita una clase de empatía que ni siquiera una buena formación humanista puede garantizar. Sin embargo, en Occidente se han dado situaciones históricas de las que, precisamente por su barbarie –similar a la sufrida por los negrindios–, pueden extraerse valiosas enseñanzas antropológicas. Permítaseme dar un pequeño rodeo para aclarar este punto.

En abril del 2009, murió la prolífica escribidora española *Corín Tellado*.[4] Pese a sus voluminosos ingresos, vivió eternamente amarrada a su máquina de escribir. Leyendo sus obituarios, cualquiera pudo preguntarse: ¿cómo fue posible que uno de los pilares de la cultura franquista viviera como una esclava? A mi parecer, la respuesta no es simple pero sí sencilla: porque el franquismo fue un régimen de esclavitud que, en su sistémico totalitarismo, alcanzó incluso a sus propios sicarios. Lo cual me vino a ratificar que definir al franquismo como *esclavista* no es retórica sino la más exacta de sus definiciones político-sociológicas.

Por ello, si la historia de los negrindios –y su presente– no se puede concebir sin entender lo que significa la esclavitud, un español que haya padecido el franquismo –como es el caso de quien suscribe–, está en buenas condiciones para entender a los negrindios. O, al menos, está en mejores condiciones que otros occidentales de los que cabe suponer que sólo conocen un

---

padre de verdad, de los que tienen hijos queridos y reconocidos? Esa misma pseudo-sabiduría –valga la contradicción–, me aconseja ser paciente con unos excesos teórico-expositivos que, según Ella, son la propia esencia de la edad inmadura. De ahí a la demagogia no hay más que un paso y eso, justamente, es lo que esta misma señorona me sugiere al oído: que halague y adule a la juventud. ¿Por qué debería hacerlo? ¿Porque ella me cuidará en la vejez? ¿Porque ella me heredará? Son motivos miserables. O, como se dice en portugués, quienes las adoptan «tienen razón... pero tienen poca». Y para que se note que no adulo a la juventud, un botón de muestra: la cúpula hitleriana estaba en la treintena de edad cuando llegó al poder –un botón crudo pero nunca superfluo–.

4   Es fama que Mª del Socorro Tellado López (1926-2009) escribió 4.000 novelas rosas y vendió 400 millones de libros. A su deceso, se pregonó en titulares que, en la intimidad, jamás pronunció la frase «te amo». Sospechando que esa mudez haya sido la justa compensación por las miles de veces que escribió la frase totémica de su industria, quizá pueda perdonar la impudicia de los titulares; a la postre, es de las contadas comidillas periodísticas a las que concedo una pizca de plausibilidad. En cualquier caso, la dureza sentimental de la Sra. Tellado –narrada en docenas de anécdotas– concuerda con la insensibilidad de la dictadura franquista, propia de los genocidios.

lado de la esclavitud –el del amo–. Además, recordemos que España también
ha sido históricamente esclavista por lo que muchos españoles tenemos a
nuestro alcance las dos caras de tan inicuo sistema político. Dicho de otro
modo, es muy instructivo haberse educado en los valores esclavistas[5] a condición de también haberlos sufrido –o como hacer de la necesidad, virtud–.

Ahora bien, ¿cómo demostrar que el franquismo fue un sistema literalmente esclavista y no meramente autoritario, dictatorial, militarista y/o teo-
crático? Obviamente, primero tenemos que ponernos de acuerdo en la termi-
nología. Para un diccionario cualquiera, el esclavo «*se caracteriza porque su
trabajo o sus servicios se obtienen por la fuerza física y su persona física es
considerada como propiedad de su dueño*». La esclavitud se distingue de la
servidumbre en que el siervo tiene algunos derechos –de herencia, por
ejemplo– y, además, puede liberarse legalmente de sus señores. De acuerdo
con esas definiciones, lo que hubo en España no fue servidumbre sino esclavitud y lo podemos demostrar según varios criterios.

La demostración más evidente es de orden bélico y cronológico: una
guerra ganada gracias a crueldades que escandalizaron incluso a algunos de
los aliados nazis y que fue continuada por una posguerra aún más bárbara,
sólo puede resultar en la esclavitud para los vencidos. Dicho en roman pala-
dino, a la medida del santo son las peanas; si la «persona física es considerada como propiedad del dueño», fusilar al esclavo es la prueba más contundente de la existencia de esclavitud –y, por desgracia, tenemos centenares de
miles de esa clase de pruebas–.

Pero hay más. *More anthropologico*, podemos utilizar dos categorías
elementales: la tecnológica y la social. Aunque la primera no sea una categoría absolutamente definitoria –y menos aún exclusiva–, podemos convenir en
que, cuando es arcaica, la tecnología es cuasi sinónima de esclavitud. Pues
bien, la tecnología franquista fue arcaizante durante un cuarto de siglo –hasta
los planes de estabilización y desarrollo de los años 1960–. Y decimos 'arcai-

---

[5]   Unos valores que eran propalados por la pedagogía franquista con el cinismo propio del
doble lenguaje orwelliano y que los pensadores del Régimen –aquellos falangistas y aquellos curas que se creían revolucionarios, cruzados y hasta surrealistas– se jactaban de haber
procreado cuando, en realidad, se limitaban a copiar las groseras paradojas cacareadas por
sus profesores nazi-fascistas. Pongamos un ejemplo decimonónico que fue plagiado por los
franquistas: «*La esclavitud es una institución caritativa, en realidad la única solución al
gran problema de las relaciones entre el capital y el trabajo*» Los esclavistas de EEUU (cit.
en *Asociación Internacional de Trabajadores*, «Carta a Abraham Lincoln, presidente de los
EEUU», 1864; carta redactada por Karl Marx).
      Por otra parte, la elección del término *esclavitud* no debería ser piedra de escándalo pues es
una caracterización muy usada. Por ej., se habla comúnmente de «la esclavitud de la prosti-
tuta» y de «los niños esclavos». En este mismo orden terminológico, la Organización Internacional del Trabajo calculaba que, en 2005, había 12,5 millones de esclavos en todo el
mundo mientras que ong's como Free the Slaves aumentaban esa cantidad a 27 millones (en
2009).

zante' porque, en su creencia de que el atraso material favorecía su tiranía, los franquistas hicieron retroceder deliberadamente la tecnología disponible en la España republicana. Convirtieron en africano a un país europeo.[6]

En cuanto a la segunda categoría, las relaciones sociales, olvidándonos de lo obvio –el poder absoluto de los franquistas–, podemos asegurar que eran igualmente arcaizantes, especialmente en el medio rural. Los represaliados que lograron sobrevivir a las matanzas –una gran parte de la población puesto que se contaban por millones las familias estigmatizadas– se vieron obligados a emigrar. Si en la Colonia los indígenas fueron obligados a residir en *encomiendas* y *reducciones* –nombres muy exactos, en especial el segundo– mientras que los negros fueron, desde la sentina del barco, sistemáticamente mezclados entre extraños, algo muy parecido tuvieron que lamentar los españoles en la Edad Contemporánea. El traslocamiento demográfico fue controlado por los franquistas recurriendo a medidas propias de las (mal) llamadas «sociedades primitivas». Por ejemplo: en los matrimonios era preeminente la localidad –así se aseguraba el control político– lo cual solía acarrear que fueran matrimonios concertados, a su vez síntoma claro de que predominaba la política de parentesco –en este caso, prostituida por las conveniencias ideológicas–. En resumen, se instauró una división por castas –los esclavos rojos y los amos azules– que sólo décadas después comenzó a transitar a la servidumbre para abocar finalmente a la división por clases, marca de la modernidad occidental. Todo ello en el marco de una autarquía económica que sobrepasó el nivel nacional manifestándose incluso en el nivel local-municipal.[7]

Finalmente, una prueba definitiva: estas notas características tuvieron la clara intención de perpetuarse en el tiempo y lo consiguieron gracias a la Iglesia católica, única institución capaz de mantener la represión sistémica durante interminables décadas con memoria de elefante y tenacidad inquisitorial. Es decir, si la esclavitud se reproduce a sí misma transmitiéndose de

---

[6]   Si me permiten acudir a mis recuerdos de finales de los años 1950, puedo ilustrar este aserto: a 60 kms. de Madrid, se labraba una tierra gredosa con arado romano; la dureza del suelo exigía el arado de vertedera pero éste requiere ser tirado por bestias muy robustas... que sólo poseían los ricos. Las cuadrillas de segadores, nómadas estacionales que dormían en la era, perdían buena parte de su jornal por carecer hasta de hoces –las encargaban al herrero del pueblo; ellos sólo podían hacer los mangos y eso trabajando un palo cualquiera a punta de navaja–.

[7]   Para imposibilitar la solidaridad entre los campesinos –por entonces la mayor parte de la población–, el intercambio entre municipios estaba controlado por alcabalas –llamadas generalmente *fielatos*– por lo que existió un contrabando interno –el *estraperlo*, más notorio pero no menos importante en el medio urbano que en el rural–, que incluía desde mercancías livianas como las medicinas hasta ostentosas como las patatas. El acaparamiento de algunas medicinas era especialmente arbitrario y cruel teniendo en cuenta que muchos de los vencidos eran mutilados y/o enfermos cuyo único consuelo estaba en los opiáceos.

generación en generación, otro tanto intentó el franquismo. Para ello, no sólo amañó hasta extremos delirantes la Historia española –la contemporánea y todas las anteriores– sino que reglamentó hasta lo irreglamentable: por ejemplo, el secuestro de la infancia, algo coetáneo y muy parecido a la (ahora) conocida «generación robada» –*the Stolen Generation*– de los aborígenes australianos. Lamentablemente, una esclavitud institucionalizada durante décadas tiene flecos que se mantienen más allá de su sustitución por la servidumbre y, después, por el clasismo. Lo demuestra no sólo que ninguno de los victimarios haya sido procesado –¿qué república de esas que tildan de «bananeras» ha llegado a semejante grado de inmoralidad/impunidad?– sino, mejor aún, que los nietos de las víctimas todavía no puedan enterrar dignamente a sus abuelos.[8] Dicho de otro modo, en España hay nietos que, así sea parcialmente, siguen heredando la esclavitud de sus abuelos.

Por todo ello, es conveniente subrayar que, cuando se habla de «la esclavitud bajo el franquismo», no se está utilizando metafórica, literaria o retóricamente el término 'esclavitud' sino que, por el contrario, se usa con todo rigor terminológico. En consecuencia, lo que carece de toda oportunidad humanitaria y, en especial, de toda precisión histórico-sociológica es recurrir a los eufemismos –régimen autoritario, opresión, ausencia de democracia, etc. –.

Tras esta larga requisitoria, de ex esclavos a ex esclavos, espero haber justificado la empatía que algunos españoles podemos tener para con los negrindios. Q.E.D.

De por qué no sólo los españoles deben recordar a los negrindios *españoles*

Dirigiéndome a un auditorio de jóvenes negrindios que visitan España y guardando especial atención hacia quienes lo hacen por primera vez, quisiera enfatizar una trivialidad conocida por todos: que no son los primeros negrindios en pisar el solar de la (ex) Madre Patria. En este terreno, *los negros*

---

[8]   Al día de hoy, en España sigue habiendo no menos de ciento cincuenta mil (150.000) republicanos «desaparecidos». Recordando que la España de 1939 –año del comienzo de la *pax franquista*– tenía una población de unos 25 millones de personas, bastante menor por tanto a la de la Argentina de la dictadura militar contemporánea (33 millones aprox.), es evidente que la cifra de los desaparecidos argentinos (30.000 aprox.) es casi siete veces inferior a la de los desaparecidos españoles. Dicho sea obviando un «pequeño» detalle: que los desaparecidos españoles no están «desaparecidos» sino que se sabe perfectamente en cuáles basureros los tiraron sus verdugos. Mientras no permitan a los nietos exhumar a sus abuelos, tendré 150.000 razones de peso para seguir clasificando a España como una monarquía bananera –el desideratum de las *res publicas* bananeras–.

tienen gran ventaja sobre los amerindios puesto que esclavos negros los hubo en España desde mucho antes del año 1492. Desde la Baja Edad Media, las tierras africanas nos proveen a los europeos de esclavos –guanches en el caso de los 'bereberes' indígenas de las islas Canarias– y personas más o menos manumisas; es decir, que data de muy antaño el siniestro tráfico que hoy continúa por todos los caminos y no sólo a bordo de las *pateras*, esas embarcaciones a las que mejor llamaríamos ruletas rusas del mar. De hecho, en el sur de España –léase, el pueblo de Gibraleón– todavía hay ciudadanos con rasgos africanoides anteriores en siglos a la (escasa) miscegenación actual.

Como era de esperar en una historiografía enfrascada en los Grandes Hombres (Blancos), la presencia negra en España nunca ha sido reconocida. No nos sorprendería aprender que, como corresponde a súbditos de segunda clase, los negros españoles conformaron las primeras líneas de los ejércitos imperiales pero no abundan las investigaciones que, al menos, cuantifiquen este rasgo –por lo demás, común a todas las potencias imperiales, desde Aníbal a los conquistadores gringos del Oeste[9]–. Lo que sí nos sorprende es el olvido del primer negro que adquirió en España el estatus de intelectual, un personaje que debería ser del dominio público aunque sólo fuera porque aparece en el Quijote y, encima, en las dedicatorias de las primeras páginas. Allí, en el poema de cabo roto atribuido a Urganda, se lee: *«Pues al cielo no le plu- / Que saliese tan ladi- / Como el negro Juan Lati-»*. Cervantes alude así a Juan Latino (¿1518-1596?), un esclavo manumitido que consiguió introducirse en la corte de Felipe II e incluso publicar libros.[10]

Pero las excepciones no son la regla y ésta siempre fue utilizar a los negros españoles como carne de cañón. Así ocurrió en las Américas y ello

---

[9]   Una curiosidad: uno de los primeros conquistadores del Far West norteamericano fue el esclavo negro Esteban Dorantes o Esteban de Azemor, más conocido como Esteban *el Africano*. Por increíble que parezca –y, desde luego, es insólito–, este personaje encabezó la vanguardia española que, durante la primera mitad del siglo XVI y buscando Cíbola y las Siete Ciudades –el eldorado de aquellas tierras–, arremetió en lo que hoy es New Mexico contra sus indígenas. Cf. una síntesis precisa y preciosa: Bartolomé Clavero, 2008, *Esteban el Africano, conquistador remiso del pueblo Zuñi*; búsquese dentro del blog *http://clavero.derechosindigenas.org/*

[10] Aunque no debemos ocultar que fueron libros cortesanos, es decir, redactados en alabanza de los próceres como, por ejemplo, *Austriadis Carmen*, el primer texto que glorificó una famosa victoria contra los otomanos (batalla naval de Lepanto, 1571). El tenor de este panfleto nos viene dado por el comienzo de la –supuesta– arenga de Juan de Austria, el jefe cristiano: *«Audere est opus in Turcas, fert caetera Christi»* (= ser valientes contra los turcos, Cristo hará lo demás) Tampoco faltan los versos macabros: *«Iam Bassam truncus summas uolitare per undas / atque caput magnum praefixum cuspide acuta / praelongo in pilo, magno clamore uidentum»* (= Ya flotaba sobre las olas el tronco de Alí Bajá / y su enorme cabeza estaba clavada en la aguda punta / de una larga pica, con enorme alegría de quienes lo contemplaban). Pero seamos benévolos: en una época de censura literalmente inquisitorial y, encima, siendo negro, ¿hubiera podido escribir de otra manera?

hasta el último minuto como lo demuestra el caso de los negros antillanos –
por entonces, españoles– que combatieron contra otros negros –mambises y
similares– en las últimas colonias caribeñas del Imperio español. Huelga
añadir que su suerte no fue precisamente envidiable: como es bien sabido, en
1898 las Antillas consiguieron su independencia y el ejército español se retiró
de Cuba y Puerto Rico. Los soldados que habían sobrevivido al hambre y a
las sevicias de sus oficiales, regresaron a España y entre ellos, había algunos
negros.[11] La revista española más racista de entonces –y de ahora–, antepo-
niendo las necesidades de los militares a su propia ideología les recibió con
estas palabras: *«Son una de las notas más simpáticas y consoladoras de esta
tristísima repatriación. Representan una fidelidad y un cariño á España que
resultan asombrosos é inconcebibles después de los mil ejemplos que de lo
contrario ha recibido la nación en las dos Antillas. Si al soldado peninsular,
anémico y valetudinario, lo recibimos con los brazos abiertos, al soldado de
color hay que saludarle con respeto profundísimo... [la repatriación] para
ellos es heroica, porque representa la pérdida de sus hábitos, de sus
costumbres, del aire y la tierra natales; es la familia sacrificada por la
patria»* («Los soldados negros», en *Blanco y Negro*, 01.octubre. 1898). Palabras, bonitas palabras. Tan bonitas como la vigente ley 62/2003 que garantiza la igualdad en el trato e incluso la *posibilidad* de una discriminación
positiva para los 700.000 o quizá 1.600.000 negros que habitan en la España
actual. La estrafalaria discrepancia de estas cifras censuales nos indica la
seriedad con la que se cuantifica el universo de estos ciudadanos y, de paso,
nos ilustra sobre el rigor con el que se aplica la ley.[12]

En cuanto a *los amerindios*, si bien su presencia en España fue episódica
e incluso clandestina no por ello deja de tener un gran valor simbólico. Para
reconocerlo, podemos empezar destacando una fecha en letras grandes: *el
primero de marzo del año 1493*. Ese día llegaron a Europa los primeros
amerindios. En concreto, *dos o tres* de ellos arribaron a Baiona (Galicia,
España) a bordo de La Pinta, la nao comandada por Martín Alonso Pinzón.
Tres días después, fondearía en el Tajo lisboeta La Niña, nao al mando de
Colón que transportaba *unos* siete amerindios más. Obsérvese la imprecisión

---

[11]   La «repatriación» –así fue llamada con evidente desprecio del origen de los 'repatriados'–
de estos soldados negros no se debió a razones humanitarias sino a que la monarquía española planeaba *«la creación de un regimiento de color para la guarnición de alguna de
nuestras plazas de África»* («Los soldados negros», en *Blanco y Negro*, 01 octubre 1898). Si
recordamos que estos planes se calculaban el mismo año de la independencia de las colonias
americanas y filipinas, sólo cabe concluir que los belicistas no escarmientan ni en cabeza
propia.

[12]   La esclavitud de los negros fue abolida en 1870 en la España europea y en 1886 en sus
colonias antillanas. Pero, al revés que Holanda, Francia o los EEUU, el Reino de España todavía no ha pedido perdón por su participación en la trata de esclavos –ni amerindios ni
afroamericanos–.

en el número de indígenas que llegaron a las Europas pero es que los eruditos no se ponen de acuerdo. Lo que sí parece seguro es que uno de los amerindios murió en Baiona o cerca de esta localidad –al menos, es fama que allí fue enterrado en el Monte Boi, lugar y ciudad donde, de tarde en tarde, se planea hacerle un homenaje nunca concretado–. Sobre la suerte de sus compañeros, sólo hay conjeturas; es muy probable que fueran *«taínos»* –un etnónimo generalista que designa a los amerindios antillanos– y también es probable que acompañaran a Colón en su segundo viaje (sept. 1493) y, asímismo, es de creer que sólo dos llegaron vivos a sus archipiélagos de origen. Resumiendo: a finales del siglo XV, los primeros amerindios que residieron en España aguantaron siete meses en la península Ibérica. Durante su estancia, fueron bautizados, despertaron gran interés popular, conocieron la corte de los Reyes Católicos, se les tuvo por 'arábigos', aprendieron la lengua castellana y provocaron una gran confusión pues, siendo lampiños, no concordaba su imagen con la del Salvaje, un monstruo popularísimo cuya obligación era ser no sólo barbudo sino también hirsuto.

A raíz de que, durante sus sucesivos viajes, Colón se tomara la libertad de enviar a Europa cargamentos de esclavos indios, los reyes españoles comenzaron a tomar medidas –dispersas hasta las Leyes de 1542– para controlar la llegada de semejante 'mercancía'. No obstante, la trata de negrindios continuó durante buena parte de la Colonia. ¿Cuántos amerindios y americanos en distintos grados de mestizaje llegaron a España?: todavía no hay investigaciones concluyentes pero, en palabras del mayor especialista español contemporáneo, sólo durante el siglo XVI, *«fueron varios miles los que arribaron a nuestras costas a lo largo del quinientos»* (Mira: 180) Incluso hubo en fecha tan tardía como 1614, Thomas Hunt vendió en Málaga a una veintena de nativos norteamericanos, entre ellos al famoso Squanto –o Tisquantum, nativo de Patuxet, hoy Plymouth Bay, Massachusetts–.

La 'hazaña' de Hunt nos recuerda que los exploradores de las demás potencias europeas también volvieron a las Europas acarreando amerindios. Como luego sucedió con las plumas de las aves del paraíso –prueba de que habían estado en Australasia–, estos amerindios eran la demostración palmaria del éxito de sus viajes. Así, en 1497, llegó a Inglaterra el primer contingente de amerindios y, en 1509, ocurrió lo mismo en Francia.[13]

---

[13]   Por lo que respecta a Inglaterra: en 1497, Giovanni Cabotto («John Cabot»), secuestra en Terranova tres indígenas Micmac y los deposita en Bristol. En 1502, João y Francisco Fernandes y João Gonçalves (isleños de las Azores socios de comerciantes ingleses), secuestran en Labrador a tres indígenas ¿inuit? y los desembarcan también en Bristol.
En inglés, existe un corpus sobre este tema. Ya en 1943, Carolyn Thomas-Foreman publicó *Indians Abroad, 1493-1938*, una obra divulgativa que alcanzó cierto éxito. Hoy, ese corpus lo encabezan eruditos como Alden T. Vaughan (su obra más reciente: *Transatlantic Encounters: American Indians in Britain, 1500-1776*. Nueva York: Cambridge University

En lo que también coincidieron todas las potencias europeas fue en considerar a los negrindios como piezas para sus campañas publicitarias –tanto políticas como comerciales– y en intentar, episódicamente, educarlos en los valores occidentales. Es muy significativo que, en la primera de estas potencias, fueran tan efímeros los esfuerzos para aleccionar a los amerindios menos esclavizados –con los negros, ni se intentó–. Desde el punto de vista imperial, reenviar a las Yndias a 'nobles' indígenas instruidos era, obviamente, una estrategia para mejor cooptar a sus paisanos pero el experimento duró poco, quizá por parecer demasiado moderno. Aún menos fortuna corrió la temprana sugerencia de que abrazaran los hábitos religiosos quizá porque «al excluyente estamento eclesiástico le pareció excesivo que los ingenuos indios pudiesen hacer carrera eclesiástica» (ver Mira 1999, en nota nº 15).

Sea como fuere, es fundamental distinguir entre el trato padecido por los negrindios que llegaron a España como esclavos y el disfrutado por aquellos que llegaron como 'nobles' –sobre todo, de los antiguos dominios aztecas e incas–. A los primeros se les herraba en la cara mientras que los segundos gozaban de los privilegios propios de aquella sociedad estamental. Eran nobles más o menos mestizos con variables grados de aculturación y de instrucción occidental y, pese a que «llegó a haber tal número de mestizos afincados en España y su poder económico fue tal que se puede hablar de la existencia de una auténtica aristocracia mestiza» (Mira 2007: 191, ver nota nº 15), entre

---

Press, xxv + 337 págs., 2006); Harald E.L. Prins, *To the Land of Mistogoches: American Indians Traveling to Europe in the Age of Exploration*, artículo de 1993; Troy Brickman, *Savages within the Empire*, 2005; y Jack D. Forbes, *The American Discovery of Europe*, 2007. Por lo que respecta a Francia, es curioso que la exhibición de amerindios meridionales comenzara con un episodio del que se duda todo. Veamos: en 1504, el normando Binot Paulmier de Gonneville, arribó al hoy llamado Santa Catarina y, siete meses después, regresó a Francia acompañado de Essomericq, «un indien carijó» (¿) Este indígena, todo un personaje en el imaginario popular francés, nunca regresó a 'Brasil' pero su raptor le dio en matrimonio a una pariente suya, Suzanne; se dice que Essomericq vivió hasta los 90 años pero su longevidad no impidió que, siglo y medio después de su descubrimiento de Europa (en 1658), a sus descendientes mestizos se les exigiera pagar el *droit d' aubaine* –impuesto de los extranjeros residentes en Francia–. Pues bien: hay estudiosos que todo ello lo ponen en duda –y en solfa– empezando por el hecho nudo de que Gonneville pisara alguna vez no sólo Brasil sino el hemisferio americano.

En cualquier caso, está más demostrado que, en 1509, Thomas Aubert, en el río San Lorenzo, secuestró a siete indígenas (¿micmac?: en tal caso sería el cuarto secuestro sufrido por este pueblo en 8 años) que hizo exhibir en Rouen. En 1536, Jacques Cartier, en Québec, raptó con groseros engaños a Donnacona, a sus hijos Taignoagny y Domagaya y a dos otros notables y les acarreó a Francia donde fueron recibidos por el rey Francisco I y bautizados en 1539. El tráfico de esclavos amerindios se hizo rápidamente popular. Por ello, en 1550, la villa de Rouen organizó para Enrique II y Catalina de Médicis una fiesta en la que participaron una cincuentena de «indios brasileños». La mayoría no regresó nunca pero se sabe que Montaigne los llegó a conocer; gracias a sus testimonios y al relato de André Thevet (1557), el insigne bordelés escribió *Des cannibales*.

ellos se conocen pocos nombres –Juan Cano Moctezuma, por ej. –. Además, el único intelectual del que se guarda recuerdo es el *Inca* Garcilaso de la Vega, un mestizo que apenas vivió en Perú y que se españolizó hasta el punto de incorporarse voluntariamente a la represión contra los rebeldes moriscos. En cuanto al número de unos y otros, no disponemos sino de groseras aproximaciones. No ocurre lo mismo en el ámbito anglosajón. Por ejemplo, Vaughan (año 2006, ver nota nº 13) calculó que, hasta la Independencia de los EEUU, no más de 175 indígenas norteamericanos visitaron Gran Bretaña –su ex Madre Patria–. Independientemente de que aceptemos esa cantidad, es palmario que, aplicado al Imperio español, un cálculo semejante pecaría de temerario no sólo porque las cantidades de esclavos y de nobles (mestizos o no) sería muy superior sino, sobre todo, porque ¿cómo evaluar el impacto de la corrupción y del subsiguiente contrabando? Sucede en todos los imperios que el volumen de trámites burocráticos y de transacciones comerciales llega a ser tan desmesurado que el Estado metropolitano se ve incapaz para controlarlo. Inmediatamente surgen la tenebrosidad administrativa y la economía paralela, más aún en el caso de las Yndias donde la corrupción se convirtió en un rasgo imprescindible. El *beneficio de empleo* –compraventa del empleo público–, llegó a ser omnipresente al igual que su correlato, el clientelismo comarcal –el que más influía en el envío de negrindios a la metrópoli–. Como reza un excelente ensayo que urge profundizar y actualizar, «la corrupción en América ha tenido carácter de sistema y habrá que explicarla en términos de una tensión más o menos permanente entre el Estado español, la burocracia colonial *y la sociedad colonial,* como ya lo intentó hace tiempo van Kleveren» (mis cursivas, Pietschmann: 103) Mientras no se profundice en esta clase de investigaciones, será demasiado arriesgado calcular el número de negrindios que llegaron a las Españas.

En todo caso, es notorio que la (obesa) documentación contenida en los varios «catálogos de pasajeros a las Indias» y la (esbelta) documentación sobre emigrantes españoles a las Américas no están equilibradas por la (esquelética) documentación sobre los negrindios que llegaron a las Europas. No existe en castellano un corpus de estudios[14] sobre este último tópico por lo

---

[14] De la extensa obra de este autor, pueden verse en Internet no menos de otros tres trabajos relacionados con este tema; en orden de mayor a menor coincidencia, son: «La educación de indios y mestizos antillanos en la primera mitad del siglo XVI» (*Revista Complutense de Historia de América,* nº 25, págs. 51-66; 1999); «Caciques guatiaos en los inicios de la colonización: el caso del indio Diego Colón» (*Iberoamericana* nº 16, págs. 7-16; 2004) y «La primera utopía americana: las reducciones de indios de los jerónimos en La Española (1517-1519)» (*Jahrbuch für Geschichte Lateinamerikas* nº 39, págs. 9-35; 2002)

Otros autores –véase la bibliografía de Mira, op. cit. – han tocado el tópico pero de manera fragmentaria, localista o circunstancial. A la lista citada habría que añadir a Rojas quien, continuando un trabajo de 1994 sobre los descendientes de Moctezuma en España, ha vuelto recientemente sobre el tema (ver, José Luis de Rojas. 2009. «Boletos sencillos y pasajes reque resulta cuasi imposible lograr alguna suerte de justicia simbólica. Una aproximación a la cual podría ser que el 1° de marzo fuera equivalente al 12 de octubre; si éste es el Día Nacional de España, aquél podría ser el *Día de la Diáspora Amerindia* –más de un latinoamericano inmigrante en las Europas lo haría suyo–.

Finalmente, quisiera subrayar que todo este parágrafo no es una mera recreación histórica sino que, además, tiene dos intenciones:[15]

a) homenajear a aquellos negrindios que pasaron mucho o poco tiempo por España y sugerir a los jóvenes negrindios que no olviden esta parte de sus raíces profundas. Todos ellos rindieron grandes servicios a esa tierra –a veces, a su pesar–, el principal, demostrar a los españoles que el mundo no se acababa en ese reyno. De ahí el título de este parágrafo.

Además, también intento proponer que se investigue una hipótesis: que los negrindios cumplieron en las Españas de entonces un papel similar (y clandestino) al que en la España de hoy cumplen los inmigrantes latinoamericanos; en lo económico está archidemostrada su aportación pero, ¿y en lo social y cultural?[16] ¿Cuán similar pueden ser los papeles de los antiguos negrindios y de los hodiernos inmigrantes?: venciendo la ocultación que sufren ambos colectivos eso es, justamente, lo que la investigación debe aquilatar.

b) Sugerir a los próximos negrindios que visiten la península Ibérica o sus aledaños que, al regresar, den cumplida noticia de lo experimentado... sin olvidarse de sus predecesores en el descubrimiento de Europa. A este respecto, me permito recordarles que las narrativas que los indígenas y/o negros han hecho de sus viajes al Viejo

---

dondos. Indígenas y mestizos americanos que visitaron España», en *Revista de Indias*, vol. LXIX, n° 246)

[15] Quizá alguna más pues la tercera sería rememorar un viejo proyecto cinematográfico que se quedó en el papel: narrar audio-visualmente la llegada a España de los primeros amerindios. Véase, Antonio Pérez, «El descubrimiento de Europa. Guión»; en *El Correo de Andalucía*, págs. 29-30; Sevilla, 12. octubre. 1994.

[16] Calibán, el 'salvaje' de *La Tempestad*, es un notorio ejemplo de la influencia que tuvieron estas visitas en la Inglaterra de los siglos XVI-XVII. Para hacernos una idea del atractivo popular que *in illo tempore* suscitaron los amerindios, oigamos a otro personaje shakesperiano de la misma obra: «[londinenses] que no dan un centavo para ayudar a un mendigo mutilado, gastan caudales para ver a un Indio muerto» (Trínculo, acto II, escena II). También sirvieron de modelos artísticos; por ej., en fecha tan temprana como 1569, se inauguró una escultura 'de indios' en la iglesia de Burford, Oxfordshire. Y por lo que atañe al atractivo que hoy tienen, basta recordar la fama de Pocahontas quien, por cierto, sólo duró ocho meses en Inglaterra muriendo justo cuando, en 1617, intentaba regresar a su tierra –de las/os indígenas powahtan que la acompañaron, sólo se sabe que algunas nunca volvieron a Virginia sino que terminaron de criadas en el Viejo Continente–.

Continente constituyen todo un género literario e incluso multidisciplinar[17] de provechosa enseñanza y sumo deleite. Es más, incluso de éxito popular como atestigua la repercusión que, casi un siglo después de su estreno, todavía tienen *Los Papalagi*, ese estupendo docu-ficción[18] a medio camino entre el anticolonialismo y el indigenismo, la literatura de viajes y la antropología.

De por qué es provechoso volver del revés el infortunio

Los dos parágrafos anteriores –'esclavos españoles contemporáneos' y 'esclavos negrindios del pasado'–, quizá parecen exclusivos de la historia española y de la historia americana pero no pretendo ocultar que su desglose tiene un claro propósito indigenista: indagar unas peripecias semiolvidadas por motivos más que oscuros. En el caso de los negrindios, la (sin)razón de su ninguneo me parece obvia: todas las potencias imperiales han sido, son y

---

[17] En 1989-1990, Paz Bilbao filmó su galardonada *Crónica del Descubrimiento del Viejo Mundo, por Kayun Maax*, un documental que narra la visita de un indígena 'lacandón' a España y de cómo, a su regreso, la narra a los sabios de su pueblo. Observar la altura de las discusiones que Kayun mantuvo con toda clase de españoles y la calidad de sus pinturas – fueron expuestas en Madrid, en el Museo Nacional de Antropología–, fue una grata experiencia para quienes colaboramos en aquel emprendimiento. En el plano literario, destacaría que también en España se ha utilizado el recurso estilístico de las 'Conquistas al revés'. Por ej., en 1977, Avel.lí Artís Gener publicó con algún éxito una novela sobre la hipotética invasión de España por una expedición 'azteca' (*Palabras de Opotón el Viejo. Crónica del siglo XVI de la expedición azteca a España*, Eds. 29, Barcelona, 217 págs.).

[18] El polifacético artista hamburgués Erich Scheurmann (1878-1957), publicó estos *Discursos de Tuiavii de Tiavea, jefe samoano* y desde entonces son innumerables las traducciones que sucedieron a aquella primera edición de 1920 –no digamos los sitios internéticos–. Pero, como suele ocurrir con todo best seller, *Los Papalagi* tienen un antecesor olvidado: *Die Forschungsreise des Afrikaners Lukanga Mukara ins innerste Deutschland* (= La expedición de Lukanga Mukara a la Alemania profunda), una pequeña gran obra que el también alemán Hans Paasche publicó en fascículos en 1912-1913 [en Internet hay disponible una versión en inglés: *The Journey of Lukanga Mukara into the innermost of Germany;* no sabemos si también la hay en castellano].

Ambos autores utilizan un recurso estilístico con numerosos antecedentes en la literatura occidental –por ej.: las *Cartas persas* de Montesquieu–: poner en boca de un extraño la crítica de nuestra sociedad que queremos hacer. Aun dentro de esta tradición, el parecido entre la obra de Paasche y la de Scheurmann es escandalosamente obvio. Así pues, si suscribimos el dictum de que «en arte sólo está permitido el robo si va acompañado de asesinato» y puesto que Los Papalagi no superan a su modelo, podríamos hablar de cuasi plagio. Es posible que Scheurmann tenga más soltura literaria pero Paasche le aventaja en radicalidad y en concisión; por ejemplo, después de mofarse del dinero occidental, Mukara suelta esta bomba: «*A todo lo que* [los alemanes] *quieren llevarnos* [al África] *lo llaman con una sola palabra: cultura*» –en el original, *Kultur*, que suena más rudamente apropiado–. No es de extrañar que Paasche, un aristócrata pre-ecologista e indigenista que se alistó en los Consejos de Obreros y Soldados de la sublevación alemana de 1918, fuera inicuamente asesinado por los proto-nazis germanos –justo en 1920, el mismo año en el que aparecieron Los Papalagi–.

siempre serán remisas a aceptar que no sólo esclavizaron *fuera* de las metrópolis sino también *dentro*.[19] Esta sentencia, más que una proposición nos parece un axioma pero, lamentablemente, no está reconocido como tal («*proposición tan clara y evidente que se admite sin necesidad de demostración*»); por el contrario, a la historiografía oficial le parece una absurda entelequia –dice 'absurda' para no decir 'peligrosa'–. Ante semejante panorama, imaginemos cuán difícil será conseguir que esas mismas potencias –con Europa a la cabeza histórica–, evalúen la cantidad y la calidad que ese esclavismo intra-metropolitano aportó a la prosperidad imperialista –la pasada y la presente–. Es aquí donde el indigenismo puede tomar la palabra.

Veamos: el pensamiento indigenista no sólo nunca ha ocultado sus orígenes multidisciplinares sino que se siente orgulloso de que, gracias a ellos, se ha convertido en uno de los últimos humanismos. Siempre a caballo entre la moral y la etnografía, la política y la sociología, la historia y la etnohistoria, la economía y la geopolítica y todo ello por no hablar de sus padres putativos, la relación de fuerzas y el derecho –trasunto de «la realidad y el deseo»–, ha de actualizarse a diario puesto que la opresión sobre los pueblos indígenas también lo hace. En el decurso de esta pelea contra la viscosidad racista, el indigenismo encuentra de vez en cuando datos históricos que le permiten profundizar en los vínculos existentes entre las no-tan-antiguas y las no-tan-modernas apariencias que adopta la segregación. Los dos casos que hoy nos ocupan, pudieran ser un tópico fructífero. Ahora bien, primero hay que demostrar que no son casos absolutamente inconexos.

En este sentido, los dos parágrafos anteriores no sólo pueden parecer de exclusiva competencia historiográfica sino que, además, reconozco que pueden parecer inconexos. En tal caso, su imbricación sería un mero capricho del autor. En las líneas que preceden he tratado de demostrar que tienen una conexión profunda; en las líneas que siguen, intentaré sintetizar mi posición pero, como ya tenemos por costumbre, dando un rodeo que, de paso, vincule este artículo con el título general del Encuentro que le propició – «jóvenes… y desarrollo con identidad» –.

La identidad de los pueblos llamados 'subalternos' es un pre-requisito para su desarrollo. La disgregación, la atomización, la anomia en suma, no es

---

[19] Cuando se observa el énfasis que las actuales potencias ponen en la bondad de su democracia interna, este tema deja de ser un capricho intelectual para convertirse en un debate de plena actualidad. Cuando se observa que el «derecho» de ingerencia se disfraza de intervención humanitaria, sólo cabe recordar que la invasión de América se justificó con similares argumentos. Ayer se hablaba de evangelizar/civilizar a los amerindios y hoy se habla de democratizar a medio mundo. Pero, tanto ayer como hoy se olvida el *pequeño detalle* de que sigue existiendo la esclavitud dentro de las metrópolis –ayer, garantizada por la Corona y la Iglesia, hoy por las leyes de extranjería–.

sujeto de desarrollo sino de lo contrario –de reproducción de los peores rasgos del pseudo-progreso–. Más aún, ningún pueblo puede vanagloriarse de haberse 'desarrollado' si lo único que ha conseguido es diluirse en una masa con mejor acceso a mercancías alienantes.

Por otra parte, es muy cierto que las identidades colectivas –y no digamos las individuales– se construyen voluntariamente. También es no menos cierto que, como no podría ser de otra manera, esa voluntariedad suele estar muy cercana a la arbitrariedad. Abundan los ejemplos en los que una identidad – nacional, por ejemplo–, se articula alrededor de símbolos, historias y personajes absolutamente inventados que, además, llegan a rozar lo estrambótico. Dicho esto, conviene aclarar que estamos hablando del vaso medio vacío. Si nos referimos al vaso medio lleno, debemos añadir que las identidades también tienen elementos que escapan al arbitrio de sus comulgantes. El territorio –i.e., la tierra y la historia de la tierra–, la lengua, el pasado y buena parte del futuro, incluso el menospreciado folklore –última tabla de salvación–, son algunos de ellos. Es decir, que las identidades se construyen mejor si hay unas raíces firmes y profundas. O, lo que es lo mismo, el grado de extravagancia se rebaja si se priorizan los elementos involuntarios.

Entre estos «elementos involuntarios» que también podríamos llamar *hereditarios*, la Historia es uno de los más conspicuos. Ahora bien, la Historia es una de las disciplinas más maleables y, por si ello fuera poco, tiene la dudosa costumbre de olvidar lo sustancial para insistir en lo anecdótico. Creo que los casos hoy citados son un buen ejemplo. A españoles y negrindios se les han escamoteado unos tipos de esclavitud que, sin embargo, deberían ser factor fundamental en la construcción cotidiana de sus respectivas identidades, de ahí el (ocultado) parentesco que existe entre ambos pueblos.

No pretendo eludir responsabilidades; el pasado común a los pueblos español y negrindio es una historia sádica, unívoca y apocalíptica. Estos rasgos terribles nunca se subrayarán lo suficiente. Frente a ellos, una esclavitud compartida ocasionalmente es un lazo opuesto pero menor, máxime cuando ni siquiera coincide en el tiempo. Pero no por todo ello podemos olvidarla, en especial si lo que intentamos es construir un tipo de relaciones simétricas. Al cabo de los siglos, hemos encontrado una simetría y, aunque en este caso no sea demasiado congruente hablar de alborozo, con la debida licencia podemos firmar que nunca es tarde si la dicha es buena.

I

Derechos

Seguridad/Violencia

1

Javier Ruiz*

La Convención Iberoamericana de Derechos de los Jóvenes (CIDJ)

Abordar el tema de la Convención Iberoamericana de Derechos de los Jóvenes en el marco de este *III Foro de Diálogo Europa – Pueblos Indígenas y Afrodescendientes de América Latina,* resulta de vital importancia; pues, al referirnos a los y a las jóvenes indígenas y afrodescendientes, más allá de los factores étnicos y multiculturales existentes, implica reconocer que se trata de jóvenes, y que como todos los jóvenes tienen expectativas, ilusiones, proyectos, y por tanto son sujetos de derechos reconocidos internacionalmente.

Sin embargo, consideramos pertinente señalar que, para hablar de juventud, hay que tener en cuenta sus múltiples manifestaciones; no sólo atendiendo al rango étnico o al etáreo, sino a muchos otros puntos de vista. Dialécticamente hablando, no es lo mismo un joven latinoamericano que un joven europeo; incluso dentro de una misma región existen diferencias: en atención a su nivel de educación, a su situación socio-económica, a su lugar de residencia, a su orientación sexual, a su cosmovisión, a su cultura, etc.

1 Antecedentes

Como es conocido, el año 1985 fue designado por las Naciones Unidas como el *Año Iberoamericano de la Juventud.* Con este acto se intentaba reconocer la especificidad de la condición juvenil frente a otros segmentos de la población. Ello permitió establecer un antes y un después respecto al tratamiento de las políticas, los planes, los programas y los proyectos destinados a resolver las principales carencias y necesidades de la población joven. Población joven que, para aquel entonces, ya tenía un valor y un peso importante en el conjunto de la población.

A partir de ese momento, en la mayoría de países, las entidades gubernamentales y no gubernamentales, así como los organismos internacionales y

---

*   Director de Formación de la Organización Iberoamericana de la Juventud (OIJ), Madrid, *jruiz@oij.org*

agencias de cooperación comenzaron a prestar una mayor y mejor atención a la juventud.

De este modo, se dieron leyes sobre juventud, se crearon instituciones y estructuras gubernamentales competentes en esta materia, se diseñaron políticas y programas con este fin; así como se comenzó a estudiar e investigar con mayor profundidad la situación real de las y los jóvenes.[1]

Por su parte, los organismos internacionales, las agencias de cooperación y muchas ONGs comenzaron a apoyar y/o subvencionar iniciativas, programas y proyectos que tuvieran como destinatario al segmento juvenil.

A su vez, los agentes de la sociedad civil y las asociaciones juveniles comenzaron a organizarse para exigir políticas y programas destinados a la juventud, a fin de reducir la exclusión a la que se veían sometidos, por vía de la creación de mecanismos que garantizaran sus derechos.

En América Latina, a partir de los debates y propuestas planteadas durante ese año, se crearon algunos foros y espacios internacionales, como la *Conferencia Intergubernamental sobre políticas de Juventud en Iberoamérica*, cuya primera reunión se realizó en 1987. A esta reunión le sucederían otros cinco encuentros, de los que se ha de destacar el celebrado en la Ciudad de Sevilla, España, en 1992, donde los ministros y responsables de juventud de Iberoamérica apoyaron la iniciativa de institucionalizar estos foros con el nombre de *Conferencias Iberoamericanas de Ministros de Juventud*. Además, al mismo tiempo, estos foros sentaron las bases para la creación de la *Organización Iberoamericana de Juventud (OIJ)*, con el propósito de consolidar, en las agendas nacionales e internacionales, el concepto de joven ciudadano y sujeto de derecho, garantizando a la juventud un escenario de oportunidades y mejores condiciones de vida hasta alcanzar su pleno desarrollo en la sociedad.

Desde la perspectiva de la, OIJ como organismo internacional de carácter gubernamental, para promover el diálogo, la concertación y la cooperación en materia de juventud entre los países miembros, se han alcanzado algunos objetivos, entre ellos: *fortalecer* la institucionalidad competente en la materia (apoyando y consolidando las estructuras gubernamentales de juventud en todos los países); *mejorar* el conocimiento de los jóvenes (apoyando y participando en la elaboración de investigaciones, estudios, informes, encuestas y publicaciones en diferentes temas relacionados con juventud); *apoyar* la consolidación de plataformas y organizaciones juveniles que permitan canalizar la participación de los jóvenes (cooperando con el Foro Latinoamericano

---

[1]   En América Latina, los expertos y el mundo académico encontraron un importante tema de investigación y análisis, cualitativo y cuantitativo. Es así como en 1990 se publicó el *Primer Informe sobre la Juventud de América Latina*, documento a cargo de Ernesto Rodríguez y Bernardo Dabezies, editado por la Oficina Permanente de la Conferencia Iberoamericana de Juventud, Quito, Ecuador.

de Juventud –FLAJ– y, recientemente, acompañando el proceso de creación del Espacio Iberoamericano de Juventud –EIJ–); *elaborar* un marco de referencia para el diseño de políticas y programas de juventud (diseñando e implementando el *Plan Iberoamericano de Cooperación e Integración de la Juventud 2009-2015*); y, fundamentalmente, *proponer* mecanismos para garantizar los derechos de las y los jóvenes de la Región (participando de manera activa en la elaboración, la suscripción y la ratificación de la *Convención Iberoamericana de Derechos de los Jóvenes*).

2 El origen de la propuesta de una Carta Iberoamericana de Derechos de los Jóvenes

En el mes de diciembre de 1996, en la Ciudad de Cartagena de Indias, se realizó el *II Seminario Iberoamericano sobre Legislación en Materia de Juventud*, en el cual se propuso, entre otros temas, la creación de la *Comisión Internacional por los Derechos de la Juventud* y la elaboración de una *Carta de Derechos de la Juventud Iberoamericana.*

Si bien es cierto que esta propuesta no fue la primera que se formuló a nivel internacional en el sentido de constituir un marco jurídico que buscara la protección de los y las jóvenes, sí fue ésta la primera propuesta que, gracias a un efectivo y eficiente trabajo técnico-jurídico y político, logró concretarse.

En 1970, en la *Asamblea Mundial de la Juventud*, que se llevó a cabo del 9 al 18 de julio en la Ciudad de Nueva York, convocada por Naciones Unidas con motivo de la celebración de sus 25 años de creación, una de sus comisiones de trabajo, concretamente la de Educación, propuso la elaboración de una *Carta de las Naciones Unidas de Derechos y Responsabilidades de la Juventud*. Algunas ideas extraídas de esta propuesta circularon en las décadas siguientes.[2]

Para 1983 la Comisión Económica para el Oeste de Asia recomendaba adoptar una *Declaración Internacional sobre los Derechos de la Juventud* antes del Año Internacional de la Juventud (1985).

En 1992, la *Subcomisión de Prevención de la Discriminación y la Protección de las Minorías*, aconsejó que el Relator Especial en Derechos Humanos y Juventud de las Naciones Unidas elaborara un borrador con la intención de obtener una versión final de propuesta sobre la *Carta de Derechos de la Juventud*.

---

[2]   Como se señala en la obra *Voces y Miradas* (Y. Chillán, OIJ: 2004), en 1982, el Comité Asesor creado para la organización del Año Internacional de la Juventud, manifestó a la Asamblea General de las Naciones Unidas que tuviera en consideración una propuesta relativa a la *Declaración de la ONU sobre Derechos y Responsabilidades de los Jóvenes*.

Igualmente, la discusión sobre una *Carta Universal de Derechos de la Juventud*, se ha llevado a cabo en el ámbito de Naciones Unidas, especialmente en el curso de algunas sesiones del *Foro Mundial de la Juventud (v.g. Braga-1998)*; sin que hasta ahora haya podido concretarse (en este ámbito) un instrumento de esa naturaleza.

Volviendo a la Carta Iberoamericana de Derechos de los Jóvenes: es a partir de la propuesta realizada en la Ciudad de Cartagena de Indias, cuando la OIJ comenzaría a realizar las primeras diligencias para poner en marcha este proceso.

La *IX Conferencia Iberoamericana de Ministros y Responsables de Juventud*, realizada en el mes de agosto de 1998, en la Ciudad de Lisboa, Portugal, encomendó a la Secretaría General de la OIJ poner en marcha el proceso de elaboración de la *Carta de Derechos de los/las Jóvenes Iberoamericanos/as.*[3] Para tal efecto, se aprobó un documento que contenía las bases conceptuales y metodológicas para su diseño.[4] Lo más destacado de este documento consistía en precisar que el diseño y elaboración de la Carta debería estar caracterizado por una amplia participación de los actores sociales a nivel nacional e internacional: gobiernos, parlamentos, organizaciones no gubernamentales, organismos internacionales, juristas, expertos/as en la materia y, especialmente, los/las jóvenes.

Dicha Conferencia decidió impulsar este proceso por muchas razones, entre ellas:

• Porque consideraba necesario reivindicar al joven como ente protagónico y dejar de concebirlo como un simple sector social demandante de políticas compensatorias.

• Porque era preciso reconocer a los jóvenes como ciudadanos con plenos derechos. Concretamente, porque era importante sensibilizar a la sociedad y a las instituciones para que contemplaran a los jóvenes como sujetos de derechos.

• Porque era pertinente garantizar que las futuras políticas nacionales de juventud se fundamentaran en valores y principios, como por ejemplo, en la igualdad de género.

• Porque había que observar a los jóvenes como actores estratégicos del desarrollo.

• Porque era necesario promover una mayor y plena participación de los jóvenes en asuntos públicos y en la toma de decisiones. De ma-

---

[3]   En aquel entonces, y según consta en varios documentos de trabajo, también se denominaba *Carta de Derechos de la Juventud Iberoamericana* o *Carta Iberoamericana de Derechos de los Jóvenes*, sin que en ningún momento se haya alterado el espíritu de la misma.

[4]   «Bases para la Elaboración de la Carta Iberoamericana de Derechos de la Juventud» (1998).

nera especial la participación de las asociaciones y las organizaciones juveniles.

- Porque era prioritario promover mayores y mejores oportunidades para la juventud, sobre todo las dirigidas a los colectivos juveniles menos favorecidos.

No obstante lo señalado, es preciso acotar que en 1998, cuando se puso en marcha el proceso de elaboración de la Carta, y a partir del trabajo realizado por diferentes organizaciones, entre ellas la OIJ, algunos logros se habían obtenido en materia de juventud; especialmente, como se señaló anteriormente, en la formulación de políticas, programas y estudios de juventud.

Precisamente, gracias a los encuentros, reuniones y foros, así como a los análisis, estudios e investigaciones efectuados, se había conseguido sacar a la luz el estado de exclusión en la que vivían muchos jóvenes en la Región; con amplios márgenes deficitarios en lo que tiene que ver con la educación, la salud, el empleo, la participación, etc. todo lo cual hacía más necesario un instrumento que garantizase sus derechos.

3 Proceso de elaboración, firma y ratificación: de la Carta a la Convención

Durante seis años (1998 a 2004), y a partir de un documento inicial de trabajo elaborado por el jurista peruano Enrique Bernales Ballesteros, se llevaron a cabo más de 300 eventos (encuentros, cursos, seminarios, talleres, reuniones técnicas, conferencias, etc.) relacionados con la Carta de Derechos, cumpliendo el mandato de la Conferencia de Ministros, en el sentido de desarrollar un amplio proceso de participación.

En todos estos eventos, se recabaron sugerencias, recomendaciones y aportes que poco a poco fueron introducidos en el documento base, con la finalidad de poder contar con un instrumento avanzado, que recogiese los derechos más específicos que afectaban a los y las jóvenes, y a las diferentes juventudes de la Región.

Al finalizar esta etapa, se pudo contar con un Borrador de Carta de Derechos, el mismo que sirvió de documento de trabajo para dos reuniones técnicas que se realizaron en el año 2000. Una en la Ciudad de Cartagena de Indias, Colombia; y, la otra, en la Ciudad de Santiago de Chile.

De estas dos reuniones se obtuvo una versión preliminar que fue sometida a debate en el marco de las Reuniones Subregionales Preparatorias de la X Conferencia Iberoamericana de Jefes de Estado y de Gobierno que habría de realizarse en Panamá en el mes de julio de 2000. En esta Conferencia de Ministros se aprobó el Proyecto de Carta de Derechos que luego serviría de texto para las futuras negociaciones con cada uno de los países iberoamericanos. También, en esta cita, se suscribió por parte de los delegados de cada uno de los países, una Declaración de Intenciones que aprobaba el citado Proyecto y las acciones realizadas; se acordaba asimismo continuar con el proceso.

A partir de ese momento, la Secretaría General de la OIJ, comenzó a realizar acciones de cabildeo con los gobiernos de todos los países iberoamericanos.

En octubre de 2002, la *XI Conferencia Iberoamericana de Ministros de Juventud*, realizada en la Ciudad de Salamanca, España, resolvió iniciar las acciones para convocar oficialmente la *Convención Internacional sobre la Carta Iberoamericana de Derechos de la Juventud*.

Igualmente, pensando en la posibilidad de suscribir una Convención Internacional se elaboró un Borrador de Reglamento de Convención, cuyo articulado fue presentado y aprobado en la mencionada Conferencia.

Con base en todo ello, se intensificaron las acciones de negociación con cada uno de los países, al tiempo que se recibían los últimos aportes, comentarios y sugerencias.

En el mes de abril de 2004, en Santo Domingo, República Dominicana, se realizó una Primera Reunión de la Convención, con la finalidad de poner a punto el texto jurídico que se iba a suscribir. De la misma manera, se analizó la estrategia para generar alianzas de orden político tendentes a facilitar acuerdos en el seno de la Organización, buscando un nivel suficiente de consenso, que garantizase –adecuadamente– algunos acuerdos de mínimos, en torno al texto que se pretendía firmar. También, fue importante este evento, porque se realizó «un ejercicio de incardinación» de los artículos de la Carta con los diferentes textos del *Sistema Universal de Protección de los Derechos Humanos*, con el fin de obviar posibles contradicciones. Con ello, se pudo obtener una versión definitiva de texto jurídico. Así mismo, se acordó cambiar la denominación de *Convención Internacional sobre la Carta Iberoamericana de Derechos de la Juventud* a la de *Convención Iberoamericana de Derechos de los Jóvenes* (CIDJ).

La Convocatoria del Acto Convencional fue aprobada en la *XII Conferencia Iberoamericana de Ministros y Responsables de Juventud*, realizada en el mes de octubre de 2004, en la Ciudad de Guadalajara, México.

La firma de la Convención Iberoamericana de Derechos de los Jóvenes (CIDJ) fue realizada por 16 países del ámbito iberoamericano, en el mes de octubre de 2005, en la Ciudad de Badajoz, España.[5]

---

[5] Los países firmantes fueron: Bolivia, Costa Rica, Cuba, Ecuador, España, Guatemala, Honduras, México, Nicaragua, Panamá, Paraguay, Perú, Portugal, República Dominicana, Uruguay y Venezuela.

Hasta el momento han ratificado dicha firma 7 estados iberoamericanos; a saber: Bolivia, Ecuador, Costa Rica, España, Honduras, República Dominicana y Uruguay. La CIDJ entró en vigor el 01 de marzo de 2008.

4 La Convención Iberoamericana de Derechos de los Jóvenes

Como señala el *Primer Informe Iberoamericano de Juventud* (CEPAL-OIJ, 2004): los jóvenes son los mejor formados, pero los que tienen menos oportunidades para conseguir siquiera el primer empleo (por cada adulto desempleado hay 3 jóvenes desempleados); los jóvenes gozan de mejor salud, sin embargo son los más afectados a la hora de verificar los indicadores de morbimortalidad (suicidios, accidentes de tránsito, homicidios, violencias de toda índole, etc.); los jóvenes están mejor informados, sin embargo esa información no pueden utilizarla; los jóvenes, siguen viviendo en casa de sus padres ...

Desde nuestro particular punto de vista, la Convención Iberoamericana de Derechos de los Jóvenes (CIDJ) es un instrumento jurídico de Derechos Humanos, único en el mundo, sumamente importante para abordar los temas antes señalados, pero también para abordar cualquier materia relacionada con los y las jóvenes.

La principal razón de su existencia es la desprotección jurídica de los jóvenes, quienes históricamente han estado subsumidos en otras franjas etáreas.

Concretamente, es el primer texto de carácter internacional que da soporte jurídico al conjunto de los gobiernos de los países iberoamericanos (de manera particular de los que la han firmado y ratificado) y a la sociedad en general, para el desarrollo de políticas y propuestas dirigidas a la promoción y fortalecimiento de las potencialidades de la juventud.[6]

En términos de derechos, la CIDJ representa un paso adelante en la construcción de un entorno favorable para fomentar y proteger la ciudadanía integral de los y las jóvenes de la Región, en su calidad de actores estratégicos del desarrollo. Igualmente, conlleva una correlativa obligación de los Estados que son parte de ella, de adoptar, progresivamente, decisiones y medidas concretas para su correspondiente adecuación en el actual contexto.

Por último, señalar que la CIDJ está llamada a multiplicar los puentes entre los países que conforman la Comunidad Iberoamericana de Naciones,

---

[6]   Iberoamérica ha sido la primera gran Región del planeta en destacar la importancia de definir, en términos de Derecho Internacional, criterios y pautas transversales e intersectoriales, que se erijan sobre la base de las demandas, necesidades, fortalezas y competencias de la juventud.

garantizando los derechos de libertad e igualdad; así como estrechando vínculos de cooperación, solidaridad y fraternidad.

No es propósito de esta intervención hacer una descripción o resumen del articulado de la CIDJ; pero sí es importante mencionar, brevemente, algunas de sus características más destacadas:[7]

- La CIDJ es un *instrumento jurídico de Derechos Humanos*, porque de su texto se desprende el reconocimiento de la persona por su propia naturaleza, al tiempo que se reconoce su dignidad en consonancia con todos los principios y aspectos filosóficos contemplados en la *Declaración Universal de los Derechos Humanos* (1948) y, desde luego, en toda la legislación que forma parte del *Sistema Universal de Protección de los Derechos Humanos.*[8]

- Como se ha mencionado, la CIDJ se encuentra inmersa en la filosofía, los principios y los propósitos del *sistema onusiano* en materia de Derechos Humanos; pero en ningún caso intenta sustituirla. Más bien, expresa y representa un adelanto o un avance, para que, algún día, los y las jóvenes, al igual que otros segmentos importantes de la población, como las mujeres y los niños, dejen de tener la protección genérica que les otorgan los pactos internacionales de derechos civiles, políticos, económicos, sociales y culturales, para tener una protección específica. Alcanzando, de este modo, un status jurídico que sólo les puede conceder un tratado internacional de derechos que, como la CIDJ, ha sido concebida para alcanzar la universalización y sus dispositivos para ser adoptados y reconocidos por todos.[9]

---

[7]   Algunas de ellas, tomadas de intervenciones sobre la CIDJ pronunciados por D. Enrique Bernales Ballesteros, promotor de la idea de la Carta Iberoamericana de Derechos de la Juventud en 1996.

[8]   La Convención, en gran medida, no crea nuevos derechos. Toma en cuenta los dispositivos jurídicos contemplados en la «Declaración Universal de los Derechos Humanos» y otros instrumentos en vigor, como el «Pacto Internacional de Derechos Económicos, Sociales y Culturales»; el «Pacto Internacional de Derechos Civiles y Políticos»; la «Convención sobre la Eliminación de Todas las Formas de Discriminación Racial»; la «Convención sobre la Eliminación de Todas las Formas de Discriminación contra la Mujer»; la «Convención sobre los Derechos del Niño»; la «Convención contra la Tortura y otros Tratos o Penas Crueles, Inhumanos o Degradantes»; y demás instrumentos aprobados por las Naciones Unidas y sus Organismos especializados, y por los sistemas de protección de derechos fundamentales de Europa y América, que reconocen y garantizan los derechos de la persona como ser libre, igual y digno.

[9]   La CIDJ antes que rescribir, duplicar, obscurecer o confundir el tratamiento jurídico de los y las jóvenes, da un paso adelante al punto de convertirse en un instrumento pionero, por su enfoque, la precisión de los contenidos y la ampliación e inclusión de materias que se convierten en normas internacionales a favor de la juventud. Concretamente, es una manifestación de progreso en materia de desarrollo humano. Así mismo, conviene señalar que los usos, prácticas y costumbres del Derecho Internacional de los Derechos Humanos han

- La CIDJ basó su diseño en un proceso rico en aportaciones provenientes de vertientes tan diversas como la sociología, la educación, la economía, la psicología, la filosofía y, desde luego, el derecho.[10]

- La CIDJ consta de 44 artículos que dan cabida a un amplio elenco de derechos específicamente formulados para atender la problemática de los y las jóvenes. En ese sentido, está a favor de la paz, la igualdad de género, la objeción de conciencia, a la propia imagen, a la libertad, a la educación sexual y en general a todos los Derechos Humanos. Así mismo, está en contra de la pena de muerte, de la censura, del servicio militar obligatorio, de la discriminación, etc.[11]

- El texto de la CIDJ y de los derechos allí consagrados, implican una innovación en cuanto al tratamiento de los derechos humanos. Es decir, frente al tratamiento de carácter general se ingresa a un escenario de individualización y especificidad, donde el sujeto jurídico reconocido (que es el joven), tiene la protección de la ley para ejercer sus derechos (JOVEN = SUJETO DE DERECHOS).[12]

---

establecido como criterio operativo que, en casos en que dos normas internacionales o una internacional y una nacional entrasen en contradicción, rige como criterio de interpretación que se aplique aquella norma que cubre, amplíe o proteja con más eficacia el Derecho Humano considerado. Este criterio, también conocido como el de la norma más favorable es el que inspira muchos pasajes de la CIDJ.

[10] Sin lugar a dudas, considerando los años en que tuvo vigencia su proceso de elaboración, no hubo ciencia ni estudio sobre la realidad juvenil que se haya dejado de lado para concebir un instrumento jurídico que fuese una expresión cabal de la situación de los jóvenes iberoamericanos y de su legítima aspiración a que les sean reconocidos y protegidos los Derechos Humanos que como jóvenes les corresponde. Lo cual no quiere decir que no puedan surgir otros temas específicos de los y las jóvenes, como podría ser garantizar los derechos de los y las jóvenes migrantes, entre otros.

[11] El Artículo 5 de la CIDJ (Principio de no-discriminación) señala: «El goce de los derechos y libertades reconocidos a los jóvenes en la presente Convención no admite ninguna discriminación fundada en la raza, el color, el origen nacional, la pertenencia a una minoría nacional, étnica o cultural, el sexo, la orientación sexual, la lengua, la religión, las opiniones, la condición social, las aptitudes físicas, o la discapacidad, el lugar donde se vive, los recursos económicos o cualquier otra condición o circunstancia personal o social del joven que pudiese ser invocada para establecer discriminaciones que afecten la igualdad de derechos y las oportunidades al goce de los mismos».

[12] El concepto «sujeto de derechos», que es la base sobre la cual se construye el conjunto de la CIDJ, abandona antiguos criterios de marginalidad, sumisión, utilización o dependencia, que hacían del joven un ser carente de iniciativa donde el desarrollo de su personalidad se traducía solo en obligaciones familiares, sociales, religiosas, laborales, estatales, etc. Todo ello, no significa que los y las jóvenes desconozcan sus obligaciones o rompan sus creencias, con los padres, con la sociedad, con el Estado. Por el contrario la CIDJ contiene un espíritu de integración. Invita a construir escenarios de confianza, especialmente, entre lo público y lo juvenil; superar conflictos; in fine, facilitar una mayor cohesión social y una mejor fluidez en el conjunto de las relaciones humanas.

- Los postulados consagrados en la CIDJ implican una enorme utilidad práctica. Invitan al desarrollo de iniciativas y programas vinculados a derechos específicos (educación, salud, empleo, ocio, deportes, etc.). Concretamente, es un instrumento que plasma en derechos las demandas juveniles por identidad, no discriminación, condiciones de vida, etc. Mediante la CIDJ es posible llevar a la práctica programas que invocan y reconocen los derechos de los y las jóvenes, apoyando la transformación de estos últimos como agentes positivos de cambio social.

- La CIDJ está llamada a facilitarle a los Gobiernos un mecanismo de diálogo, concertación y cooperación con las organizaciones juveniles y con el tejido asociativo juvenil. Por su parte, mediante la CIDJ es posible poner al servicio de la sociedad en general toda la fuerza, la capacidad y la energía de los y las jóvenes.

- Del articulado de la CIDJ se desprende que los y las jóvenes, tendrán la oportunidad de desarrollar actividades propias, desarrollar un mayor espíritu asociativo a través de organizaciones juveniles, desarrollar la participación ciudadana y el sentido de colaboración y cooperación de los jóvenes con la sociedad en su conjunto.

- Por su parte, la CIDJ propicia un proceso de innovación social y como tal ha sufrido (y sufre) de resistencias e incomprensiones que a la larga se deben superar ante las evidencias del enorme progreso que todo proceso innovador trae consigo. Como ya se ha dicho, en realidad ninguna de las disposiciones del texto convencional configura un desconocimiento de los derechos ya consagrados en los instrumentos internacionales de derechos humanos y la legislación interna de los Estados. Su innovación radica más bien en el desarrollo, en la precisión y en la concreción de los derechos, que de este modo abandonan un carácter enunciativo genérico para convertirse en mandatos precisos de hacer y en compromisos concretos de producir programas y acciones destinados a transformar las condiciones de vida del joven, estimulando sus iniciativas, fortaleciendo su personalidad pero señalando también con firmeza sus deberes y obligaciones.[13]

---

[13] Como se puede apreciar, los llamados conflictos potenciales generados por la Convención no consisten en objeciones profundas ni sustantivas; son más bien temores pasajeros fruto del desconocimiento o la preocupación que en determinados sectores puede provocar la estimulación al joven en los distintos aspectos de su vida. Pero lo importante en términos argumentales es que las objeciones pueden ser disipadas gracias a un mayor trabajo de difusión del texto mismo de la Convención, lo mismo que a través de programas, inicialmente de tipo piloto que a través de las prácticas sociales puedan mostrar no sólo los buenos propósitos sino también la eficacia de buenos resultados cada vez que el joven pasa a ser un sujeto real y efectivo de derechos.

- Los Estados Parte no sólo se obligan a reconocer y proteger los derechos allí consagrados, sino que adquieren también obligaciones precisas de hacer en materia de políticas que lleven al plano de la práctica aquellas condiciones (no discriminación, participación, educación, salud, trabajo, etc.) que transformen la vida del joven, al proporcionarle elementos para el desarrollo sano de su identidad y convertirlo al mismo tiempo en un agente de cambio social.

- Todos los países de Iberoamérica que han firmado y ratificado la CIDJ, y aquellos que lo hagan en el futuro, tienen que modificar total o parcialmente su legislación para que exista compatibilidad con lo dispuesto por la CIDJ. Debe entenderse que esos procesos legislativos de modificación y adaptación son parte del progreso. Todo cambia, todo se transforma; las leyes mantienen su bondad mientras sean instrumentos de cambio, si le resisten se convierten en obstáculos responsables de atraso y descontento.

A modo de conclusión

La CIDJ es un tratado internacional de Derechos Humanos que se encuentra en vigencia (entró en vigor en los países que la han ratificado el 01 de marzo de 2008) y es propósito de la OIJ seguir dialogando y animando a los Estados que aún no han ratificado la Convención, a que lo hagan en el más corto plazo. Considerando la importancia histórica que significa reconocer a los y las jóvenes como sujetos de derecho, así como poner en práctica políticas y planes de juventud tomando en consideración la propia CIDJ.

La CIDJ requiere de un decisivo programa de difusión y de «formación» en su uso y aplicación. Sólo cuando los y las jóvenes conozcan sus derechos y se empoderen de este instrumento, podrán canalizar de una manera directa y positiva sus demandas.

Finalmente, la CIDJ es un candil de esperanza para los y las jóvenes que ven vulnerados su derechos; pero también es un aliciente para la sociedad juvenil en general (en algunos casos, escépticos, en otros, descontentos, depresivos o, simplemente, conformistas) para adquirir una postura y una actitud diferente; es decir, con capacidad de sentir, con capacidad de pensar, con capacidad de soñar y, por ende, con capacidad de construir un mundo mejor.

Britta Lambertz[*]

¿Víctimas o victimarios?
Violencia juvenil en Guatemala

En la última década, la juventud centroamericana ha alcanzado una dudosa fama. Muchas han sido las noticias sobre una generación perdida que se vuelve cada vez más violenta y cada vez más amenazadora para la seguridad ciudadana. Violaciones, robos, secuestros y asesinatos –la lista de los delitos es larga. Los Estados han respondido en general con políticas de represión, con la famosa mano dura. Sin embargo, tales políticas no han sido fructíferas por tratar la violencia juvenil como causa y no como síntoma de los problemas sociales. En la percepción social son los jóvenes[1] y las maras vinculados al crimen organizado, los prinicipales agresores y victimarios. No obstante, esta estigmatización no refleja la realidad. Si bien es cierto que las maras han aumentado en cantidad de miembros y son responsables de unos de los delitos más graves, un porcentaje significativo de ellos es cometido por otros sectores de la sociedad. Con toda la mala fama que han recibido los jóvenes centroamericanos, se está olvidando que la mayoría de ellos *no* son victimarios, que, por el contrario, forman más bien en su mayoría parte de las víctimas.

La situación de los jóvenes indígenas –en nuestro caso los jóvenes guatemaltecos– es menos conocida. Se sabe que la violencia juvenil no es un fenómeno exclusivamente no indígena-urbano, pero faltan investigaciones

* Colaboradora de la Unidad Coordinadora de Pueblos Indígenas en América Latina y el Caribe de la Cooperación Técnica Alemana (GTZ, Eschborn), y consultora en el Ministerio Federal Alemán para la Cooperación Económica y Desarrollo (BMZ, Bonn) sobre asuntos indígenas, *britta.lambertz@gtz.de*
1 De no estar expresamente indicado, el término «los jóvenes» siempre incluye tanto a varones como a mujeres, igual que el término «los niños».

sobre miembros indígenas dentro de las maras. Igualmente es conocido que los delitos en áreas rurales indígenas son en su mayoría de menor gravedad, pero a qué se debe no ha sido investigado profundamente.

¿Ser joven es ser joven?

La juventud se define como el proceso de desarrollo físico del niño al adulto y está relacionada con el período de la educación y el ingreso al mundo laboral. Además, es el período clave en el que el joven construye su identidad propia. Menos acuerdo existe sobre cuáles son las edades que delimitan la juventud. Según la definición de la Organización Mundial de la Salud, ésta empieza a los 15 años y dura hasta los 29; según el Banco Mundial, se inicia ya a los 12 años y termina a los 24; y según la ONU, la juventud comprendería un período de diez años, entre los 15 y los 25. Hay incluso Estados, como sería el caso de África del Sur, donde una persona es considerada joven hasta la edad de 34 años.[2] Además hay quienes reclaman para sí que la juventud es una actitud mental: si me siento joven, lo sigo siendo, y no importa la edad. Aun así, a nivel del derecho internacional, el Convenio sobre los Derechos de los Niños se aplica a personas hasta la edad de 18 años. Después, las personas son tratadas como adultos. Así también lo lleva a la práctica la Constitución Guatemalteca (art. 20), y la Ley de Protección Integral a la Niñez y la Adolescencia del 2003 (art. 133).

Obviamente, la juventud es un concepto culturalmente condicionado. El concepto mismo es bastante nuevo –se empezó a hablar de «juventud» en la cultura occidental sólo a principios del siglo XIX. Al igual que las percepciones de hoy en Centroamérica, tuvo inicialmente connotaciones negativas: los jóvenes eran los que estaban en peligro, algo peligroso, inmaduro.

En la cultura indígena, el concepto es aún más nuevo. Tradicionalmente, por la necesidad de trabajar, los niños han pasado sin transición de la niñez a la edad adulta, asumiendo compromisos conyugales a una edad temprana. Sin embargo, los jóvenes indígenas se autodefinen cada vez más como tal, exigen sus derechos, libertades y espacios como jóvenes y han formado movimientos y organizaciones juveniles muy activas. Comparten muchos intereses, necesidades y preocupaciones con los jóvenes no indígenas, sean cuestiones de identidad, ansiedad en cuanto al futuro, o inseguridad hacía el otro sexo. Sin embargo, el preocuparse de la identidad propia encierra para jóvenes indígenas implicaciones diferentes a las que tienen muchos de los no indígenas. Al haber vivido ya experiencias de marginalización y discriminación en muchos casos, la identidad colectiva como indígena supone para ellos una de las preocupaciones centrales, y con ello surgen necesidades diferentes. Sin

---

[2]   *https://www.bizcommunity.com/Article/83/168/24709.html*

embargo, sería demasiado simplista categorizar a los jóvenes indígenas como grupo homogéneo. En Guatemala, éstos pertenecen a 22 grupos linguísticos y, además, a diferentes estratos sociales, con sus diferentes intereses y preocupaciones. Un joven de un área rural marginalizado tendrá necesidades bastante diferentes a las de una joven del área urbana de un estrato social más alto, sea indígena o no.

Ser joven en Guatemala

Guatemala es un país joven: el porcentaje de niños y jóvenes era de un 64,5% en el 2002 (Camey 2002) En Alemania, los jóvenes no llegan a más del 26%.[3] Entre los jóvenes rurales de 15 a 19 años, el 57% se identifica como indígena, con una mayoría de mujeres (INE 1999), lo cual es debido a la alta migración de los varones. El nivel de educación y formación es generalmente bajo, sobre todo en áreas rurales. Un 16,58% de los jóvenes son analfabetos (Secretaría de Planificación y Programación de la Presidencia 2008). Sólo dos de cada cinco niños y niñas en Guatemala finalizan la educación primaria en edad apropiada (CESR / ICEFI 2008). Las tasas de matriculación en el nivel básico llegan sólo a un 34,7%; en el diversificado son apenas un 20%, las peores tasas de América Latina *(ibid.)* Por su parte, los niños y jóvenes indígenas presentan un cuadro aún más negativo en este área de la educación: el promedio de escolaridad entre los varones es de 5 a 6 años, el de las mujeres, de 3 a 5 *(ibid.)* Y sólo el 2% de la juventud indígena se inscribe en instituciones de educación superior (Secretaría de Planificación y Programación de la Presidencia 2008). Por si esto fuera poco, en su mayoría reciben una educación de baja calidad, que no considera su cultura propia y que así tampoco promueve la identidad indígena.

Ser joven en Guatemala significa enfrentar pocas perspectivas: cada año llegan alrededor de 125 mil jóvenes al mercado laboral, sin embargo solo uno de cada tres logra encontrar un empleo formal (*El Periódico*, 20/11/2006). Y los que han logrado un empleo, muchas veces trabajan en condiciones de explotación, sin ningun tipo de prestaciones o garantías. En su mayoría trabajan en el sector no formal, un 67% *(ibid.)* Los niños y jóvenes indígenas ingresan más pronto al mundo laboral: para un niño indígena de 10 años de edad, la probabilidad de trabajar en comparación con un niño no indígena es más del doble (Population Council 2005) Existe además una brecha entre áreas rurales y urbanas. Por lo general, los jóvenes en áreas rurales y marginalizados (muchas veces de la población indígena) sufren más de pobreza crónica que jóvenes en áreas mejor conectadas a centros urbanos y mercados. Allí existen más ofertas de educación bilingüe intercultural y más organiza-

---

[3]   *http://www.eds-destatis.de/de/press/download/07_03/044-2007-03-23.pdf*

ciones propias. Aunque, por otro lado, el respeto a la cultura indígena y sus leyes es menos promovido en las áreas urbanas.

Las oportunidades de participación política son pocas, especialmente a nivel nacional. A nivel municipal hay más oportunidades, pero depende mucho de la voluntad de las autoridades si los jóvenes pueden aprovechar los espacios de participación. Pese a exitir una tradición de organización juvenil, por las persecuciones durante el conflicto armado las organizaciones se han vuelto sin embargo menos visibles y menos políticas. Estas reservas frente a la política se reflejan en una tasa de votación muy baja: hasta un 60% de los jóvenes no participan en elecciones (Kurtenbach 2008).

La falta de oportunidades económicas, junto a la falta de tierra, ha llevado a un incremento de la migración de jóvenes indígenas, y no indígenas, a las ciudades y al extranjero. Las remesas de ahí provenientes suponen actualmente más del 10% de la economía nacional –en el 2006, Guatemala recibió por esta vía unos 3.610 millones de dólares US.[4] Debido a la crisis financiera estas tasas han bajado ciertamente, pero aún continúa la tendencia a salir del país para buscar mejores condiciones en países económicamente más fuertes. En este contexto, no sorprende que las más vulnerables a la explotación (sexual) y al tráfico humano sean niñas y mujeres jóvenes indígenas o de minorías, de áreas rurales o refugiadas (Informe Global de la Juventud 2005).

Con los nuevos entornos se manifiestan nuevos desafíos. Una vez salidos del tejido social conocido, los jóvenes migrantes se enfrentan a condiciones de alta inseguridad y muchas veces están confrontados con actitudes discriminatorias. Empieza un proceso de aculturación, en parte natural y en parte por una necesidad de querer ser aceptado. Sean los jóvenes no indígenas o indígenas, el resultado es muchas veces una desvinculación de las tradiciones y creencias de sus padres y antepasados y, con ello, conflictos intergeneracionales substanciales (Camey 2002). Desarrollar una identidad propia en estas condiciones inseguras es bastante dificultoso.

A todos estos desafíos se ha de agregar la percepción social. Ser joven en Guatemala significa generalmente ser percibido como un potencial agresor de violencia y con ello como un problema, y no como potencial para el desarrollo social. En esto, el papel de los medios de comunicación ha sido clave. Han fomentado esta percepción a través de una información muchas veces sensacionalista que ha responsabilizado a los jóvenes de la mayoría de los delitos, vinculándolos incluso más aún a las maras y al crimen organizado.

---

[4]   *http://www.elperiodico.com.gt/es/20070319/actualidad/37869/*

Violencia y violencia juvenil

Las causas de la violencia son múltiples y complejas, y necesitan ser comba-
tidas de manera integral si se quiere llegar a una reducción sostenible de la
violencia. Cambios sociales acelerados pueden desembocar en la desintegración de estructuras sociales tradicionales. Si en estas condiciones no existen
políticas estatales para mantener o fortalecer la cohesión social, aumenta el
riesgo de una erupción de la violencia. En las condiciones de migración y
desvinculación con la comunidad, arriba mencionadas, crece la voluntad de
integrarse a una pandilla o mara. Como han manifestado algunos mareros:
«Para nosotros la mara significa hogar, casa, familia» (Fundación Arias
2005). El sistema económico también juega un papel importante. La falta de
espacios de participación económica, la falta de perspectivas, una brecha
exagerada entre estratos ricos y pobres, todo ello combinado con demasiado
tiempo libre, son factores de riesgo. Y no menos ocurre con el sistema político: Estados frágiles, caracterizados por la impunidad, la corrupción y la
institucionalización del crimen organizado, incluso en organismos estatales,
no son capaces de garantizar la protección de los derechos de sus ciudadanos.
Existe así el peligro de que los victimarios se sigan moviendo libremente y
que las víctimas tomen la ley por su mano.

No se deben subestimar los valores y normas predominantes en una sociedad. En Guatemala, la violencia está en gran parte aceptada como un medio para lograr un fin determinado y para educar a los hijos; la barrera psicológica de usar violencia es baja. Se aprende, se transmite y se refuerza una
cultura de la violencia. Incluso la misma Constitución Política permite a
civiles portar armas.[5] En estas circunstancias no sorprende el resultado de una
encuesta del 2005 con 1.600 jóvenes indígenas y no indígenas comprendidos
entre 13 y 18 años de edad: 68.2% de ellos dijo estar acostumbrado a muchas
muertes por violencia.[6] El que se haya podido establecer una cultura de
violencia en el país se debe en gran parte al conflicto armado interno. Por
mucho tiempo no ha existido una cultura de resolución pacífica de conflictos.
Sus efectos secundarios son traumas no superados que se transmiten a la
segunda y hasta a la tercera generación, afectando así a los jóvenes de hoy.

Tan complejas como las causas son las formas y la organización de la violencia. Ésta no se restringe solamente a la violencia física. Represión, explotación, denegación de derechos, el ejercicio de poder psicológico, o el se-
xismo, son ejemplos de la violencia psicológica, cultural y estructural que se

---

[5]   Así se ha establecido la Asociación Pro-Derecho Constitucional de Tener y Portar Armas
      que cumple la misma función que la National Rifle Association en los Estados Unidos (OMS
      2003).

[6]   *http://www.prensalibre.com/pl/2005/diciembre/18/130390.html*

produce diariamente en el país. La asimilación forzada, el racismo y la discriminación son formas de violencia que afectan especialmente a los jóvenes indígenas.

Son tres los actores que principalmente ejercen violencia: el individuo, grupos de individuos y el Estado. En el primer caso se expresa muchas veces de manera espontánea, entre dos adversarios, y aumenta típicamente los fines de semana en relación con el consumo de alcohol. El abuso y la violencia doméstica son otras formas atribuidas a individuos, y parecen ser un fenómeno bastante común debido a la cultura de violencia existente en Guatemala. En la encuesta arriba mencionada, casi un cuarto (23.7%) de los 1.600 entrevistados opinó que la familia es la principal generadora de la violencia *(ibid.)*

Entre grupos, los que más atención medial han recibido son los delitos cometidos por las pandillas y maras. En Guatemala existen según la Policía al menos 365 pandillas juveniles, integradas por 160.000 jóvenes.[7] La PDH estima que unos 10.000 jóvenes son integrantes de maras solamente en la ciudad de Guatemala (Kurtenbach 2008). Mientras muchas de las pandillas son menos organizadas y cometen delitos menores, las maras se caracterizan por ser más dispuestas a cometer delitos graves y por ser bien organizadas internamente. El término «mara» aparece por primera vez en el 1985. Grupos de maras –las clicas– funcionan como brazo de una organización central, como es el caso de las maras más famosas, la *Salvatrucha* y la *18*. Son integradas en su mayoría por jóvenes con graves problemas sociales, que han migrado o han sido deportados, lo que explica la gran influencia externa y su carácter transnacional. La violencia forma parte de su convivencia (Fundación Arias 2005). Junto a esto, la defensa del territorio, la forma de vestirse, los tatuajes y el uso de símbolos y de un lenguaje propio contribuyen a fortalecer su identidad colectiva. En lo general, menos del 50% de los miembros son de sexo femenino. Sin embargo existen pandillas exclusivamente integradas por niñas y mujeres (Kurtenbach 2008).

Los mareros más jóvenes tienen nueve años de edad (OMS 2003). Viven por término medio hasta los 21 años, por el alto riesgo en el que se encuentran. Paradójicamente, en una encuesta con 200 mareros, de octubre del 2008, 156 dijeron que se imaginaban tener una familia en el futuro, y 109, ejercer un empleo. Sólo 8 personas dijeron que estarían muertos (Similox 2008). Esto muestra claramente que la mayoría de los integrantes desea salir de la mara en el futuro y que para ello serán necesarias medidas de reintegración, aparte de medidas preventivas y de intervención.

Los actos criminales cometidos más frecuentemente por las maras son el robo, el asalto, la extorsión y amenaza, lesión física con o sin armas, viola-

---

[7]   *http://www.prensalibre.com/pl/2005/junio/01/115623.html*

ciónes sexuales y homicidios.[8] Por más inseguridad que causen, hay casos en los que se establecen como seguridad para un barrio, similar a los narcotraficantes. En áreas donde no llega el Estado de Derecho, víctimas de violencia se dirigen a una mara en lugar de al Estado, para que la mara cobre venganza. Dependiendo del acto, esto cuesta entre US$ 15 y 200 por asesinato (Fundación Arias 2005).

Por la atención medial que han recibido, las maras son convertidas en las principales responsables del total de homicidios y agresiones violentas. Sin embargo, existen otros grupos poderosos y responsables de algunos de los delitos más graves. Entre éstos se encuentran los grupos de «auto-justicia». Por la ausencia del Estado de Derecho en áreas marginalizadas, indígenas y no indígenas, el fenómeno de la auto-justicia sigue en aumento.[9] Las fuerzas de seguridad privada también intentan llenar estos vacíos. El crimen organizado se ha vuelto un actor cada vez más influyente en el país, infiltrando instituciones estatales e instrumentalizando a las maras. Una gran parte de jóvenes ha sido contratada para tareas como vigilancia o el transporte y la venta de drogas, fortaleciendo así la institucionalización de las mismas maras. Sin embargo, las maras no son los actores que controlan los mercados de drogas y armas, sino que funcionan como chivo expiatorio para que estos mercados puedan seguir trabajando (Fundación Arias 2005).

En Guatemala, el Estado ha jugado un papel principal en el ejercicio de la violencia. Los actos cometidos durante el conflicto armado interno son bien conocidos y documentados hoy en día.[10] Los militares, junto con las fuerzas paramilitares del Estado, fueron responsables del 95% de las masacres ocurridas a principios de los años 1980 (Beristein 1998). Y aún persiste la persecución de adversarios políticos por parte de actores individuales dentro de las instituciones del Estado. Con frecuencia se escuchan noticias sobre castigos extrajudiciales y limpieza social contra delincuentes y niños de la calle, cometidas por la Policía Nacional Civil. Existen indicios de que asesinatos, oficialmente relacionados con las maras, fueron de hecho cometidos por la policía misma que mató a jóvenes a los que anteriormente había extorsionado y que luego se habían negado a colaborar (Kurtenbach 2008). Al mismo tiempo faltan personas en posiciones influyentes capaces de servir de modelo y de promover una cultura de resolución pacífica de conflictos.

Dejando de un lado a los victimarios y analizando las víctimas, se puede constatar que, en su mayoría, la violencia juvenil se produce entre los jóve-

---

[8]   *http://www.prensalibre.com/pl/2005/junio/01/115623.html*
[9]   Según el Grupo de Apoyo Mutuo (GAM 2008), a finales del 2008 habían ocurrido 138 linchamientos, con 119 linchados heridos y 19 muertos.
[10] La documentación más extensa es el informe del Proyecto Interdiocesano Recuperación de la Memoria Histórica (REMHI 1998) *Nunca Más*, que comprende 4 tomos donde se recogen varios miles de testimonios sobre violaciones de los derechos humanos.

nes, sean éstos víctimas o victimarios. Guatemala tiene uno de los cinco mayores índices de victimización de América Latina y del plantea: mueren víctimas de homicidio 157% más jóvenes que no jóvenes (Waiselfisz 2008). El Salvador ha establecido un triste récord: tiene la tasa más alta de homicidios juveniles en América Latina. Por cada joven que muere en España o Alemania, mueren más de cien en El Salvador *(ibid.)* Es un hecho que la mayoría de jóvenes muere a mano de las maras o pandillas. Sin embargo, los actores ya mencionados siguen siendo responsables claves al lado de ellas. Entre julio de 2002 y agosto de 2003, de un total de 385 muertes violentas entre niños y jóvenes, un cuarto (98) fueron cometidas por maras; en comparación, 59 de las muertes (un sexto) tuvieron carácter extrajudicial y de limpieza social (Fundación Arias 2005); 31 niños y jóvenes (un décimo) murieron por negligencia; del total de 385 muertes violentas, aproximadamente un cuarto de víctimas fueron femeninas. Por lo general, son entonces más niños las víctimas de homicidios, en el caso de la violencia doméstica se muestra lo contrario: un 11,1% de víctimas de abuso o violencia intrafamiliar son niños, y un 88,9% niñas.[11]

Respuestas

Guatemala ha firmado la Convención sobre los Derechos del Niño, y su Constitución establece que menores de edad que transgredan la ley son inimputables (Art. 20). La Ley de Protección Integral a la Niñez y la Adolescencia establece en su Art. 11 que todo niño, niña y adolescente tiene el derecho a ser protegido contra toda forma de descuido, abandono y violencia. Además, manifiesta que los menores de edad no pueden ser recluidos en centros penales o de detención para adultos (Art. 261). El marco jurídico está entonces establecido, el desafío queda en la implementación. El estado Guatemalteco es frágil y no tiene el monopolio del poder. Faltan recursos para medidas de prevención e intervención en gran escala. Prevalecen altos niveles de impunidad;[12] los centros de reclusión están saturados; muchas cárceles están ahora controladas por las maras o el crimen organizado y sirven como campos de batalla y del tráfico de drogas.[13] En estas circunstancias, la detención dificulta aún más la rehabilitación de los jóvenes.

---

[11]   Instituto Nacional de Estadísticas, Tabla para el primer semestre del 2007,
http://www.ine.gob.gt/descargas/ViolenciaIntrafamiliar/INE_Guatemala_PoblacionVicti-maDeViolenciaIntrafamiliarPorSexo_PrimerTrimestre2007Preliminar2.pdf

[12]   La tasa de impunidad en el país es del 98%
(http://luishipolito.wordpress.com/2009/07/15/guatemala-mas-cambios-ante-la violencia).

[13]   En agosto del 2005, la erupción de violencia entre las maras *Salvatrucha* y *18* causó 30 muertos y 80 heridos.

Tradicionalmente, las respuestas estatales a la violencia juvenil han sido represivas, siendo ésta percibida exclusivamente como una problemática de seguridad pública. La «política de la mano dura» ha sido popular debido a las percepciones de la sociedad. Se introdujeron leyes antimaras, como el Plan Escoba del 2004 que permitía tratar a los jóvenes como delincuentes adultos e incluía el despliegue de miles de tropas de reserva del Ejército en barrios «problemáticos» de la Ciudad de Guatemala. Sin embargo, el éxito de estas políticas es rebatible. La delincuencia y los homicidios han continuado aumentando, igual que los números de integrantes de maras y pandillas, lo cual muestra que esta política no sirve para cortar el mal de raíz (Gudiel 2007). Muy al contrario: la represión ha fortalecido aún más la institucionalización de las maras, y la cohesión social dentro de ellas (Kurtenbach 2008).

Aunque las políticas represivas siguen siendo populares, recientemente han crecido las demandas de políticas preventivas y de rehabilitación.[14] Se ha formado la Unidad de Prevención del Delito (UPREDE) y una cooperación con la Asociación para la Prevención del Delito (APREDE); existen además alianzas de la Secretaría de Bienestar Social con organizaciones no gubernamentales (ONGs) que ya tienen una larga trayectoria de trabajar en este área. Está vigente ahora una nueva Ley de Armas y Municiones,[15] y una propuesta de Ley de Prevención Juvenil fue presentada al Congreso en Noviembre del 2008. Sin embargo, tradicionalmente, el presupuesto para políticas de promoción juvenil, o para la prevención y rehabilitación ha sido bajo y las instituciones estatales encargadas son percibidas como débiles. El Consejo Nacional de la Juventud (CONJUVE), creado en el 1996, apenas recibió 300.000 euros de presupuesto para el 2008 (Prensa Libre 2008).

Las respuestas de la sociedad civil y de los jóvenes mismos son más holísticas –aparte de actividades de prevención y atención inmediata, están enfocadas a la promoción de la convivencia pacífica y a la incidencia política. Para dar algunos ejemplos: el Movimiento de Arte Comunitario en Centro América (MARACA) es una red de organizaciones de Guatemala, El Salvador y Honduras, cuyo objetivo es transformar la sociedad y prevenir la violencia

---

[14]   Sin embargo, por el aumento de violencia durante los últimos meses del gobierno de Alvaro Colóm –reflejado por ejemplo en una ola de asesinatos de conductores de autobuses en la capital (33 hasta abril del 2009), o el caso famoso de Rodrigo Rosenberg, abogado que anunció su muerte por vídeo y acusó a Colom de ser el responsable– existe el peligro de que estas demandas cambien otra vez en favor de medidas represivas. Ver, por ejemplo:

 • *http://lacomunidad.elpais.com/chapines/2009/4/5/conductor-profesion-mas-peligrosa-guatemala-*

 • *http://www.elpais.com/articulo/internacional/ONU/investigara/Guatemala/asesinato/a bogado/Rosenberg/elpepuint/20090513elpepuint_10/Tes*

[15]   La Ley está vigente desde abril de 2009 y restringe la cantidad legal de munición por arma a 250; exige además más requisitos para obtener una licencia. Exentos de tramitar esta licencia se hallan sin embargo los funcionarios públicos y los diputados.

por medio del arte; se ha autodenominado una «mara artística».[16] Caja Lúdica también trabaja desde un enfoque cultural-artístico; está dirigida a la población marginalizada y discriminada y tiene como objetivo reconquistar los espacios públicos, y crear nuevas formas de comunicación y creatividad.[17] La Red por la Vida contra las Armas y la Violencia[18] forma parte de la campaña global «Armas bajo control» (Amnistía Internacional, OXFAM), implementando, entre otras, acciones contra la violencia, publicando análisis y promoviendo el intercambio de experiencias.

La Sociedad para el Desarrollo de la Juventud (SODEJU) es un actor clave en el tema de la incidencia política: se dedica, entre otras tareas, a la formación de jóvenes líderes y multiplicadores de todo el país, a capacitaciones en mediación de conflictos, y a la publicación de análisis y propuestas de políticas juveniles; coordina actualmente unas 80 organizaciones, indígenas y no indígenas, en todo el país (Gudiel 2007). Por último, Casa Alianza ha sido un actor bastante activo y relevante en el país: trabaja sobre todo con niños de la calle y niñas embarazadas. Desgraciadamente, Casa Alianza ha tenido que cerrar este año sus puertas por la falta de fondos –a consecuencia de la crisis financiera que afectó a su principal donante, el Covenant House.[19]

Igual que las organizaciones juveniles y de la sociedad civil, la cooperación internacional percibe la violencia juvenil como síntoma de problemas estructurales y sociales, y no como un problema de seguridad pública. Por ello se ha centrado en la prevención, aplicando enfoques integrales que incluyen educación, salud, participación e incidencia política, la creación de espacios para el tiempo libre, capacitaciones para el mercado de trabajo, y la promoción de la convivencia pacífica. La Fundación para las Américas (Organización de los Estados Americanos, OEA), por ejemplo, se ha dedicado por medio de su proyecto «Mi Zona»[20] a la formación de una red social entre diferentes grupos juveniles, para promover una cultura de paz y fortalecer la identidad de sus miembros.

La Cooperación Alemana tiene una larga trayectoria de trabajar en Guatemala. Por medio del programa PROJOVEN (Fortalecimiento Integral de Jóvenes, 1993 - 2003) trabajó junto con las administraciones a nivel regional y local para promover el acceso de los jóvenes a programas juveniles. Así se logró fomentar una mayor participación política y social de los jóvenes y se apoyó el desarrollo de organizaciones juveniles y otras formas de autogestión. El programa PROMOCAP (Promoción de la Microempresa, Pequeña y

---

[16] *http://redmaraca.blogspot.com/2007/11/red-maraca-de-centro-america.html*
[17] *www.cajaludica.org*
[18] *http://www.cajaludica.org/Comunidades%20Ludicas/redporlavida.html*
[19] *http://dca.gob.gt:85/diariopdf/20090206_LaRevista29.pdf*
[20] *http://www.deguate.com/artman/publish/comunidad_cosasguate/Programa_de_Prevenci_n_de_Violencia_Juvenil_y_Pand_9723.shtml*

Mediana Empresa en Guatemala, 1997 – 2007) se dedicó a la promoción del empleo juvenil y del emprendimiento, y diseñó una metodología de Generación de Proyectos Empresariales (GPE). Esta metodología GPE fue integrada en el 2006 dentro del proyecto de Formación INTECAP. Actualmente, el Programa de Apoyo a la Calidad Educativa (PACE)[21] trabaja entre otras áreas en la educación bilingüe intercultural y la promoción del emprendimiento juvenil; sus beneficiarios son niños y jóvenes sobre todo en regiones con mayor población indígena. Este año se está además lanzando el nuevo programa regional PREVENIR (Prevención de Violencia Juvenil en Centroamérica, 2009 - 2011); forman parte de sus medidas el fomento del intercambio entre organizaciones estatales y no gubernamentales y el mejoramiento de la coordinación entre ellas, formación y capacitación de estas organizaciones, asesoría a actores relevantes, y la armonización de políticas de prevención, educación, y juventud.

Jóvenes indígenas y violencia

Aunque como consecuencia de la migración y la globalización se han ido reduciendo las diferencias tradicionales entre jóvenes indígenas y no indígenas, y tanto los unos como los otros comparten muchos aspectos de la violencia, como víctimas y como victimarios, la situación de los jóvenes indígenas es particular. Como ya se ha mencionado, los jóvenes indígenas sufren más bajo la discriminación y el racismo, enfrentándose así a fuertes amenazas a su identidad colectiva como indígenas. Además, los impactos del conflicto armado interno juegan un papel mucho más importante en la vida de los jóvenes indígenas. Las víctimas del conflicto se encuentran en su mayoría en áreas rurales indígenas; en las regiones como Quiché, donde el conflicto fue más presente y atroz, la generación de sus padres fue profundamente traumatizada. Estos traumas, si no son tratados, afectan hasta la tercera generación de hijos (Ustorf 2009).

A pesar de estas experiencias, y a pesar de que las maras han estado llegando a comunidades indígenas desde el 2003 aproximadamente, la violencia juvenil en áreas rurales todavía parece estar menos presente: el departamento más violento sigue siendo con diferencia el de Guatemala, seguido por los departamentos cerca de las fronteras con México y Honduras, y los que son infiltrados por el crimen organizado (Fundación Arias 2005). Las tasas más bajas se encuentran en departamentos con mayor porcentaje indígena. Huehuetenango y Quiché, por ejemplo, tienen las tasas más bajas de homicidios de todo el país (Kurtenbach 2008). Al mismo tiempo existen más pandillas en el altiplano del occidente que en el oriente del país, región con menor por-

---

[21]   *http://pace.org.gt/*

centaje indígena, aunque sin embargo la violencia en el oriente es más fuerte. Esto podría indicar que las formas de violencia ejercida son otras en estos departamentos y se limitan a delitos menores, o que la violencia juvenil es más un fenómeno no indígena. Aun así, las pandillas y maras son percibidas como un problema creciente en comunidades indígenas.[22]

El porqué de esta diferencia no ha sido investigado en profundidad. A pesar de la represión durante el conflicto armado y la contrainsurgencia, las comunidades indígenas fueron en muchos casos capaces de reestructurar sus formas de integración social (Kurtenbach 2008). De esto se puede deducir que la identidad colectiva y la cohesión social dentro de las comunidades indígenas es todavía más fuerte, y que así los jóvenes siguen estando más integrados en la comunidad y contralados por ella. Además, las comunidades siguen ejerciendo el derecho consuetudinario de modo que los jóvenes no pueden contar con impunidad, como sería el caso en algunos centros urbanos. Sin embargo, esta hipótesis todavía necesita ser comprobada.

Por lo general hay falta de investigaciones sobre la violencia entre jóvenes indígenas. Tampoco se conoce cuántos jóvenes indígenas son miembros de maras, o si han formado sus propias maras. Igualmente no se sabe qué posiciones ocupan indígenas dentro de las maras, qué forma de violencia ejercen, si sufren discriminación o violencia dentro de ellas, y si de hecho siguen identificándose como indígenas tras haberse integrado en una mara.

Como reflejo de las particularidades mencionadas, las organizaciones juveniles indígenas han puesto el acento en respuestas algo diferentes. Sus respuestas a la violencia también son holísticas, aunque sin embargo sus actividades están más dirigidas a la promoción de la identidad propia como indígena e incluyen demandas específicas, como sería el resarcimiento para víctimas del conflicto armado. El Movimiento de Jóvenes Mayas (MOJOMAYAS), por ejemplo, fue fundado por iniciativa de CONAVIGUA, la Coordinadora Nacional de Viudas de Guatemala, para la defensa de los derechos de sus hijos y tiene como objetivo la formación de un nuevo liderazgo juvenil, la incidencia política, especialmente a nivel municipal en los Consejos Comunitarios de Desarrollo (COCODEs) y el resarcimiento financiero para las víctimas del conflicto armado. Está ahora integrado por aproximadamente 5.000 jóvenes en nueve departamentos.[23] Organizaciones no indígenas son bienvenidas si quieren incorporarse al Movimiento. La Red de Jóvenes Mayas (RENOJ) fue fundada en 1999 y tiene 25 organizaciones miembros. Su fin es la formación integral de los jóvenes, sin exclusión de otros pueblos; para ello trabaja en las áreas de educación y tecnología rural, cultura e identi-

---

[22] Entrevista con Domingo Cedillo, dirigente de la organización juvenil Talintxá, Chajul/Quiché, 2007.

[23] *http://www.nadir.org/nadir/initiativ/agp/free/ftaa/noticias_nl/mojomayas.htm*

dad, participación social y política, política laboral y empleo, desarrollo rural juvenil, y ambiente y recursos naturales.[24] Aparte de estas dos organizaciones regionales existen varios movimientos, organizaciones y asociaciones más pequeñas y muy activas en todo el país que cooperan entre ellas y con organizaciones no indígenas, como por ejemplo SODEJU.

Para concluir

Al principio de cualquier medida contra la violencia juvenil, es indispensable un análisis profundo del contexto específico, de las causas y de los actores claves involucrados, a fin de considerar todos los factores complejos detrás del fenómeno. Por las diferencias que se dan, esto incluye una investigación específica respecto a jóvenes indígenas, incluso la elaboración de estadísticas desagregadas por sexo y etnia. Un problema de múltiples dimensiones requiere un enfoque holístico que las reconozca, además de un enfoque intercultural –indispensable en un país multiétnico y pluricultural como Guatemala. Esto hace necesario un trabajo a todos los niveles, involucrando a los diferentes actores para que coordinen esfuerzos, formen o fortalezcan redes e intercambien constantemente las experiencias. Incluye una cooperación estrecha entre organizaciones y movimientos sociales, con instituciones del Estado e instituciones internacionales, igual que entre organizaciones no indígenas y organizaciones y autoridades indígenas. Por supuesto que las organizaciones juveniles juegan un papel clave en la prevención de la violencia y, posiblemente, también en la rehabilitación de jóvenes en riesgo, y no pueden ser tratadas sólo como grupos meta sino como contrapartes y actores clave. Fortalecerlas directamente significa al mismo tiempo promover futuros líderes que conozcan y ejerzan sus derechos y deberes como ciudadanos.

En la ejecución, las áreas de intervención más relevantes han sido la promoción de empleo juvenil, la promoción de participación política en los diferentes niveles, la creación de ofertas y espacios para el tiempo libre, u ofertas en salud (ofertas psicológicas, educación en salud reproductiva, y prevención y atención al abuso de drogas). La educación también juega un papel clave en la prevención, informando a los jóvenes sobre sus derechos y deberes, brindando una educación en valores y en convivencia pacífica y, en el caso de jóvenes indígenas, promoviendo su identidad propia por medio de educación bilingüe e intercultural. Recién han cobrado relevancia medidas dirigidas a la promoción del Estado de Derecho. Aunque existen ofertas, se ha brindado menos atención a grupos juveniles menos visibles, por ejemplo, a migrantes o niños de la calle. Son más las organizaciones de la sociedad civil que se han dedicado a trabajar con ellos, y podrían ser más apoyadas por el Estado y la

---

[24] *http://es.geocities.com/renojmaya/*

cooperación internacional. Menos atención todavía han recibido los ex mareros, tal vez en parte por temor, tal vez por no percibirse una necesidad. Sin embargo, como se ha mencionado más arriba, ellos mismos han expresado su deseo de salir de la pandilla o mara en el futuro. Para crear perspectivas y prevenir futuras reincidencias, serán necesarias medidas adicionales de rehabilitación.

Un último paso después de haber ejecutado las medidas es su sistematización. Con la presentación ante el Estado y la sociedad de buenas prácticas por medio de prevención y rehabilitación se espera cambiar percepciones y políticas populistas de «mano dura». En esto será clave involucrar a los medios de comunicación como líderes de opinión y aliados en el cambio de percepciones de la sociedad.

En Guatemala ya existen bastantes organizaciones de la sociedad civil, además de estar presentes varias organizaciones de la cooperación internacional. Junto con los sectores que favorecen políticas preventivas e integrales existe un potencial que se puede aprovechar aún más. El desafío está en convencer a las instituciones estatales y a sectores de la sociedad civil, que siguen percibiendo la violencia juvenil como una amenaza a la seguridad pública, de que el fenómeno es un síntoma de problemas políticos, económicos y sociales, de que la mayoría de los jóvenes no es violenta sino también víctima, y de que las amenazas a la seguridad pública provienen no necesariamente de la maras, sino del crimen organizado y del Estado mismo que no logra establecerse como Estado de Derecho. Por supuesto, las maras han crecido en número y se han ido institucionalizando. Diariamente representan una amenaza real para muchos guatemaltecos, sea viajando en autobús, sea sacando sus ahorros del banco, o sea llevando a sus hijos a la escuela. La intención de esta contribución no ha sido minimizar la gravedad de los delitos cometidos por algunos jóvenes (mareros), y la inseguridad que causan. Sin embargo, detrás de su presencia e institucionalización se hallan otros factores y actores. Al centrarse tanto en jóvenes violentos como chivos expiatorios y al hacer frente a la violencia juvenil principalmente con la «mano dura» significa que no se corta el mal de raíz.

Bibliografía

Beristein, C. (1998): *Guatemala, Nunca Más* (Resumen del informe del proyecto REMHI).

Bizcommunity.com (2008): «So how entrepreneurial are we?». Artículo sobre el emprendimiento de los jóvenes Sudafricanos, 21/05/2008.
https://www.bizcommunity.com/Article/83/168/24709.html.

Camey, L.(2002): «Juventud indígena y rural de Guatemala: sus perspectivas y desafíos» (Presentación en el Seminario Internacional «La Revalorización de los Grupos Prioritarios en Medio Rural», Mexico)

CESR (Center for Economic and Social Rights) / ICEFI (Instituto Centroamericano de Estudios Fiscales) (2008): «El Derecho a la Educación en Guatemala – Hallazgos y conclusiones preliminares del informe: ¿Derechos o Privilegios?: El derecho a la salud y a la educación en Guatemala, un momento decisivo».

Demoscopía S.A. (2007): «Maras y pandillas, comunidad y policía en Centroamérica – Hallazgos de un estudio integral».

El Periódico (2008): «El desempleo afecta a los jóvenes guatemaltecos», 20/11/2008.

Eurostat (2007): «Junge Europäer im Spiegel der Statistik (jóvenes europeos en el espejo de las estadísticas)», marzo.

Fundación Arias para la Paz y el Progreso Humano (2005): *La cara de la violencia urbana en América Central.*

GAM (Grupo de Apoyo Mutuo) (2008): «Sin cumplimiento de las promesas de Álvaro Colom – Informe sobre la situación de los Derechos Humanos y hechos de violencia en el mes de diciembre 2008».

Gudiel, V. (2007): «Informe pericial sobre violencia juvenil en Guatemala», noviembre.

Informe Global de la Juventud (2005).

INE (Instituto Nacional de Estadísticas) (1999).

Kurtenbach, S. (2008): «Youth Violence as a Scapegoat – Youth in Post-War Guatemala», octubre.

Müller B. (2008): «Die Identität liegt in den Gemeinden (la identidad está en las comunidades)» (entrevista con Mario Calel de Mojomaya), junio.

OMS (Organización Mundial de la Salud) (2003): «Informe Mundial sobre la Violencia y la Salud».

Population Council (2005): «Relatoría de la reunión sobre estrategias multisectoriales innovadoras para satisfacer las necesidades de las jóvenes indígenas y de otras/os adolescentes vulnerables», Antigua, Guatemala, 1 al 2 de diciembre.

Secretaría de Planificación y Programación de la Presidencia (2008): «Informe final del Diagnóstico de Instituciones del Estado que tienen Programa y/o Proyectos para Jóvenes Indígenas en Guatemala».

Seijo, L. (2005): «Preocupan pandillas mayas – Red indígena alerta por proliferación de maras en la provincia», 01/06/2005.

Seijo, L. / Marroquín, M. (2008): «Jóvenes, a la caza de oportunidades» en *Prensa Libre*, 10.08.2008.

Similox, V. (2008): «Presentación de los Resultados de la Investigación: Juventud en Riesgo», octubre.

UN Department of Economic and Social Affairs (2005): «World Youth Report 2005 – Young people today and in 2015», octubre.

Ustorf, A. (2009): *Wir Kinder der Kriegskinder – die Generation im Schatten des zweiten Weltkriegs.*

Waiselfisz, J. (2008): *Mapa de la violencia: los jóvenes de América Latina.*

Estuardo Conrrado Coc Sinay[*]

Aportes y desafíos de las organizaciones juveniles en Guatemala

1 Presentación

Guatemala es un país multiétnico, multilingüe y pluricultural. Un país eminentemente joven donde el 70.84%[1] de su población está comprendida entre los 0 y los 29 años de edad, y con un 55% de población indígena. Posee grandes riquezas naturales y sitios turísticos que lo embellecen como país, y que goza del reconocimiento internacional. Sin embargo también es un país en el que su población vive en condiciones de exclusión social, desigualdad, pobreza, discriminación y violencia, todo ello producto de diferentes etapas históricas que van desde la invasión española, gobiernos autoritarios y conflictos armados hasta la aplicación de políticas neoliberalistas e imperialistas que han conllevado a que un porcentaje mínimo (20%) acapare la riqueza del país. Una minoría que es la que mantiene el control, poder y dominio en las diferentes esferas políticas, económicas, sociales y culturales en el país; dejando siempre en condiciones de marginación y exclusión a la gran mayoría, principalmente población indígena y rural, privada así de oportunidades para su desarrollo humano.

2 Panorama general de la realidad de Guatemala

Guatemala esta dividida administrativamente en 22 departamentos y 333 municipios. Para hacerse una pequeña idea del contexto del país, es necesario entender cuatro momentos históricos importantes:

---

[*] Facilitador del Programa de Seguridad Preventiva en el Instituto de Enseñanza para el Desarrollo Sostenible (IEPADES), Guatemala, *con_rrado@yahoo.com*
[1] INE 2006, 4.

a) Invasión española:
- acaba con la forma de pensar, vivir y gobernar de nuestros pueblos originarios;
- elimina el principio de vida comunitaria e impone un sistema de individualismo.

b) Gobiernos dictadores (militares, liberales y conservadores):
- imponen políticas neoliberalistas, imperialistas y capitalistas (control y dominación);
- dominación ideológica; durante los cinco siglos, la invasión se ha ido consolidando, con sus propias leyes y forma de gobernar.

c) Conflicto armado: 36 años violentos que trajo consigo:
- desapariciones forzadas;
- desplazamientos;
- ejecuciones arbitrarias;
- masacres;
- torturas.

d) Acuerdos de Paz de 1996:
- un nuevo camino y esperanza para Guatemala;
- el cuento de la democracia;
- ¿democracia para quiénes?

Guatemala cuenta con una población de 13.7 millones de habitantes,[2] coexistimos cuatro pueblos, veintitrés comunidades lingüísticas, el 59.5% de la población vive en el área rural y un 55% de la población es indígena, con su propia dinámica social y cultural. Guatemala es el segundo país de Latinoamérica con mayor población indígena.[3]

Tabla 1
Datos demográficos 2008

Población	13.7 millones
Crecimiento poblacional	2.5%
Población masculina	48.8%
Población femenina	51.2%
Población rural	59.5%
Población urbana	40.5%

---

[2]   INE (2008): *Proyecciones de población.*
[3]   PNUD (2005): *Informe Nacional de Desarrollo Humano.*

Gráfico 1

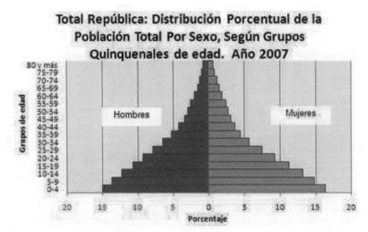

Total República: Distribución Porcentual de la
Población Total Por Sexo, Según Grupos
Quinquenales de edad. Año 2007

Guatemala es un país inmensamente rico en el que viven millones inmensamente pobres. Más de la mitad de la población es pobre, el 51% vive en la pobreza y el 22% en la extrema pobreza.[4] En el área rural, de cada 100 personas, 81 viven en la pobreza (81.4%) y, de éstas, más de la mitad son indígenas (55.7%).[5] La esperanza de vida está en torno a los 66 años, pero la mortalidad infantil es muy alta, en torno al 47%.

3 Situación tras la firma de los Acuerdos de Paz

En tiempos de guerra eran asesinadas unas 10 personas por día; ahora, en época de paz, mueren víctimas de la violencia de 18 a 22 personas por día; de ellas, un 70% son jóvenes; y las muertes son provocadas por arma de fuego en un 90% de los casos.[6]

Los derechos que se violan constantemente en Guatemala son los relativos a la vida, la libertad y la integridad.

---

[4] ENCOVI 2006. Sin embargo, cálculos recientes de organismos de análisis económicos, indican que la pobreza afecta al 56% de la población.
[5] INE: *XI Censo Población*.
[6] IEPADES 2007 y 2008: *La Violencia Armada en Guatemala*.

Gráfico 2
Muertes violentas durante el año 2008[7]

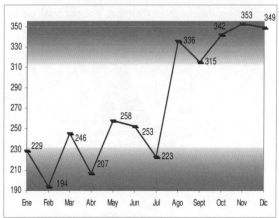

A esto se le tendrían que sumar las víctimas que sufrieron algún atentado contra su vida, suma que se eleva a más de 1116 casos. Las muertes extrajudiciales registradas en el 2008 se elevaron a 130.

De 100 crímenes que se comenten sólo el 2% son investigados por el sistema de justicia.

Gráfico 3
Cuadro comparativo de muertes de mujeres, años 2007 y 2008
(Prensa escrita)

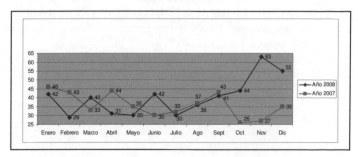

---

[7]   GAM (2008): *Informe sobre la Situación de los Derechos Humanos en Guatemala.*

4 ¿Qué significa ser joven en Guatemala?
Un vistazo a la realidad de la juventud en Guatemala

En Guatemala eres discriminado por tu condición de:

* *Joven*: para nada eres bueno, un inexperto. Esto se evidencia sobre todo en la búsqueda de trabajo: no te dan empleo porque no tienes las experiencias y nivel de formación académica necesaria. Y cuando cumples los 30 años ya no tienes mayores oportunidades de insertarte laboralmente por no estar calificado como fuerza productiva. En los espacios políticos la situación no es mejor: eres invisibilizado, la juventud tiene participación solamente para cuestiones de logística, campañas, pero no para tomar decisiones.

* *Pobre*: tanto tienes, tanto vales. El ser pobre también está asociado a si eres de área rural o un urbano marginal. Esto se evidencia más en las relaciones de grupos sociales y en las enormes diferencias para el acceso a oportunidades de desarrollo.

* *Indígena*: que se asocia a la proveniencia de un área rural, a alguien que no tiene modalidades o conductas sociales de jóvenes civilizados, etc.

* *Mujer*: simplemente por la condición de ser mujer y, aún peor, si no tiene un nivel académico, si es indígena, si proviene de área rural. La mujer está asociada únicamente a los cuidados del hogar, del esposo e hijos.

En Guatemala, los jóvenes son vistos como:

* revoltosos, rebeldes, desobedientes, etc.;
* violentos;
* son invisibles en las políticas públicas, programas e instituciones del gobierno;
* para los partidos políticos cuentan sólo para la campaña, para la propaganda del partido y de candidatos (pegar afiches, distribuir volantes);
* aunque son considerados como la fuerza laboral del país, no se les dan oportunidades de acceso a un trabajo en condiciones dignas.

No hay una definición legal de la Juventud en Guatemala. Hace falta aún definirlo en función de qué, ya que un buen porcentaje de la población joven están asumiendo a temprana edad roles y compromisos familiares, como consecuencia de la desintegración familiar, la migración, el abandono y la violencia. Mayor desafío es aún poder definir qué se entiende o que entendemos por juventud indígena, lo cual es debido a la transculturalización que

64 Estuardo Conrrado Coc Sinay

afecta principalmente a los jóvenes. Dadas las especificidades y diversidades existentes en el país es necesario construir la definición de los jóvenes desde una visión sociológica, antropológica y biológica.

Como ya se ha indicado más arriba, de la población general el 70.84% está comprendida entre las edades de 0 a 29 años y, de ellos, el 27.7% son jóvenes entre los 15 y los 29 años. Según cifras oficiales, el 48.6% son jóvenes indígenas.[8]

Un 54.33% de la población juvenil comprendida entre los 15 y los 29 años vive en condiciones de pobreza (según otras investigaciones, el porcentaje de pobreza se eleva a un 60%), no tienen acceso a los servicios básicos que presta el Estado y, por ende, carecen de posibilidades de acceder a fuentes de ingresos que mejoren sus condiciones de vida.[9] Es de hacer notar que jóvenes de 104 municipios del país viven o sobreviven con nulas o escasas posibilidades de desarrollo, oscilando la pobreza entre el 50% al 99%.[10]

Algunos indicadores de la realidad educativa juvenil:
- 43% excluido del nivel primario;
- 80% excluido del nivel básico;
- 85% excluido del nivel diversificado.

El 44% de los jóvenes del país no han recibido más de 3 años de educación primaria, mientras que el 17% son analfabetos, con grandes diferencias entre lo urbano y lo rural y por razones étnicas y de género. El problema de la falta de acceso a la educación se acentúa en la juventud indígena donde la cifra de analfabetismo es del 42.5%, y se profundiza en el caso de las mujeres jóvenes adultas, donde el analfabetismo alcanza el 73.4%, una cifra sin duda alarmante. Sólo el 2% de población indígena se matricula en las instituciones de educación superior.[11]

Los servicios de Salud Pública no llegan a la Juventud. Se ha agudizado la pésima atención que se les brinda en los diferentes servicios. Se han incrementado los casos de VIH y Sida. Los adolescentes y jóvenes están poco sensibilizados en lo relativo a la salud reproductiva y en educación sexual; la consecuencia es el alto porcentaje existente de mujeres adolescentes que sufren embarazos no deseados.

Los niños menores de cinco años sufren los más altos niveles de pobreza; de hecho, el 61.7% de los mismos vive en condiciones de pobreza extrema.

---

[8] INE (2002): *Censo*.
[9] CEDAL (2005): *La Juventud Centroamericana, Rasgos y Situación Actual*.
[10] SEGEPLAN (2004).
[11] SEGEPLAN (2008): *Diagnóstico, Instituciones y Programas de Juventud Indígena*.

El 41% padecen algún nivel de desnutrición, lo cual equivale a un alto porcentaje de mortalidad infantil por desnutrición.

Gráfico 4

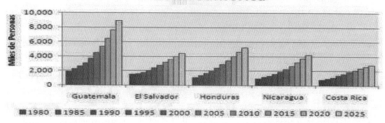

Un 37.88 de la población económicamente activa esta integrada por jóvenes entre los 15 y los 29 años, sin embargo el 52% de ellos está desempleado. Y todo ello pese a que las potencialidades para el desarrollo de Guatemala se encuentran en su juventud.

Finalmente algunos datos estadísticos sobre la emigración:[12]

- 1.2 millones de migrantes guatemaltecos en Estados Unidos;
- 28.051 deportados en el 2008;
- 23.072 deportados en el 2007.

5 Contexto y antecedentes
de la organización juvenil en Guatemala

- *1960–1978:* movimientos estudiantiles y juveniles; el terremoto de 1976 muestra la pobreza del país y la incapacidad de respuesta por parte del Estado; por su parte, los movimientos juveniles contribuyen a la reconstrucción.

- *1970–1980:* guerras civiles en Honduras, Guatemala y El Salvador; migración, exiliados, refugiados; es en este contexto cuando surgen las maras, un movimiento que se inicia en Los Ángeles.

- *1979–1981:* son los años de la represión en los que se produce la desarticulación de los movimientos estudiantiles y populares.

- *1981 y 1983:* al no existir la ayuda del Estado tras el desastre del terremoto, los jóvenes tienen que organizarse en forma autónoma para emprender la reconstrucción;[13] en este período se da una persecución

---

[12] Dirección General de Migración (2008).
[13] Organizaciones juveniles en Guatemala. Instituto de Estudios y Capacitación Cívica.

de las organizaciones juveniles y campesinas y la destrucción del tejido organizativo del pueblo maya.

- *1980–1990:* los grupos juveniles ponen mayor énfasis en aspectos más cotidianos (sexo, medio ambiente, religión); jóvenes consumidores, influenciados por las estrategias de mercado; bombardeo ideológico por los medios de comunicación; en 1984, la televisión por cable se hace socialmente visible: los videoclips moldean la imaginación de los jóvenes; cultura de consumismo e individualismo.[14]

- *1981–1985:* se trata de impedir cualquier posibilidad de organización social, las Patrullas de Autodefensa Civil lo vigilan todo.

- *1985:* con la Constitución de 1985 se hace un intento por reconstruir los movimientos juveniles; gobierno democrático, representativo y republicano.

- *1982–1993:* debido a la imposibilidad de mantener una organización juvenil y estudiantil, se inician los movimientos católicos y evangélicos desde donde se promueve un nuevo espacio de participación para reconstruir el tejido social.

- *1996–2008:* después de la firma de los Acuerdos de Paz, se inicia la transformación del tejido social y la reconstrucción del proceso histórico de nuestro país; es en este período cuando la organización y la participación juvenil, principalmente en las comunidades rurales, ha tenido mayor auge aunque sin el reconocimiento y apoyo político de los gobiernos de turno –a nivel municipal y de país.

Pobreza, división, miedo, represión y utilización son los mayores obstáculos que encuentran las tentativas organizativas que se hacen en las comunidades mayas y en el país en general.

6 Los gobiernos y la juventud: cuatro gobiernos (1996-2008)

- *1996: Gobierno de Álvaro Arzú.* Durante este gobierno se crea mediante el Acuerdo Gubernativo No. 405-96 el Consejo Nacional de la Juventud, cuya misión es la de formular e implementar políticas públicas para el desarrollo de la juventud. Sin embargo, durante este gobierno se emplean sólo a jóvenes de la familia del Presidente para que sean ellos los que manejen la campaña política.

- *2000: Gobierno de Alfonso Portillo.* Desde el Consejo Nacional de la Juventud se condujo la campaña política, y se produce una utilización

---

[14] IECC: *Movimientos Juveniles en los Ochenta y Noventa.*

de los jóvenes para un levantamiento político –el «Jueves Negro»–; se provoca una desestabilidad política en el país al tratar de inscribir al militar y genocida Efraín Ríos Montt como candidato presidencial del FRG. En este período se da más de lo mismo: un CONJUVE manipulado y al servicio de los hijos de familiares del gobierno.

- *2004: Gobierno de Oscar Berger.* El Consejo Nacional de la Juventud impulsa la Política Nacional de Juventud: «Jóvenes Construyendo la Unidad en la Diversidad», «Por una Nación Pluricultural»; sin embargo no figura la juventud indígena como un segmento poblacional de atención en su desarrollo desde sus perspectivas; sin contar además con un Plan de Acción ni mucho menos con interés por implementarla. La política se redujo a un buen instrumento: se crea el programa «Mi Primer Empleo» que resultó ser un gancho para reclutar jóvenes y fondos para la campaña política del 2007.
- *2008: Gobierno de Álvaro Colom.* El Consejo Nacional de la Juventud sigue siendo «invisible», aunque sí se da un esfuerzo por apoyar el trabajo asociativo de las organizaciones juveniles en los municipios. El CONJUVE se halla dcbilitado, sin fondos ni programas concretos de atención integral a la juventud; existen algunos programas de ministerios, secretarías y fondos sociales que buscan apoyar el desarrollo de la juventud, pero están desarticulados y nadie los conoce.

Es importante reconocer aquí el apoyo que la Organización Iberoamericana de Juventud (OIJ) ha brindado a CONJUVE en aras de mejorar su institucionalización. En el año 2000 Guatemala aprueba mediante acuerdo gubernativo el ingreso en la OIJ. Desde hace más de dos años la OIJ y organizaciones juveniles cabildean la ratificación de la Convención Iberoamericana de Derechos de los Jóvenes (CIDJ) en el Congreso de la República, –hasta ahora sin resultados palpables ya que su texto sin duda que no es una prioridad para los intereses de los diputados encargados de ratificarla.[15]

Durante el gobierno de Oscar Berger y Álvaro Colom, las organizaciones juveniles han hecho aportes significativos incidiendo en las políticas públicas para que los jóvenes constituyan un eje transversal en los planes, programas y acciones del gobierno; aunque sin mayores resultados, habida cuenta de que los distintos ministerios e instituciones del gobierno no incluyen a la juventud en sus planes de trabajo. En los Sistemas de Consejos de Desarrollo, la juventud aún no ha sido tomada en cuenta.

Luego de cincos años de incidencia política de colectivos juveniles, en el 2008 se crea la Comisión de Juventud en el Congreso de la República. Un

[15] Cf. al respeto el texto de CIDJ en el anexo 1 y la contribución de Javier Ruiz sobre el tema (nota de los Editores).

avance significativo porque los diputados asumen cierto compromiso con la
juventud.

7 Estrategias de participación y organización juvenil:
   motivos y razones de los movimientos juveniles

La Constitución Política de la República de Guatemala de 1985 apertura el
proceso democrático, aunque ésta en la actualidad precise de profundización;
permite sin embargo reconstruir los movimientos estudiantiles y juveniles. Y
luego que en Guatemala se ratificara la Convención Universal de los Derechos de la Niñez, da un nuevo parámetro para que se reconozca la participación y organización de la niñez y juventud en torno a la defensa de sus derechos.

Los movimientos juveniles y estudiantiles en la década de los 1980 y
1990 significan una respuesta a la represión y también un contraataque. Su
objetivo era luchar y defender la libertad, la libre expresión y la democracia.
Muchos líderes juveniles y estudiantiles dejaron sus vidas en esta empresa.

Luego de la firma de los Acuerdos de Paz, la participación de la juventud
se da como un mecanismo para reconstruir el tejido social, así como también
para defender los derechos sociales, culturales, económicos y políticos.

En la actualidad existen alrededor de 300 organizaciones juveniles en
Guatemala, que han surgido a nivel local con una participación protagónica
muy propias a nivel de sus comunidades. Los motivos que ha impulsado a
que la juventud se organice va en función de:

- Visibilizar a la juventud ante las autoridades, principalmente en los
  municipios; incidir en los programas y agendas de desarrollo de los
  gobiernos municipales e insertarse en los Consejos de Desarrollo.
- Luchar por la reivindicación de los derechos desde la perspectiva de
  la diversidad.
- Visibilizarnos como un segmento poblacional importante dentro de la
  sociedad y cambiar paradigmas de criminalización hacia los jóvenes.
- Mejorar los niveles de vida, buscando más oportunidades de desarrollo
- Participación política en los partidos, principalmente en los gobiernos
  municipales.

Muchas de las organizaciones juveniles no cuentan con apoyo de instituciones gubernamentales, internacionales o de gobiernos locales. En su mayoría
cuentan con el apoyo de organizaciones de la sociedad civil que aun no
siendo propiamente de jóvenes, apoyan el trabajo organizativo y participativo

de la juventud en sus comunidades. En la actualidad, muchas de las organizaciones juveniles y ONGs han impulsado movimientos, colectivos, redes, coordinadoras, entre otros objetivos, para aglutinar organizaciones juveniles y socializar experiencias de participación. A continuación enumeramos algunas de las alianzas y colectivos juveniles organizados en Guatemala:

- Asamblea Nacional de Jóvenes de Guatemala
- Coordinadora Juventud por Guatemala
- Movimiento Social por los Derechos de la Niñez y Juventud.
- Red Nacional de Jóvenes de Guatemala (RENOJ)
- Red Juvenil para el Desarrollo Sostenible de Guatemala (REJUDES)
- POP NOJ
- MOJOMAYAS
- Red Nacional de Jovenes por la Paz
- Paz Joven
- Parlamento Guatemalteco de la Niñez y Juventud
- Red por la Vida y la Paz

Es necesario que el Gobierno de Guatemala incentive y apoye las diversas iniciativas, programas, proyectos y el fortalecimiento del asociativismo juvenil, así como que promueva también espacios de intercambio y de fortalecimiento de liderazgo juvenil en Guatemala.

8 Marco normativo e institucionalidad de la juventud

- *Ley de Protección Integral de la Niñez y Adolescencia,* Decreto 27-2003: es un instrumento jurídico que busca lograr la integración familiar y la promoción social y del desarrollo integral y sostenible de la niñez y adolescencia, dentro de un marco de respeto de los derechos humanos y de atención integral de sus necesidades de desarrollo.
- *Código Municipal:* las municipalidades deberán crear las comisiones específicas, incluidas la de niñez y juventud, aunque en la práctica los gobiernos municipales no han implementado tales comisiones de juventud: de las 333 municipalidades del país únicamente se sabe de ocho que las hayan implementado.
- *Ley de los Consejos de Desarrollo*, Decreto 11-2002: promueve la participación y organización de las comunidades; un sistema de Consejos de Desarrollo, pero manipulados por los gobiernos de turno; la juventud no figura en la estructura de los Consejos de Desarrollo a nivel municipal, departamental, regional o nacional.

- *Política Nacional de Prevención de la Violencia Juvenil:* un instrumento incoherente, diseñada únicamente para obtener un préstamo del BID en el año 2005.

- *Ley de Desarrollo Social:.* prestación de servicios públicos de manera integral a la población en general así como a los niños y niñas, a los adolescentes y, en particular, a aquellos que se encuentran en condiciones vulnerables; no ha sido sin embargo operativizada por parte de los ministerios responsables.

- *Ley de Educación Nacional*, Decreto 12-1992.

- *Ley de Idiomas Nacionales*, Decreto 19-2003.

- *Ley Nacional para el Desarrollo de la Cultura Física y el Deporte*, Decreto 76-1997

- *Código de Trabajo:* el Ministerio de Trabajo es quien ha impulsado programas de empleabilidad juvenil y que institucionalmente cuenta con unidades especificas para atender temas de niñez, adolescencia y juventud trabajadora.

- *Política de atención:* impulsada por el Ministerio de Salud que aquí diferencia a la juventud, pero sin implementarla.

- *Política de Juventud 2005-2015:* impulsada por la Presidencia de la República, pero sin ser operativizada ni aplicada por parte de los entes responsables del gobierno.

9 Propuestas

- *Ley de Juventud* (en cabildeo en el Congreso de la República desde el año 2002), a propuesta de la sociedad civil de juventud.

- *Dos Agendas de Desarrollo de la Juventud*, también a propuesta de la sociedad civil, pero que no ha sido tomada en cuenta por los gobiernos de Oscar Berger y Álvaro Colom.

- *Convención Iberoamericana de Derechos de los Jóvenes* (en cabildeo en el Congreso de la República desde hace dos años), a propuesta de la OIJ.

- *Política de Juventud Indígena*, en construcción y en la que estamos trabajando alrededor de 30 organizaciones juveniles indígenas de Guatemala.

10 Políticas y programas

de prevención de la violencia en Guatemala.

Las políticas de prevención de la violencia en Guatemala ha sido la aplicación de la «mano dura», muy en oposición a la concepción de impulsar modelos de prevención integral. La respuesta ante la inseguridad ha sido tradicionalmente la mera represión, combate y políticas coercitivas dirigidas específicamente contra la juventud. Por parte del Estado, de los partidos políticos y del poder económico. En Guatemala no existen programas y políticas públicas para la prevención de la violencia desde un enfoque integral. Por ello es que en nuestro país se apuesta por un modelo de prevención de la violencia juvenil desde la cosmovisión maya: se trata de un modelo de prevención, reparador y no represivo ni de persecución –que no debe confundirse con los linchamientos o con lo que comúmmente se llama «tomarse la justicia por la mano». El siguiente cuadro ilustra este modelo:

Cuadro 1
Modelo de prevención desde la cosmovisión maya

Es oral	Se actúa en el idioma de los interesados y se respeta su cosmovisión
Es gratuito	Quienes juzgan no cobran
Es barato	No exige locales ni personas o equipos; no hay costo en su administración
Es rápido	Casi siempre en una audiencia queda todo conocido y resuelto
Hay inmediatez	El acusador o los acusadores están siempre presentes
Es conciliador	Sólo en excepciones es sancionador
No es vengativo	No priva de libertad; no precisa mantener cárceles
Es flexible	Se resuelve según quieren los que intervienen
Es preventivo	Se difunde el resultado para que otros no comentan la misma falta
Hay sanción	Para quien constantemente levante pleitos
Es unificador	La comunidad, la víctima y el ofensor se identifican

11 *Kojb'Iyin Junam:* una experiencias exitosa (Municipio de San Raimundo, Guatemala)

La asociación juvenil *Kojb'Iyin Junam* (Kojb'iyin Junam, escrito en nuestro idioma maya Kaqchikel, significa: caminemos juntos) fue creada en 2004. Es un espacio de convergencia donde niños, jóvenes y mujeres podemos compartir, aprender, proponer, emprender, desarrollar y participar organizadamente, contribuyendo juntos y juntas como sujetos de derechos al desarrollo y a la consolidación de la cultura de paz y a la convivencia, sin discriminaciones. Desde 2008 se viene impulsando el proyecto de «Prevención de la Violencia y Desarrollo Integral de las y los Jóvenes», un proyecto que busca contribuir a la consolidación de una cultura de paz, a la democracia participativa y al respeto de los derechos humanos de las y los jóvenes, a través de su participación e inclusión en el desarrollo local. El proyecto trabaja conjuntamente con jóvenes, generando actividades para prevenir la violencia e impulsando el desarrollo integral de los mismos.[16]

12 Cooperación internacional, organizaciones de la sociedad civil y juventud

Es loable el reconocimiento por parte de las diversas organizaciones, lo cual ha contribuido al fortalecimiento de la organización juvenil en Guatemala, sin embargo mucho del apoyo o cooperación conlleva a una lógica que refleja las diferencias de intereses entre el apoyo externo y las necesidades genuinas de las organizaciones juveniles y de las comunidades rurales e indígenas. Esto significa en concreto:

- Competencia por los recursos;
- planteamientos de proyectos en función de la política de cooperación internacional y no de los intereses de las comunidades;
- ONGs que gestionan fondos para proyectos de jóvenes, sin que haya una participación de las propias organizaciones juveniles;
- programas descoordinados, invisibles, aislados dentro de la región.

13 Retos y desafíos

a) Para la juventud y las organizaciones juveniles en Guatemala:

- *Enfrentar la globalización* y el proceso de transculturalización que está socavando la vida, la identidad, y construyendo una sociedad individualista. Además de innaturalizarnos con nuestro medio ambiente y destruir las riquezas naturales, como consecuencia de su dependencia de poderes económicos y políticos ajenos.
- *Fortalecer nuestra identidad*, descolonizando nuestra mente.

---

[16] Para más información, vid. *http://caminemosjuntos.obolog.com* y *http://www.relajur.org/concurso/imagenes/guatemalaTRIFOLD02.JPG*

- *Fortalecer la participación* a todos los niveles de organización social del país e incidir políticamente en los procesos de desarrollo que son gestados desde los municipios y departamentos; construir y fortalecer las alianzas interinstitucionales, construyendo agendas consensuadas de trabajo.
- *Incidir estratégicamente* en los medios de comunicación ante su bombardeo ideológico que conlleva dominación, control y supresión; construir mensajes de comunidades indígenas para la población indígena.
- *Sistematizar experiencias* de participación juvenil y estrategias de trabajo con la juventud y de los aportes significativos que se hacen al desarrollo del país.

b) Para el Estado de Guatemala:

- *Facilitar* la apertura a la participación política y el liderazgo juvenil en los diferentes niveles de los Consejos de Desarrollo Urbano y Rural.
- *Impulsar* políticas, programas y proyectos de desarrollo desde la perspectiva y diversidad de las juventudes y desde la visión de los cuatro pueblos, respetando su autonomía y autodeterminación.
- *Garantizar* a la juventud oportunidades dignas de empleo, impulsando una política de empleabilidad y de generación de capacidades para el autoempleo.
- *Generar* una política de atención a migrantes guatemaltecos, en su mayoría jóvenes.
- *Implementar* políticas de prevención más que de represión para contrarrestar la violencia y la inseguridad; implementar programas de seguridad desde la visión de la seguridad humana y democrática.
- *Combatir* el crimen organizado y el narcotráfico, causas importantes de la desestabilidad social, y que manipulan a los jóvenes o maras para mantener el control.
- *Implementar* políticas contra la impunidad y la corrupción.

¡El reto para Guatemala es Construir el Estado Plural!

II

Educación

y

Participación

Raquel Antun Tsamaraint[*]

Formación y liderazgo de jóvenes en comunidades indígenas Shuar, Ecuador

1 Contextualización

La participación indígena en la formación y liderazgo viene dándose en forma paulatina en distintos ámbitos y con resultados de gran impacto social. Así, por citar los casos más sobresalientes: en la educación, atiende a los niveles básico y de bachillerato que se encuentran a cargo de la Dirección Nacional de Educación Intercultural Bilingüe (DINEIB), desde su creación, en 1988; en la planificación de la administración, el Consejo de Desarrollo de las Nacionalidades y Pueblos del Ecuador (CODENPE); en la salud, la Dirección de Salud Indígena; desde hace algunos años, la intensa presencia en la administración municipal, ha iniciado un proceso de transformación de su rol tradicional, dotando servicios en centros urbanos y en municipios que asumen el desafío del desarrollo local, y son considerados como municipios alternativos. Según los datos del 2000, el Movimiento Indígena organizado en el Movimiento Político Pachakutik, captó el gobierno de 28 municipios – 18 en la Sierra, 9 en la Amazonía y 1 en la Costa– y 5 concejos provinciales –

[*] Dirigenta de Educación de la Federación Interprovincial de Centros Shuar (FICSH), *rantunts@hotmail.com*

2 en la Sierra y 1 en la Amazonía. Este último se dio en la Provincia de Morona Santiago, lo cual ha sido una clara expresión de la presencia de este
grupo humano, de su fortaleza organizativo-política e incidencia política
regional en los Andes y en la Amazonía.[1]

En Morona Santiago, donde existe una mayor presencia de la población
shuar, la tónica ha sido un poco distinta. A pesar de que la fuerza política del
Movimiento Indígena cayó en menos del 2% a nivel nacional en la elecciones
presidenciales del 2006, en esta provincia liderada por la Federación Interprovincial de Centros Shuar FICSH, la Federación Independiente de
Pueblos Shuar FIPSE, y apoyados por la Nacionalidad Achuar NAE y otros
sectores sociales menos favorecidos de la sociedad, sigue siendo la fuerza
política más importante e influyente en la provincia. Más del 50% de municipios y algunas juntas parroquiales rurales siguen controlados por el Pachakutik. En la penúltima elección obtuvo un Diputado provincial, aunque el resultado no ha sido tan satisfactorio en las últimas elecciones de Asambleístas
para la elaboración de la nueva Carta Magna. De todas formas, para las
próximas elecciones, ha apostado con candidatos propios para las diferentes
dignidades, no así para la presidencia de la República; apostarán por una
candidatura que se alinee con las demandas de las nacionalidades amazónicas
(Nacionalidad Shuar): respeto, protección y conservación de recursos naturales, biodiversidad, fortalecimiento y respeto de los más elementales derechos de los pueblos indígenas consagrados en los derechos colectivos. De
seguro que no apoyarán al Presidente Correa, debido a que en los últimos
días mediante decreto presidencial y acuerdos ministeriales, de manera in-
consulta e inconstitucional, ha recentralizado las instituciones indígenas
constituidas en políticas de Estado dentro de una política de gobierno, lo cual
ha sido calificado por el Movimiento Indígena –Nacionalidades y Pueblos–,
como politización y partidización de los espacios ganados mediante luchas y
resistencia indígena.

Dentro del Pueblo Shuar,[2] si bien se puede hablar de un buen momento en
la participación en el ámbito político electoral, la situación organizativa,
educativa y liderazgo, en la provincia, fundamentalmente en la FICSH, no es
tan alentadora. La gran Federación Shuar de los años 1960 ha sufrido cambios significativos por el proceso de atomización, poco a poco se ha ido
fragmentando y se han ido creando nuevas organizaciones shuar en las diferentes provincias amazónicas. Los factores son múltiples; de entre ellos podemos mencionar los siguientes:

---

[1]   Cf. Programa de Licenciatura en Gestión Pública y Liderazgo, U.CUENCA-DINEIB-CONAIE-
       ISPETIB Canelos, 2005, pág. 2.
[2]   Reflexiones de líderes y dirigentes en la Asamblea de la Federación Shuar, realizado en
       Sucúa-Kiim, del 11 al 14 de febrero de 2009.

- concentración del poder político, organizativo, educativo y económico en el valle del Upano, en detrimento de las comunidades ubicadas en el Transkutukú y zonas de difícil acceso;
- el colapso de la estructura y funcionamiento de la Federación Shuar, la forma de organización social y económica promovida por la Federación, tutoriada por las Misiones Salesianas y Evangélicas que no se ajustaron a la realidad y necesidades culturales de los shuar, es decir una estructura muy rígida, moralista y egoísta;
- intereses particulares creados por ciertos presidentes de la Federación Shuar, mal manejo de proyectos de inversión y fondos de cooperación;
- ausencia de un plan de gobierno y manejo de una política económica saludable, e incidencia de los misioneros en la economía shuar («el dinero es del diablo», decían en las misas e internados...);
- incidencia de partidos políticos en la estructura organizativa de la FICSH en las comunidades;
- entrada de las compañías transnacionales (petroleras y mineras) en los territorios shuar, y
- ausencia de programas de formación política y liderazgo para el relevo generacional de dirigentes y políticos en todos los ámbitos y niveles de la vida organizativa y política del Pueblo Shuar.

Por otro lado, las políticas educativas públicas de educación superior del país han estado muy lejos de promover la formación académica de los pueblos indígenas. A pesar de que existen 72 universidades, la mayoría privadas, no ha habido manera de ingresar a estas universidades. Entre las principales razones tenemos:

- existe sólo una universidad estatal en el centro de la Amazonía (Puyo), creada hace menos de cinco años, pero las nacionalidades amazónicas están ubicadas en la Zona de Integración Fronteriza, cuyo medio de acceso es la avioneta o la canoa, un traslado que lleva muchos días;
- los costos de arriendo de vivienda, alimentación, movilización y materiales de estudios son muy elevados: hace poco, las matrículas de pregrado eran unas de las más caras de América Latina, algo hoy ya no vigente gracias a la nueva Constitución que establece gratuidad de la educación superior hasta la licenciatura que corresponde al título de tercer nivel;
- las mallas curriculares no se adaptan a las necesidades reales de las comunidades indígenas, y

- la ubicación geográfica de los estudiantes en relación con la universidad conlleva costos muy elevados por el transporte en avionetas que oscilan entre 500 y 600 dólares US; así pues, el flete, y a esto se suman las inclemencias del tiempo, son factores que limitan el acceso a los estudios superiores.

Obviamente existen extensiones de algunas universidades privadas en la Amazonía, concretamente en la Provincia de Morona Santiago. Sin embargo, por las dificultades arriba descritas, pocas personas acceden a este derecho, quedando en desventaja los habitantes del cordón fronterizo ubicados en la frontera con el Perú.

Aunque resulte paradójico, en esta era del conocimiento, muchos dirigentes, líderes y políticos tradicionales, atribuyen a los profesionales y a jóvenes shuar ser responsables del debilitamiento organizativo y político de la Federación Interprovincial de Centros Shuar. Aducen que la educación formal superior aliena a los jóvenes, situándolos fuera del contexto cultural, organizativo y político, debido a que estos centros educativos no trabajan en el tema de la identidad, lengua y cultura de los jóvenes shuar, sin promover por tanto una orientación y formación política y liderazgo desde la perspectiva de la Nacionalidad Shuar y que, en consecuencia, queda al margen el proyecto político del Movimiento Indígena Ecuatoriano. Por su parte, los jóvenes cuestionan a sus ex dirigentes y políticos, la forma cómo han conducido la política organizativa de la Federación Shuar y de los espacios públicos que en un momento dado ocuparon y siguen ocupando. Por el momento están confrontadas estas dos posturas, que deben ser discutidas y viabilizadas en favor de la organización y del bienestar de todos los shuar.

Si bien este tema puede ser candente, por su lado la juventud reconoce que la educación hispana formal contribuye escasamente al desarrollo de sus lenguas y culturas, y al desarrollo de un auténtico liderazgo acorde con una concepción shuar tradicional sobre la conducción del proceso organizativo y político de la Nacionalidad Shuar. Pero también se preguntan ¿qué han hecho los dirigentes de turno en cuanto a la formación de la juventud shuar desde un enfoque de la cosmovisión shuar?

2 Contexto histórico

a) En la educación tradicional shuar (formación de líderes): los shuar se basaban en su educación matinal y en las prácticas vivenciales para definir un tipo y estilo de liderazgo. Conectados con los espíritus sobrenaturales a través del uso de las plantas sagradas, nos purificamos, física y espiritualmente en las cascadas sagradas; y alimentados con la fuerza de la naturaleza, los shuar hombres y mujeres de la selva, moldeamos nuestras formas de vida en armonía con la naturaleza.

En nuestra cultura, las reglas de formación y liderazgo están dadas en las sagradas mitologías que son trasmitidas desde la infancia a los niños y niñas, también participan adolescentes. Los prototipos de formación de líderes se diferencian para los hombres y para las mujeres; en el caso de la mujer es *Nunkui,* diosa de la producción y de la fertilidad, para el varón, *Etsa* fundamentalmente. Existen mitos que ayudan a desarrollar ciertos estilos de liderazgo, es decir, para la guerra, cacería, trabajo, etc. El *Uunt* o *Wea* usa cualquiera de las mitologías para la educación del niño o la niña, debe considerar la edad y el ambiente propicio para inculcar estos valores y así moldear su carácter y temperamento para el cumplimiento de su misión en la vida, y más allá de la muerte dado que el espíritu de él o de ella debe corporeizarse en otro shuar para seguir viviendo entre los shuar.

Este proceso de formación de líderes se desarrollaba naturalmente para que el nuevo líder o lideresa no se traicionara a sí mismo ni mucho menos a su pueblo, es decir, no comprometiera a las futuras generaciones. Se realizaba con mucha exigencia, responsabilidad y autoridad.

b) Tras la llegada de los misioneros: hace un poco más de 100 años, luego de la venida de los primeros misioneros a la Amazonía, sobre todo al territorio shuar, el proceso natural participativo familiar de formación de líderes se vio alterado. Se abolió el proceso sagrado de educación de los shuar a través de la construcción de los internados manejados por los misioneros en los puntos más estratégicos dentro del territorio shuar; su filosofía y objetivo fue evangelizar y civilizar a los shuar para insertarlos en el desarrollo nacional de Ecuador. En estos centros de reclusión se prohibió el uso de la lengua shuar y las costumbres de la cultura shuar, se impusieron «valores y costumbres básicamente europeas». Es donde la generación de entonces empezó a avergonzarse de su idioma, cultura, conocimientos, saberes y formas de vida, y entró en un proceso acelerado de aculturación que no ha parado hasta estos días. A excepción de algunos jóvenes que estamos trabajando para la recuperación de la lengua y de la cultura.

3 Situación actual de la formación y liderazgo shuar

a) Incidencia del Sistema de Educación Intercultural Bilingüe: uno de los programas más exitosos que ha tenido la historia de la educación intercultural bilingüe en el Ecuador y América Latina es el Sistema de Educación Radiofónica Bicultural Shuar de la Federación Shuar, implementado a inicios de la década del 1970, hoy ya no vigente. Obtuvo incluso un premio de la UNESCO como proyecto modelo en educación radiofónica.

Los ex alumnos de este sistema han cursado en las diferentes universidades del país con mucho éxito y ostentan cargos importantes dentro del Estado, organismos de desarrollo y organizaciones shuar de base. Su aporte al desarrollo nacional y de las comunidades ha sido valorado por su propia gente, líderes de otras nacionalidades y de la opinión pública. Se sienten orgullosos de su identidad, lengua y cultura, y también se sienten realizados por contribuir y ayudar al desarrollo con identidad de su propia gente, y por contribuir así al fortalecimiento del Movimiento Indígena Ecuatoriano.

b) Desde los procesos organizativos y políticos de la FICSH: la Federación Shuar ha impulsado desde su creación la formación académica de sus miembros a través de becas nacionales e internacionales. Sin embargo, esta inversión no ha dado los resultados esperados debido a que muchos de los becados no concluyeron sus estudios, mientras que otros se dedicaron a fragmentar la organización o a entregarse a los partidos políticos o bien, en su defecto, cayeron en la indiferencia.

Por otro lado, los dirigentes de turno de la Federación han carecido de una política de manejo de recursos humanos, lo cual ha provocado la fuga de cerebros, un coste político que será pagado muy alto.

c) Desde el Movimiento Político Indígena (Pachakutik): en la Provincia de Morona Santiago, el Pachakutik es el brazo político de las nacionalidades shuar y achuar, que pretende incidir en la definición de políticas públicas dentro del Estado ecuatoriano así como también en la solución de los problemas propios de las comunidades. Por otro lado, también es un espacio de formación política, liderazgo y establecimiento de políticas de gobernabilidad.

Desde la percepción de los ciudadanos y comunidades, este movimiento político no ha sido un espacio de formación política y liderazgo, pocas personas pretenden perpetuarse en los espacios democráticos, lo que viola el principio de alternabilidad y participación; en este caso es muy notorio la exclusión de la mujer shuar, ellas quedan muy fuera de este proceso participativo y una vez más se incumple la norma de equidad entre el hombre y la mujer para compartir el poder. Esta realidad no es más que la repetición de los vicios de la clase política tradicional que tanto se ha criticado desde el Movimiento Indígena.

En todo caso, si se puede valorar como positivo el hecho de participar en las contiendas electorales como protagonistas y dejar de ser la última rueda del coche como suplentes –tal como ocurría con otros partidos políticos antes de 1996; naturalmente que hay otros políticos que prefieren colarse, pues ellos siguen igual.

4 Experiencias concretas de formación y liderazgo shuar:

a) Aporte de la Federación Interprovincial de Centros Shuar FICSH: en la actualidad, la FICSH realiza convenios de cooperación académica a través de la Dirección Nacional de Educación Intercultural Bilingüe DINEIB. Los resultados están a la vista: se ha concluido el Programa de Licenciatura en EIB, el PLEIB 1, y se ya ha iniciado la segunda promoción PLEIB 2. Se benefician docentes en servicio activo. De igual forma se ha profesionalizado a nueve docentes shuar con el título de cuarto nivel en la especialidad de educación superior e interculturalidad con el fin de direccionar la educación superior en las nacionalidades y pueblos indígenas. Así mismo, a través del SERBISH se han implementado programas de becas para docentes de educación infantil familiar y pedagogía con la Universidad Politécnica Salesiana. Existen también jóvenes becados en el exterior.

b) Desde la Circunscripción Territorial Shuar Arutam: éste es un modelo de gobierno autónomo promovido por la Federación Shuar como proyecto piloto. Trabajan con técnicos propios para la elaboración de la estructura y funcionamiento de la Circunscripción Territorial Indígena (CTI), establecida en la Constitución en concordancia con instrumentos internacionales que garantizan los derechos colectivos. Una de las políticas del Gobierno Autónomo es formar gente para la gobernabilidad y gestión de recursos, trabajando para ello en la formación política y liderazgo en proceso.

c) Escuela de Gobierno Kirup: la Escuela de Gobierno Kirup es una iniciativa de las Asociaciones Shuar Kanus, Yaup y Yaap del Cantón Logroño. Desde el punto de vista organizacional son filiales de la Federación Shuar FICSH y FIPSE. La Escuela Kirup tiene un Programa de Formación Política y Liderazgo, realizan seminarios talleres de capacitación referente a la realidad nacional e internacional desde la perspectiva de la cosmovisión de las nacionalidades y pueblos. La idea es ofrecer una buena formación política y liderazgo, de índole tecnopolítica, a fin de realizar un buen gobierno a través de la construcción de un plan de Estado y un Plan de Gobierno e incidir en diferentes niveles de gestión.

5 Reflexiones finales

Si bien en la nacionalidad Shuar el tema de formación y liderazgo no se ha desarrollado como se hubiera deseado, la oferta educativa que impulsa la FICSH o la DINEIB debe brindar una verdadera posibilidad para que en un futuro o a corto plazo, las y los shuar accedan a posiciones de liderazgo en los procesos de decisión política, social y económica de la localidad y del país. Uno de los resultados de esa oferta sería el logro de efectos microeconómicos positivos para los futuros beneficiarios y beneficiarias.

El desarrollo de competencias de los líderes de la población shuar deberá generar posibilidades de influencia en los procesos de decisión política, social y económica, resultado indispensable para lograr una distribución más equitativa de los ingresos y mayor atención a las comunidades en los servicios básicos sociales y económicos.

Las pocas posibilidades de acceso que los y las shuar tienen a los diferentes niveles educativos debido a la ubicación geográfica y costos económicos, por un lado, produce una diferencia muy considerable entre la formación de la población blanco mestiza y aquella de las comunidades shuar; por otro, es causa de la discriminación. El desarrollo de las competencias de los líderes y lideresas shuar con enfoque intercultural, a la vez que incrementará el grado general de acceso a la información y a los procesos de decisión, fortalecerá la inserción y aceptación de las y los shuar en el contexto nacional, y ofrecerá un importante aporte al fortalecimiento de la identidad cultural del país.

Si la FICSH aspira a reconstruir el poder organizativo y político en la provincia, la región y el país, debe replantearse una nueva estructura y funcionamiento de la organización, es decir, una estructura que nos permita en un futuro inmediato organizar nuestra propia NACIÓN SHUAR.

Roberto Rojas Dávila[*]

Construyendo sociedades inclusivas: realidad y retos de las juventudes indígenas y afrodescendientes del Perú

*«El futuro es de aquellas personas
que se preparan para el presente»*
Malcolm X

El año pasado (2008) la economía peruana creció en un 9.84%, siendo su mayor crecimiento económico desde 1994 y una de las tasas más altas en América Latina. Si a esto le sumamos la firma del Tratado de Libre Comercio con los Estados Unidos de Norteamérica y los tratados comerciales con otros países del mundo, podríamos decir que el Perú está camino de convertirse en un país desarrollado.

Sin embargo, en la población indígena y afroperuana no se avizora este crecimiento, incluso podríamos afirmar que su situación se ha agravado colocándolas en un mayor grado de vulnerabilidad. Los pueblos indígenas fueron objetos de un discurso culpabilizador por parte del Presidente Alan García quien llegó a calificarlos de «perros del hortelano», y a acusarlos de su propia pobreza.[1] En el caso de los afroperuanos, su invisibilidad sigue siendo un factor común en todos los gobiernos de turno, incluso en el último Informe del Estado Peruano al Comité para la Eliminación de Todas las Formas de Discriminación Racial (CERD) de 1998, la población afrodescendiente fue negada.[2] Y lo que es peor: el Perú tiene un Instituto Nacional de Desarrollo

---

[*]   MAKUNGU: Jóvenes revalorando y creando cultura afroperuana, Lima,
      yaoroberto@gmail.com
[1]   *http://www.elcomercio.com.pe/edicionimpresa/html/2007-10-28/el_sindrome_del_perro_
      del_hort.html*
[2]   13avo Informe del Estado Peruano al Comité para la de Eliminación de Todas las Formas de
      Discriminación Racial.

de Pueblos Andinos, Amazónicos y Afroperuanos (INDEPA) cuyo objetivo es generar políticas públicas para estos pueblos, pero que, sin embargo, no ha generado ni una sola política pública eficaz en sus seis años de existencia. Esto por la falta de voluntad política por parte de los gobiernos y las malas decisiones tomadas en el manejo de dicha institución.

La situación en la que se encuentran estos pueblos no es fruto de la casualidad, es producto de la discriminación y marginación histórica que viven los pueblos indígenas y afrodescendientes, demostrando que el *racismo en el Perú es estructural*. Desde la invasión al Perú, los indígenas y afrodescendientes fueron colocados en la base de la pirámide estamental, lo cual se repitió en la fundación de la República del Perú y perdura hasta nuestros días. La pobreza tiene colores particulares y no es casualidad que las víctimas de violaciones de derechos humanos tengan los mismos colores.

Una de las conclusiones del Informe Final de la Verdad y la Reconciliación del Perú, establece que los 20 años de violencia interna que vivió el país tuvo como factor principal el racismo estructural que existía y existe hoy en el Perú, que el 75 % de los quechua-hablantes que murieron en los 20 años de violencia no es ninguna casualidad,[3] que el Estado no se preocupó en absoluto por su situación, siendo su única prioridad las personas de la urbe. Un evidente precedente fue la reacción inmediata que tomó el gobierno tras el atentando de Tarata. Cabe destacar que en nuestro país no sólo los quechua-hablantes son víctimas de discriminación y exclusión, también existen otros grupos étnicos, como los aymaras, amazónicos y los afroperuanos, a quienes se les viola sistemáticamente sus derechos humanos, en especial sus derechos económicos, sociales y culturales.

Ante esta situación de discriminación y marginación histórica, el Estado peruano tiene la obligación de fomentar la igualdad de trato y ante la ley. Sin embargo, han pasado cinco años desde la entrega del Informe Final de la Comisión de la Verdad y Reconciliación, y tanto el gobierno del Presidente Toledo como el del Presidente García no han tomado ninguna medida eficaz para empezar a cumplir con las recomendaciones de la mencionada Comisión; el Consejo Nacional de la Juventud (CONAJU), ahora Secretaría Nacional de la Juventud (SNJ), excluía a los jóvenes afroperuanos del Consejo de Participación de la Juventud (CPJ). Dicha afirmación se sustenta en la distribución de los representantes del CPJ, existiendo la representación de comunidades campesinas, comunidades nativas, incluso para organizaciones deportivas, pero no para jóvenes de comunidades afroperuanas. Lo más grave de todo es que a pesar del cambio tampoco incluyen a los jóvenes afroperuanos dentro del Plan Nacional de Juventud.[4]

---

[3]   Informe Final de la Comisión de la Verdad y Reconciliación del Perú, Tomo 3.
[4]   Artículo 35 del Reglamento de la Ley 27802: Ley del Consejo Nacional de la Juventud:

Cuando se preguntó respecto a esta situación a un representante de la CONAJU que participó como ponente en el «Encuentro de Jóvenes Afrodescendientes de América del Sur: "Camino a la Conferencia Regional de las Américas sobre los avances y desafíos en el Programa de Acción contra el Racismo, la Discriminación Racial, la Xenofobia y las formas conexas de Intolerancia"», realizado en junio del 2006, respondió que podrían incluirlos en la denominación de nativos, siendo una respuesta totalmente errada, para poder «arreglar» la exclusión de que han sido objeto los jóvenes afroperuanos, no reconociéndose su especificidad. Cabe destacar que actualmente la SNJ desactivó al Consejo de Participación de la Juventud, y la participación de jóvenes de comunidades campesinas y nativas en dicho Consejo fue mínima.

Esto es una muestra de que los afroperuanos son invisibles para la mayoría de los funcionarios del Estado, y de que las demandas de los pueblos indígenas no son tomadas realmente en cuenta. La cuestionada Comisión Nacional de Pueblos Andinos, Amazónicos y Afroperuanos (CONAPA), luego Instituto Nacional de Desarrollo de Pueblos Andinos, Amazónicos y Afroperuanos (INDEPA), parecía ser la institución pública en donde estos pueblos podrían obtener la ansiada canalización de sus propuestas, pero las desatinadas decisiones políticas y el paupérrimo presupuesto designado por el gobierno anterior y por el actual, hicieron que no pudieran lograr ningún tipo de política pública para los tres pueblos. En el caso de los pueblos indígenas sólo se tienen programa pilotos en el tema educación y salud desde una perspectiva «intercultural».

Como es evidente, el tema de las juventudes indígenas y afroperuanas no estuvo dentro de la visión del INDEPA. Entonces, ni el organismo encargado de velar por los derechos de los jóvenes ni el organismo encargado de velar por los derechos de los pueblos andinos, amazónicos y afroperuanos visibilizan la situación de mayor vulnerabilidad en que se encuentran dichas juventudes. A pesar de que son precisamente estas juventudes indígenas y afrodescendientes en el país, las que se encuentran en una situación de mayor vulnerabilidad puesto que los jóvenes son la población más pobre del Perú. Si a esto le sumamos lo étnico-racial, las juventudes indígenas y afroperuanas representan a la población más pobre del país. Es de lamentar además el que no se pueda establecer oficialmente con exactitud el número de población

---

En el CPJ están representados los jóvenes desde los 15 años hasta los 29 años de edad inclusive: de los partidos políticos; de las asociaciones u organizaciones juveniles constituidas; de las universidades públicas y privadas; de los institutos superiores tecnológicos y pedagógicos públicos y privados; de los centros educativos secundarios; de las comunidades campesinas; de las comunidades nativas; de la población con discapacidad y de las organizaciones deportivas.

indígena y afrodescendiente ya que desde el año 1940 el Estado no ha incluido la variable étnico-racial en sus censos.

Ante esta situación ¿qué deberían hacer las juventudes indígenas y afrodescendientes para que el Estado peruano las tome en cuenta?

Malcolm X, decía «El futuro es de aquellas personas que se preparan para el presente». Tal debería ser la consigna de las juventudes indígenas y afroperuanas: empezar a prepararse para el presente. Pero ¿cómo hacerlo si las juventudes indígenas y afroperuanas no tienen acceso masivo a la educación secundaria completa y a la educación superior? ¿si, en el caso de los afroperuanos, sólo un 27.9% tiene acceso a la educación secundaria completa y apenas un 1.9% a la educación superior? [5]

Es evidente que existe una violación sistemática del derecho a la educación de las juventudes indígenas y afrodescendientes. La educación es vital para la construcción de un capital humano que, como todos y todas sabemos, eso repercute en la calidad de vida de las personas, siendo la regla «a más años de educación, mayores ingresos económicos». En este sentido, la creación de políticas públicas que impulsen el acceso a educación es urgente. Las acciones afirmativas deben ser aplicadas en el Perú, siendo escandalosamente lamentable que, a pesar de tener tratados internacionales de Derechos Humanos ratificados, el Estado nunca haya procurado impulsar la verdadera inclusión, habiendo siempre utilizado a la población indígena y afroperuana con fines netamente políticos.

Una persona que sabe cuáles son sus deberes y sus derechos, es consciente de las obligaciones que tiene el Estado para con ella. Por este motivo, las juventudes indígenas y afrodescendientes tienen que tener conocimiento de que existe un marco normativo de promoción y protección de sus derechos humanos como, por ejemplo, en el caso específico de los países iberoamericanos, la Convención Iberoamericana de Derechos de los Jóvenes. Si bien no existe un artículo específico que mencione derechos específicos para estas juventudes, es un hito tener un instrumento internacional sobre jóvenes. Lamentablemente, en el caso del Perú, todavía no se ha ratificado esta Convención por cuestionamientos al artículo 5 de la misma. Este artículo establece la orientación sexual como uno de los motivos prohibidos de discriminación.

A nivel nacional, el Artículo 2, inciso 19, de la Constitución Política del Perú de 1993 establece que:«Toda persona tiene derecho a su identidad étnica y cultural. El Estado reconoce y protege la pluralidad étnica y cultural de la Nación». [6]

---

[5]   Benavides Martín / Torero Máximo / Valdivia Néstor (2006): *Pobreza, Discriminación Social e Identidad: El Caso de la Población Afrodescendiente en el Perú*, Lima: Banco Mundial, págs. 30-32.

[6]   Landa Arroyo, César / Ana Velazco Lozada (2001): *Constitución Política del Perú de 1993*, Lima: Fondo Editorial de la Pontificia Universidad Católica del Perú, 6ª ed., pág. 21.

Sin embargo, es evidente que la mayoría de indígenas y afroperuanos no pueden ejercer dicho derecho por no tener acceso al conocimiento de su historia, al no estar ésta incluida dentro de la historia «oficial» del Perú. Es por tanto lógico que, al no tener acceso a su historia, no puedan desarrollar una identidad étnica y cultural, quedando así violado su derecho a una identidad étnico-cultural.

En lo que respecta a la lengua, la constitución reconoce el quechua, el aymara y las demás lenguas aborígenes como lenguas oficiales; sin embargo, en la mayoría de establecimientos del Estado, la atención sólo es en castellano. En cuanto a la educación «intercultural», ésta termina siendo bilingüe sólo en aquellos pocos lugares donde el programa piloto de educación intercultural bilingüe funciona. La identidad étnica y cultural de los indígenas y afroperuanos es vista sólo como folklore, y no es respetada ni fomentada como parte de la riqueza cultural del país. Son las consecuencias de una discriminación y marginación histórica.

El Perú tiene tres leyes antidiscriminatorias: una ley sobre el acceso a educación y empleo; otra, sobre el acceso a lugares públicos y, finalmente, siguiendo la tendencia antidiscriminatoria, en el país se penaliza la discriminación mediante la Ley 27270 (29.05.2000), «Ley contra actos de discriminación», incorporando el Artículo 323 al Código Penal y estableciendo la prohibición de todo tipo de discriminación, previendo la sanción de prestación de servicios a la comunidad para los infractores. Dicha Ley ha sido modificada el nueve de agosto de 2006, mediante la Ley 28867, realizándose una serie de modificaciones para «mejorar» el mencionado artículo, precisándose que la discriminación es una acción realizada «con el objeto de anular o menoscabar el reconocimiento, goce o ejercicio de los derechos de la persona».

Sin embargo, la modificación primordial ha sido la elevación de las penas: ahora, la condena es entre dos y tres años, pudiendo llegar hasta cuatro cuando se emplea violencia física o mental o el agente es funcionario público. Cabe destacar que se han ampliado además las causas de discriminación, siendo éstas, entre otras, edad, filiación, discapacidad, opinión política, condición económica e identidad étnica y cultural.

Particularmente consideramos que el elevar la pena no cambiará en nada la situación de discriminación y racismo existente en el país. En primer lugar, porque tanto los discriminadores como los discriminados no saben qué es discriminación; en la mayoría de los casos ambas partes no son conscientes de la discriminación; lo tienen tan interiorizado que piensan que es algo natural. En segundo lugar, porque no existe una cultura de denuncia en el país y mucho menos de la discriminación ya que para muchos es humillante reconocer que han sido discriminados. Una muestra de ello es la escasa cantidad de denuncias recibidas ante la Defensoría del Pueblo.[7] En tercer lugar, porque el problema de la discriminación no se resuelve con medidas represivas: se deben realizar *cambios estructurales* para poder eliminar la discriminación en el país. Lamentablemente, los legisladores y la mayoría de los «defensores de los derechos humanos» no quieren darse cuenta del problema real de la discriminación, y prefieren el facilismo e incidir en lo meramente mediático; tanto esas acciones como el aumentar la pena no hará que existan menos discriminadores ni menos discriminados.

Así, por más que se generan leyes antidiscriminatorias, el racismo solapado, característico de la sociedad latinoamericana y, en especial, de la peruana, continuará vigente. Se ha de tomar en cuenta que las leyes son la *ultima ratio*, que éstas no sirven si no se dispone de mecanismos idóneos para lograr que las personas tomen conciencia de que el problema de la discriminación es algo estructural, que lo debemos solucionar a todos los niveles.

En ese sentido, la labor de las juventudes indígenas y afroperuanas será en primer lugar la de informarse sobre todos los tratados internacionales de derechos humanos y capacitarse para actuar en las diferentes instancias de promoción y protección de derechos humanos.

Es innegable que el Estado peruano no cumple con sus obligaciones internacionales en materia de Derechos Humanos y, concretamente, en el caso de la lucha contra la discriminación racial, siendo los principales instrumentos internacionales del sistema universal: la Declaración Universal de Derechos Humanos; el Pacto Internacional de Derechos Civiles y Políticos; el Pacto Internacional de Derechos Económicos, Sociales y Culturales; la Declaración de las Naciones Unidas sobre la Eliminación de Todas las Formas de Discriminación Racial; la Convención Internacional sobre la Eliminación de Todas las Formas de Discriminación Racial; la Primera Conferencia Mundial para Combatir el Racismo y la Discriminación Racial; la Segunda Conferencia Mundial para Combatir el Racismo y la Discriminación Racial; la Conferencia Regional de las Américas y la Tercera Conferencia Mundial contra el Racismo, la Discriminación Racial, la Xenofobia y Formas Conexas; el Plan de Acción de Durban; el Convenio 169 de la OIT; el Convenio 100 de la OIT; el Convenio 111 de la OIT y la recientemente ratificada Declaración de las Naciones Unidas sobre Derechos de los Pueblos Indígenas.

Para empezar a solucionar el problema tenemos que saber cuál es exactamente el problema. Es por eso que, en segundo lugar, las juventudes indígenas y afroperuanas deben exigir con carácter de urgencia la inclusión de la variable étnico-racial en los censos nacionales, siendo los censadores los propios integrantes de la comunidad ya que, debido al constante bombardeo

---

[7]   Defensoría del Pueblo (2007): *La Discriminación en el Perú: Problemática, normatividad y tareas pendientes*, Lima, págs. 102-106.

de información en contra de estos grupos étnicos, existe una resistencia a reconocerse como indígena y afrodescendiente.

Juntamente con los censos se deben efectuar diagnósticos interdisciplinarios para generar políticas públicas idóneas para los pueblos indígenas y afroperuanos, ya que si bien comparten la misma situación de discriminación y exclusión histórica, sus realidades son distintas en muchos aspectos.

Estas políticas públicas deben estar enfocadas a los derechos humanos, acatando los puntos firmados y ratificados en los tratados internacionales de derechos humanos y en el Plan Nacional de Derechos Humanos 2006-2011, el cual tiene un capítulo específico sobre pueblos indígenas y afroperuanos. Su primera tarea deberá ser la creación de medidas afirmativas que busquen establecer un trato diferenciado a favor de estos grupos que se encuentran en una evidente situación de marginación y exclusión social, con el fin de que dichas desigualdades sean eliminadas paulatinamente. Estas medidas afirmativas deben ser plasmadas en todos los ámbitos, tanto en los educativos, laborales y políticos como en los culturales, ambientales, económicos, etc.

En tercer lugar, las juventudes indígenas y afroperuanas deben capacitarse sobre los distintos espacios de incidencia y participación política a nivel local, regional, nacional e internacional, para poder incidir en las políticas públicas, y que éstas se generen desde los beneficiarios, es decir de abajo hacia arriba. Existen diversos espacios de incidencia y participación: en lo local se tienen las audiencias públicas, presupuesto participativo y, desde luego, el insertarse en los espacios de toma de decisión convirtiéndose en funcionarios públicos como asesores, regidores, alcaldes y congresistas.

A nivel internacional existen los distintos espacios de incidencia como la participación en el Foro Indígena; en el seguimiento del Plan de Acción de Durban; en la elaboración de informes alternativos para los distintos comités de las Naciones Unidas y, sobre todo, utilizando los diferentes mecanismos de promoción y protección de derechos humanos. A nivel iberoamericano e interamericano, participando en los procesos de cumbres y diferentes foros; a nivel andino, participando en las mesas de trabajo y los consejos consultivos.

En cuarto lugar, creemos que también se debe instar a las juventudes indígenas y afrodescendientes del Perú a generar verdaderos movimientos sociales que exijan el cumplimiento del marco normativo nacional e internacional y propongan políticas públicas a favor de estos pueblos.

Por último, es importante generar redes de cooperación y comunicación con organismos nacionales e internacionales para promover la formación y el empoderamiento de jóvenes indígenas y afrodescendientes para que estos puedan insertarse en los distintos espacios de toma de decisión a nivel nacional e internacional, más allá de los espacios específicos de juventud y minorías étnicas.

El contar con jóvenes indígenas y afrodescendientes en estos espacios, valga la redundancia, es democratizar los espacios de toma de decisión y poder tener la voluntad política para generar cambios estructurales en nuestras sociedades, cambios que sirvan para lograr la tan ansiada igualdad, la cual se ve pisoteada por el mantenimiento de patrones culturales coloniales, por la indiferencia de los gobiernos y, en muchos casos, por los mismos indígenas y afroperuanos ya que muchos de ellos se han creído el cuento de que son inferiores al grupo de poder y, por lo tanto, que no tienen capacidad para exigir sus derechos.

Si todos los actores sociales se involucran en la construcción de sociedades inclusivas que reparen un pasado y un presente de discriminación y marginación histórica, el mundo sería distinto, sería un poco más justo, un poco más humano.

Dicen que los jóvenes suelen ser idealistas. Entonces reivindico mi derecho a creer en las utopías y les invito a dar el primer paso para voltear la página, para lograr una verdadera igualdad social que respete la diversidad, promoviendo y consolidando la construcción de una sociedad justa e inclusiva, en donde todos y todas puedan tener una vida digna y no se vean obligados a dejar su país por falta de oportunidades. De nosotros depende.

Edil Moreno Aguilar[*]

Sobre educación y participación de jóvenes en una comunidad guaraní de Bolivia: repensando las viejas tradiciones

Introducción

Para poder hablar del tema propuesto, creo que es importante contar primero quién soy, de dónde vengo, cómo es el lugar en el que vivo y ofrecer un poco de información general también sobre Bolivia para que se puedan imaginar mejor cómo es allá y qué se necesita para mejorar nuestras condiciones de vida. O sea, qué queremos y que podríamos hacer. Para esto, voy a basarme sobre todo en mi experiencia personal de vida y en la formación que he tenido.

Presentación personal

Soy Edil Antonio Moreno Aguilar, oriundo de la localidad de San Antonio del Parapetí, y estudiante del segundo semestre de la carrera de Ciencias de la Educación, en la Facultad Integral del Chaco, dependiente de la Universidad Gabriel René Moreno de Santa Cruz.

He sido participante en diferentes cursos de capacitación, debates sobre temas juveniles de pueblos originarios, durante varios años ejercí el cargo de líder de agrupaciones juveniles en mi comunidad, participando en diferentes eventos representando al municipio de Charagua, a la provincia Cordillera en los Consejos Juveniles, Provinciales y Departamentales en Santa Cruz, y eventos a nivel nacional en la ciudad de la Paz.

---

[*] Asesor de la Red de Jóvenes de San Antonio del Parapetí, Bolivia, *nnucinkis@reduii.org*

Mi cargo actual es el de Asesor de la Red de Jóvenes de San Antonio del Parapetí, compuesta por chicas y chicos, que son en su mayoría indígenas guaraníes y también algunos no indígenas.

Provengo del chaco boliviano, de una comunidad mayoritariamente originaria e indígena llamada San Antonio del Parapetí, perteneciente al municipio de Charagua Provincia Cordillera, Departamento de Santa Cruz, Bolivia, situada en el extremo sureste del país, cerca de la frontera con Paraguay.

Bolivia es un país donde existen aproximadamente 35 culturas indígenas, además de los mestizos, los blancos y extranjeros (una minoría). En el censo del 2001, se comprobó que el 62% de la población total, de casi nueve millones de bolivianos/as, se identificó como indígena. De éstos, la gran mayoría son quechuas y aymaras. Por su número, el pueblo guaraní es el tercer pueblo indígena del país. Lamentablemente, la mayoría de los demás pueblos son muy pequeños y viven en condiciones de bastante pobreza.

La comunidad «San Antonio del Parapetí»

a) Algo de historia: se denomina San Antonio, por el patrono San Antonio de Padua. Antiguamente, a esta comunidad sólo se la conocía con el nombre de *Parapiti* (en guaraní), que significa «río caudaloso» o «río traicionero», el nombre del río que pasa por la población. Nuestros padres, desde que se asentaron en el lugar que es hoy la comunidad, vivían según las costumbres y tradiciones propias de la cultura guaraní, de acuerdo a sus creencias y mitos religiosos, hasta que vino la colonización, momento en el cual llegaron al lugar nuevas personas. Éstas simplemente maltrataron a nuestros antepasados, a nuestros abuelos, a través de la imposición de su cultura, en especial a través de su lengua y religión, diciendo que los querían «civilizar», como si fuesen propiedad de ellos y como si el modo de vida tradicional no fuese «civilizado». Estos hechos marcaron la historia de la comunidad y así comenzaron los procesos de cambio que han hecho de nuestra comunidad lo que es hoy, porque a pesar que ser una comunidad casi totalmente guaraní, muchos ya no hablamos la lengua de nuestros antepasados y muchos recién estamos conociendo nuestras antiguas costumbres.

b) Quiénes somos y cómo vivimos: la comunidad tiene una población aproximada de 3.000 habitantes, 95% de origen guaraní; el 5% restante proviene de otras culturas también indígenas del país, aunque también hay unos pocos mestizos y extranjeros que vienen por los proyectos de desarrollo. Sobre todo se vive una vida de campo donde predominan costumbres y tradiciones de la cultura guaraní. No contamos con avances tecnológicos: sólo tenemos tres horas de luz al día que nos da un generador; con este mismo generador de electricidad (que ya está bastante viejo y que nos prestó una comunidad vecina después de que se arruinó el nuestro) funciona la bomba de agua y así nos llega agua potable una vez a la semana. Tenemos un solo teléfono público en muy mal estado y estamos conectados a la otra comunidad más cercana mediante un camino de tierra sin asfaltar que en ciertas épocas del año, cuando llueve (como en esta época de principios de marzo), no es transitable, no se puede ir ni al norte ni al sur. Nuestra comunidad tiene estas desventajas, pero a su vez las ventajas de este aislamiento parcial o temporal que hace que allá también se hayan conservado algunos elementos de nuestra cultura originaria y se pueda recuperar mucho de lo que ya hemos perdido.

c) Formas de organización política y social: nuestra forma de organización política, por ejemplo, mantiene la estructura y funciones tradicionales. La máxima autoridad es el *Capitán comunal*, conocido como el *Mburuvicha* (en guaraní). El Capitán normalmente es un hombre, que es elegido por la población en edad votante, que para nosotros es desde los 18 años, y votan tanto hombres como mujeres. No importa si uno es alfabetizado o no porque nuestra votación es hecha en asamblea pública. La comunidad es la que decide cuándo debe haber un cambio de autoridad, por eso el tiempo de una gestión de un Capitán no es fija, a veces ha sido de dos o tres años y otras veces incluso más. El Capitán es el responsable de las grandes asambleas de la comunidad y ahí se resuelven los temas sociales, los problemas de toda la comunidad. Esta organización funciona en general sin sueldos, pero cuando hay un proyecto que la comunidad quiere, el Capitán pide un presupuesto. Es decir, es desde la autoridad de la Capitanía desde donde se logran las demandas más importantes, por ejemplo en la lucha por el agua y por tener luz. Por debajo del Capitán hay varios cargos que también son elegidos por la comunidad, por ejemplo los que manejan el tema de la tierra y el territorio o los que se ocupan de nuestras demandas en educación.

Nuestra Capitanía forma parte a su vez de una Capitanía zonal mayor (la Capitanía Parapitiguasú), que abarca 17 comunidades guaraníes, cada una con su Capitán. En ellas se habla mucho de proyectos de recuperación de nuestra cultura. La gentes de otras culturas que viven en nuestros territorios son afiliados a la Capitanía pero no son miembros plenos. Estas personas de otras culturas (por ejemplo, los que vinieron de las ciudades o los indígenas andinos que se han mudado a la región por motivos de comercio), no tienen los mismos derechos que nosotros en nuestros territorios porque no se les considera originarios. Uno de los motivos de esto es que cuando ellos llegaron quisieron adueñarse del poder y apoderarse de los cargos, y por eso nuestro pueblo ha querido asegurarse frente a ello estableciendo que no sean más de una o dos las personas no guaraníes que formen parte de la Capitanía para que no puedan imponernos, como ocurrió antaño, sus propias costumbres. Si alguien no guaraní ocupa un cargo en la Capitanía, debe haber vivido al menos varios años en la comunidad.

La Alcaldía, en cambio, que responde a la forma de organización política de todo el país, funciona por su lado y es independiente. La votación sigue las normas del país: se hace en papel, en forma secreta, y son los partidos políticos u otras organizaciones acreditadas por la vía institucional (como algunas organizaciones civiles) quienes se presentan a las elecciones municipales que se hacen cada cuatro años.

Tan sólo últimamente han comenzado también las mujeres a participar en espacios políticos, ocupando algunos cargos de la Alcaldía, pero no forman parte de la estructura de autoridades de la Capitanía. Desde mi punto de vista esto debería cambiar en el futuro, porque hay que darles oportunidad también a las mujeres ya que ellas también son capaces de ejercer tales cargos. Creo que en estos temas aún hay mucha diferencia de opinión. No creo que nuestros mayores estuvieran de acuerdo conmigo, más bien somos los jóvenes quienes ya sabemos más de la equidad de género. En este caso creo que hay algunas costumbres de mi pueblo que tendrán que cambiar, y eso no nos hará menos guaraníes. Tener un enfoque intercultural y una apertura frente a cosas nuevas es lo que ayuda a lograr mejorar la forma de vivir, sin que por ello haya que cambiar toda la identidad.

d) Sobre lenguas y educación: los jóvenes hemos perdido la costumbre de hablar nuestra lengua que es el guaraní, y que normalmente usamos entre nosotros como segunda lengua. Esto significa que la aprendemos tarde en la vida; nuestros padres y madres ya no hablaron el guaraní con nosotros, a pesar de que sí usan un poco esta lengua entre ellos, casi como idioma secreto de ellos, de los papás y los abuelos. Mi generación aprendió algo de guaraní en la escuela y, en los últimos años, también ha comenzado a interesarse más por aprender esta lengua. En especial esto se debe a que por varios años hemos tenido Educación Intercultural Bilingüe (EIB) en nuestros distritos y en el único centro en que la podemos estudiar, el Instituto Normal Superior (INS) donde se forman los maestros; éstos nos exigen hablar guaraní y hasta nos identifican por el apellido y excluyen a la gente que no es guaraní. Lo duro de esto es que también se cae en la discriminación al revés, porque a algunos/as jóvenes, hijos/as de guaraníes, pero que por algún motivo, no parecen físicamente guaraníes o no hablan el idioma, no se les deja entrar al Instituto. Hemos tenido casos donde los padres han tenido que hacer reclamos muy fuertes para que sus hijos/as fueran reconocidos como guaraníes. Lo bueno es que después se puede aprender el guaraní como parte de la formación en el INS.

En otras palabras: la política educativa que introdujo la EIB desde 1995 (de la cual mi padre, como director de una escuela primaria, fue partícipe y gran defensor) logró al final que se vaya valorando la lengua y la cultura propias. El mayor problema de esta política es que todavía faltan buenos profesores para enseñar bien la EIB con el guaraní como primera o segunda lengua.

e) El Arete Guasu: es la gran fiesta, una de nuestras costumbres basada en la solidaridad y el reencuentro. Es uno de los momentos especiales en los que se llega a vivir la esencia de lo que es la cultura guaraní, lo que nuestros padres eran, cómo vivían aquellos tiempos en los que no se pensaba en «días mejores» (como se dice hoy refiriéndose sobre todo a lo económico, a tener trabajo, a ir a la escuela para estudiar, etc.), sino más bien, en días de integración, de unidad, de apoyo, de respeto, de reconocer que todos somos hermanos y que siempre debemos defender lo que es nuestro, nuestra forma de ser. Este tipo de actitud sólo lo podemos vivir los días en que se conmemora el día de la tradición y la celebración del *Arete Guasu* que es cuando el pueblo se reúne en su totalidad a celebrar la *fiesta grande* del lugar, después de todo un tiempo de luchas y trabajos dentro la comunidad. Esta fiesta se basa en el compartir y si a alguien le faltó algo o le fue mal en la cosecha, la comunidad le ayuda para que puedan alimentar a su familia y participar de la fiesta.

El *Arete Guasu* es una vez al año. Dicen que antes se hacía la fiesta después de la cosecha, para compartir, de casa en casa, lo que cada uno había plantado y cosechado; en una casa había *chicha* (bebida fermentada hecha de maíz que es típica de varios pueblos indígenas y que se sigue usando para celebraciones importantes), en otra, *choclo* (maíz), en otra podía haber carne, etc. Esta celebración podía durar varias semanas, incluso hasta la Pascua. Hoy en día esta fiesta se ha mezclado con el carnaval –que no es originalmente nuestro (¡como tampoco lo era la Pascua!). Pero como hoy no toda la gente siembra y lo que se puede compartir ya es menos, la fiesta ya no dura tanto, sino que se acomoda a los días que dura el carnaval (cinco días) o, como máximo, dura dos semanas porque después del carnaval, en la segunda semana, se hace algo como un cierre de esa fiesta. Esto no se hace sólo en mi pueblo, sino también en otras regiones del país.

Otra cosa típica de la fiesta grande es que algunas personas desfilan y bailan usando máscaras (que son hechas de la fibra de un árbol típico de allá, del *toborochi*), y que son talladas y representan rostros de personas que ya han muerto. En general, la persona que se disfraza lo hace para representar a un familiar o a alguien a quien admira (yo, por ejemplo, podría representar a mi abuelo que ya murió). A los jóvenes nos gustan estas cosas: aunque no todos se ponen una máscara, sí participan en diferentes actividades porque es divertido, porque van a reencontrarse con gente que vive lejos de la comunidad y que ha venido sólo para la fiesta y, además, porque también se puede coquetear y ver a gente que a uno le gusta. ¡Vale la pena recordar que en muchos sitios, nueve meses después del Carnaval, nacen muchos hijos!

Pero no todo es diversión, hay momentos muy serios y solemnes. En nuestra fiesta grande, el Capitán dirige algunas palabras al pueblo, se reflexiona sobre lo vivido, se dan consejos, se piensa que en el año siguiente algunas personas ya no van a estar (porque mueren o porque vivirán más lejos) y para estas personas las palabras son como una despedida por adelantado, son las últimas palabras del Capitán para ellos/as. También la gente que enviudó en el año pasado recuerda a su pareja difunta. Tal vez por eso, la despedida de la fiesta se hace cerca del cementerio.

El joven originario: espacio de cambios

La vida de nosotros los jóvenes originarios es tan complicada y difícil de llevar porque a veces tenemos que ir en contra de lo que somos, en contra de lo que es el mantenernos tal cual somos o tal cual son nuestros padres o abuelos. Por el deseo de acceder a algunas cosas, nos vemos forzados a adquirir nuevos hábitos, nuevos estilos de vida, como el estilo de vida de un joven del área urbana. Esto se debe sobre todo al miedo a ser discriminado y rechazado en la ciudad, ya que el venir de una comunidad originaria no nos ofrece oportunidades de superación.

Por esto tenemos la preocupación por nuestro futuro, por ser de una comunidad guaraní, porque vivimos en el área rural y porque desde afuera –injustamente– se nos considera como menos formados y menos capaces. Esa es la visión prejuiciosa que muchos, tanto en Bolivia como en otros países, tienen de los pueblos indígenas y, por tanto, de nosotros que somos jóvenes de esos pueblos. Aunque por dentro, en nuestro corazón, sigue latiendo nuestra identidad guaraní, es decir, que nos sentimos guaraníes, por lo que sabemos de nuestra historia, de nuestros abuelos, porque a veces aún hemos podido compartir algunas tradiciones propias como la fiesta *Arete Guasu* y por cómo se vive en mi comunidad donde somos verdaderamente solidarios entre unos y otros. Somos un pueblo relativamente pequeño y nos ayudamos mutuamente cuando a alguien le falta algo, yo considero que esto es parte de la herencia guaraní.

Por ejemplo, como joven guaraní yo sé que estando en la ciudad donde actualmente hago mis estudios universitarios, si un día me falta algo para comer, no tengo de dónde sacarlo. Si estuviera en mi pueblo, igual que mis otros compañeros guaraníes que estudian, sé que muchos vecinos estarían dispuestos a darme un plato de comida. Es más fácil llevar la vida cuando uno es parte de la comunidad. A pesar de que nuestra gente no es profesional y no hay eso de los sueldos fijos, sí pueden sobrevivir y proveer para la familia: todos y todas aportan para esto. Incluso los niños participan en las actividades productivas; es un juego donde el papá o la mamá enseña al hijo o hija cómo cosechar o hacer otra actividad, y de paso es un trabajo que todos comparten y que les sirve para el futuro y para el presente.

Volviendo entonces al tema de la desigualdad de oportunidades que tenemos en espacios como los urbanos, vemos que allá se han dado pocas oportunidades de superación para quienes procedemos de los pueblos originarios, de pueblos olvidados, y así no somos tomados en cuenta en muchos ámbitos de la sociedad en general. Y es allá donde, para muchos, surgen procesos como la negación de nuestra identidad, al menos ante los otros, los diferentes. Creo que entre los guaraníes, incluso en la ciudad, nos identificamos y sabemos quiénes somos y que somos iguales, pero es ante los demás donde eso a veces se esconde.

Hoy en día se están dando algunas oportunidades aunque éstas no son siempre las que realmente se necesitan: el ser escuchados, el que nos tomen en cuenta en las tomas de decisiones, que se nos respete como iguales, sin ninguna diferencia de valor. A veces el joven originario sigue siendo utilizado, pero tal como lo escribió un compañero mío de Camiri, Alejandro Ayala,[1] después de muchas luchas de los pueblos, sacrificios y muertes, pienso que por el hecho de tener hoy un presidente de origen indígena y un congreso multicultural, ya se ve que sí ha habido cambios y conquistas importantes para nuestros pueblos.

El joven originario en busca de superación personal

Ser de una comunidad originaria no nos brinda posibilidades de estudios a nivel técnico, mucho menos a nivel universitario, e incluso pocas personas de los pueblos tienen la posibilidad de terminar la secundaria, por ser de escasos recursos, porque para poder estudiar deben tener donde quedarse durante el tiempo del año escolar (ya sea en una casa hogar, o en la casa de alguien en particular), etc. Éstas y otras limitaciones son las que vivimos como jóvenes originarios, en especial desde la edad de la adolescencia, porque es cuando las oportunidades educativas van disminuyendo. Hasta la escuela primaria esto es menos grave. Para darse una idea de ello baste un dato: en Bolivia hay aproximadamente 11.000 escuelas primarias y sólo algo más de 2.000 secundarias.

Es por eso que cuando nos encontramos hoy con jóvenes indígenas que han logrado una profesión, sabemos que ello se debe sobre todo al esfuerzo propio o, a veces, al apoyo de alguien en particular. Pero hay que tener en cuenta que esa persona que tuvo que ir a la ciudad o a una comunidad más grande para poder estudiar y ser alguien en la vida, también tuvo que dejar a

---

[1]   Alejandro Ayala (2007): «Interculturalidad desde la perspectiva de los y las jóvenes», La Paz: Gtz-Projuventud.

sus padres, su casa, su pueblo y sus amigos, y muchas otras cosas, incluso su misma forma de ser. Porque con tal de «ser alguien» en la vida, de tener un desarrollo profesional, económico o tal vez político, muchas veces sí que se puede perder también parte de lo que somos, nuestras raíces culturales.

Esta pérdida de la identidad tal vez no sea total, pero sí hay algunos cambios claros: no se habla el guaraní, aunque se lo sepa hablar; la forma de vestir se hace más urbana y se vuelve más importante que en la comunidad (allá se nota cuando llega alguien de la ciudad); y hasta algunas creencias o conocimientos se pierden porque en la ciudad se nos dice que son «mentiras de los abuelos». Por ejemplo, cuando el canto de los pájaros era el anuncio de un buen o mal día, o el anuncio de la muerte de alguien, según nuestros abuelos. Decir o pensar algo de este estilo en la ciudad, es motivo de burla. No puedo entrar aquí en la discusión de quién tiene razón y qué realmente es creencia o qué es conocimiento, porque ésa es una discusión enorme que no sé si tiene respuesta simple y clara.

Lo que me importa aquí es dejar claro que estos cambios en nuestra identidad durante la juventud, es decir, el hecho de tener que negar algunas cosas nuestras, son procesos dolorosos e injustos. A veces pienso que si tuviéramos más oportunidades de quedarnos en nuestros pueblos y formarnos hasta la universidad allá, no perderíamos tanto y seríamos más felices quedándonos en nuestras comunidades. No nos separaríamos de la familia, nuestros padres no tendrían tanto sacrificio económico, etc. ¡Pero esto no es realista! Vivo en un pueblo de 3.000 habitantes y es imposible que tengamos una universidad. Pero creo que hay otros caminos que nos pueden ayudar a superarnos como yo lo quiero lograr, sin dejar nuestros orígenes. Algunas ideas las presento en el siguiente punto.

Ideas y propuestas hacia adelante

- Incentivar que en las ciudades y capitales los ciudadanos estén preparados para recibir a jóvenes originarios de los pueblos, sin discriminarlos, sino más bien ser parte activa de su crecimiento, intelectual y personal. Así ellos podrán regresar con muchas más potencialidades al lugar de origen, con ganas de luchar, conservar y recuperar lo que es nuestro, con soluciones y respuestas a los problemas locales como jóvenes indígenas líderes, llegando a tener más oportunidades de ejercer cargos más altos en la sociedad.
- Que nuestras autoridades y la misma sociedad nos tomen en cuenta a los jóvenes del área rural y área urbana, en la toma de decisiones que se dan en el país, para lo cual nos tienen que integrar en instituciones

como alcaldías o comités cívicos, y apoyarnos más en nuestros propios proyectos como los que hacemos en las agrupaciones.

- Que exista una ley en la que los jóvenes indígenas seamos reconocidos con nuestros derechos y nuestras obligaciones de ciudadanos. Que tengamos como una identidad propia reconocida y valorada.

- Que el Estado, las ONGs y otras instituciones se comprometan más con la formación de los jóvenes, por ejemplo, dando el apoyo de becas de estudios; así podremos lograr nuevos conocimientos para ser parte del desarrollo de los pueblos, y fortalecer más la democracia y combatir la discriminación y la injusticia.

- Que en las escuelas, colegios, universidades y en toda institución pública o privada se incentive a la lucha por recuperar lo nuestro, nuestra identidad, por reconocernos y valorarnos por lo que somos, complementándonos a través de nuevos conocimientos, en lo posible desde un enfoque intercultural que promueva el diálogo, el intercambio y el encuentro entre diferentes.

- Sería importante el apoyo a los internados con albergues para estudiantes, que normalmente se autofinancian y son apoyados por entes extranjeros y que deberían ser asumidos también por el Estado nacional, porque cuando el apoyo externo desaparece, se acaba el internado.

- Que el Estado genere un plan de trabajo con jóvenes de escasos recursos para que podamos financiar nuestros estudios mientras trabajamos paralelamente, y que se logre que en las universidades exista mayor oportunidad de ingreso para jóvenes del área rural, jóvenes originarios, jóvenes con deseos de superación sin que esto afecte las oportunidades para jóvenes del área urbana.

- La pronta creación de las universidades indígenas interculturales en las provincias y en especial en lugares donde existen culturas que defienden sus derechos, su forma o estilo de vida, y que muestren interés por ampliar sus estudios. Estas universidades deberían ser espacios donde se den a conocer y se fortalezcan y difundan las culturas originarias, pero no sólo para nosotros, sino para quienes no nos conocen y para los que han olvidado de dónde vienen. Es decir, que sean espacios de intercambio y de fortalecimiento cultural.

- También es importante que muchos más jóvenes tengan acceso a cursos o talleres sobre interculturalidad, valores democráticos, liderazgo, visiones de progreso y futuro, y otros temas similares, pero que se le dé seguimiento a esos jóvenes para que no sean procesos que terminan sólo con uno o dos cursos. Por eso es importante que la cooperación internacional se pueda coordinar entre sí para no generar actividades aisladas y sin continuidad. Sería más importante tener procesos largos, pero focalizados en algunos grupos en todo el país.

- Además, la comunidad internacional puede ayudar a hacer publicaciones y otros materiales de difusión y educación para permitir que los jóvenes indígenas de América Latina y también del mundo, puedan aprender sobre otras culturas, en otros lugares y también enseñar a otros sobre quiénes somos.

Conclusión

El desafío, para mí, es el siguiente: lo primero que tenemos que hacer es aceptarnos y autoreconocernos, aceptar la diversidad y no encerrarnos en nuestras raíces, sino ser conscientes de que el ser humano evoluciona y siempre está interactuando y se está complementando con personas de otras culturas. Pero esto no significa que tengamos que ser iguales, sino que tenemos derecho a vivir en igualdad desde nuestras diferencias. Así, las culturas intercambian y se enriquecen entre ellas y en un futuro no debería haber fronteras que discriminen: todos somos ciudadanos del mundo y debemos enriquecernos en la diversidad. Los jóvenes tenemos que ser parte de este proceso, en todo momento y en todos los ámbitos que sea posible.

III

Jóvenes

en el

área rural

Peter Strack[*]

Jóvenes indígenas del área rural y cambios políticos en la Región Andina – Una mirada desde la cooperación al desarrollo

En la Región Andina es evidente la participación de jóvenes indígenas[1] rurales en importantes procesos de cambio político o, al menos, en intentos de promover tales cambios. Aparecen en los titulares de los periódicos sobre los conflictos de la tierra en zonas mapuches de Chile; se les ve en las fotos de la marcha de 60.000 indígenas contra el gobierno colombiano en octubre de 2008; también participaron en las grandes movilizaciones de los últimos años en el Perú (en los últimos meses del gobierno de Fujimori o en los conflictos

[*] *terre des hommes*-Alemania, Osnabrück, *strackcocha@yahoo.de.* Agradezco a todos y a todas que en el transcurso del encuentro en Toledo han enriquecido o aportado a afinar y aclarar el contenido de esta contribución. También agradezco a la Gesellschaft für Technische Zusammenarbeit (GTZ), Alemania, haber posibilitado mi participación en Toledo.

1   Usamos aquí el término indígena como determinado por un sistema excluyente y opresivo que ha convertido en «indígenas» a aymaras, quechuas o guaranís. Aunque este término tiene connotaciones negativas en Perú o Colombia, lo mismo se aplica a otros términos que en cada contexto tienen connotaciones distintas, como sería el término «indio» –usado con orgullo por los embera–, y que se siente como ofensivo en Bolivia. Tampoco el término «originario», más usado recientemente por los movimientos indianistas bolivanos, carece de ambigüedad en diferentes contextos. Sin embargo, sea cual sea el término que se use o invente de nuevo, el problema no es el término en sí, sino la opresión y discriminación que es lo que realmente hace surgir un concepto o una representación social e incluso la unidad de este sector poblacional, y que por razones prácticas llamamos aquí «indígena», pero que igualmente podría ser llamada «originaria», «amerindia», etc.

recientes en torno a los proyectos mineros), en Ecuador o Bolivia; y aparecen visiblemente en la inauguración del gobierno del presidente Evo Morales 2005 en Tiwanaku, un momento simbólico para una corriente de renacimiento indianista.

Es cierto que, respecto a la estabilidad de gobierno o sistemas de gobierno, la clase media urbana es por lo general un factor clave, y tiene más peso que el sector campesino-rural o indígena. Pero no es cierto que el sector rural, por su apego a la tierra y su orientación hacia la subsistencia, no genere más que rebeliones. Así como tampoco es cierto que carezca de proyecciones políticas de cambio estructural.

Obviamente –como lo muestra el caso de Bolivia– hubo conflictos claves sin participación significativa de jóvenes de comunidades indígenas. Pero, por ejemplo, la demanda por una nueva Constitución Política del Estado más incluyente en Bolivia no surgió en la ciudad, sino en el seno de las organizaciones indígenas de Tierras Bajas y de sus marchas en los años 1990.

Incluso en la llamada «guerra del agua» de Cochabamba, en el 2000, que terminó en la resolución del contrato con una empresa multinacional para el servicio municipal de agua, y que puede parecer un conflicto urbano, participaron campesinos e indígenas rurales en momentos claves de mobilizaciones masivas y bloqueos de caminos. Primero, porque los campesinos quechuas en el sector periurbano veían afectados sus usos y costumbres de agua; segundo, porque también zonas netamente rurales temían la privatización y comerzialización de este bien común esencial con una nueva ley. Pero también participaron en las protestas, y los jóvenes en primera línea, porque el campesinado ya tenía una proyección política mayor para el país, crítica a modelos económicos liberales y ajenos a una economía rural más comunitaria.

El control de los recursos naturales también fue tema de la «guerra del gas» del 2003 contra el gobierno neoliberal de Gonzalo Sánchez de Lozada. También allí indígenas jóvenes llegaron masivamente con marchas o en camiones hasta el foco urbano del conflicto. Se unieron en muchos casos en acciones compartidas con jóvenes indígenas urbanos, migrantes de procedencia rural. Así se confundieron los rastros entre urbano y rural en una movilización que en suma tenía ante todo una cara joven e indígena. Aunque los voceros hayan sido por lo general de mayor edad, la dinámica del conflicto fue protagonizado por redes más informales y movimientos más espontáneos, donde los jóvenes fueron en muchos casos los principales protagonistas.

Así no es nada extraño que las mujeres y los hombres jóvenes hayan sido objeto de mayor atención por parte de las agencias de cooperación al desarrollo. Sin embargo, ya antes de estos procesos de cambio político los y las jóvenes fueron considerados como grupo meta importante en la cooperación al desarrollo.

Unos optaron por los y las jóvenes, porque parecían los agentes predilectos para la anhelada modernización en los áreas rurales aprovechando los cambios generacionales (Liebel 1992: 29).

Otros vieron a la juventud como la más afectada por la desestructuración social (en parte como resultado de la modernización), identificándola como foco poblacional de problemas (desempleo, deficiente capacitación profesional, mayor vulnerabilidad para enfermedades contagiosas y violencia), que a su vez afectarían al funcionamiento y la cohesión de la sociedad en general (delincuencia, consumo de drogas).

Una tercera mirada los considera una población relevante y con potencialidades propias (Rudolph 1997: 44), que no podía quedar invisibilizada en las políticas de desarrollo. Así surgieron grandes programas de capacitación para la juventud popular urbana, como «Chile Joven» o «Paisa Joven» (en Medellín, Colombia) en el caso de la GTZ. O para grupos específicos, como fue el proyecto «De niña a mujer», del Instituto de la Mujer en Santiago, apoyado por *terre des hommes* y la Comunidad Europea. Sin embargo, la juventud no estuvo en el foco de estas consideraciones o estrategias específicas. O si hubo proyectos, como el programa de Educación Intercultural Bilingüe, del Consejo Regional Indígena del Cauca, para las agencias como *terre des hommes* el enfoque era educación, desarrollo rural o desvinculación del conflicto armado, pero no la juventud indígena. Incluso se llegó al punto de cuestionar si existe un fenómeno social que se pueda llamar «juventud indígena rural».

Juventud: ¿un concepto urbano-occidental?

¿Existe la juventud en culturas indígenas-rurales?[2] Si nos atenemos a una definición netamente según la edad, como la utilizada por las Naciones Unidas, que comprende la edad entre 15 y 24 años, no hay por dónde perderse: con no mucho menos de una quinta parte de la población rural, por ejemplo en Bolivia, es una población considerable. Pero ¿existe la juventud como hecho o «representación social»? En la provincia de Chiquitos, en el Oriente Boliviano, hace unos 25 años atrás, parecía que no. Era ya a partir de los 13, 14 ó 15 años cuando muchos hijos e hijas dejaban de ser niños/as y entraban de forma bastante abrupta en la vida adulta, convirtiéndose en trabajadores y/o formando una familia.[3] En aquel tiempo, este traspaso era incluso impuesto a veces por el patrón, el terrateniente, que requería mano de obra. Pero en la mayor parte de los casos era porque se veían enfrentados a expectativas de los padres. Tenían que aportar con su trabajo a la economía familiar. En

---

2   Sobre la dificultad de un uso cabal de este término, comp. Liebel 1992: 13 sigs.
3   16% de las mujeres tuvieron su primer hijo en edad comprendida entre 11 y 15 años, otras 45% , entre los 16 y los 18.

algunos casos el colegio alargó el tiempo de la niñez, pero más común era lo contrario: la necesidad de trabajar, o el embarazo, ponía fin a la asistencia al colegio que más bien parecía un pasatiempos hasta entrar a la vida de adulto que una preparación para ello. La vida aún no requería formación secundaria en estos ambientes. Nada de «moratoria», tiempo de espera, impuesta por el entorno social.

Pero ojo: ¿es esto típico de culturas indígenas? Primero se nota la influencia fuerte de la economía de hacienda en la región. Además, el tener hijos/as y el trabajo productivo como característica propia de la vida de un adulto pueden ser criterios occidentales. Por ejemplo, en la cultura mapuche se conocen varias etapas intermedias entre niñez y edad adulta.[4] El rol de chicas y chicos, ya en edades entre 8 y 13 años, no sólo contempla trabajos livianos, sino también el derecho de hacer compras y, en la etapa entre los 13 y los 17 años, se incluye la participación plena en los asuntos de la comunidad. Pero si bien a partir de los 18 ya no hay nadie que tenga que guiar a la persona, ésta aún no es considerada una personalidad completa. Es sólo a los 35 años más o menos cuando se considera acabado el desarrollo personal –una edad que viene casi a corresponder a la moderna ampliación de la etapa de la juventud hacia la «post-adolescencia» en la sociología de juventud europea. Aquí se podría usar el término de «moratoria», aunque en este caso no esté relacionado con una invisibilización.

De la cultura quechua en la comunidad de Quispillaccta en Ayacucho (Perú) tenemos datos similares. Entre los 12 y los 15 años no es sólo cuando se diferencia entre niñas y varones hablando de *llawi sipas* o *llawi maqta*, sino también cuando éstos ejercen trabajos productivos bajo su propia responsabilidad. A partir de los 16 y hasta los 20 años más o menos se les considera *sipas* o *maqta*, términos más cercanos a lo que en castellano sería «juventud».[5] Pero muchas veces, cuando se pregunta por estos conceptos (como «niñez» o «juventud»), en estas comunidades se los rechaza como inadecuados a su realidad. Más bien resaltan el hecho de que en la comunidad no hay grupos que se puedan separar. Se sostiene que todos participan en todo. Sostienen que lo que vale es el concepto de familia o del *Ayllú*, del que todos/as son miembros plenos. Por el contrario, el concepto de «juventud» como representación social parece una amenaza ajena, traído por «jóvenes» que retornan de la ciudad con ideas y comportamientos individualistas. Porque ellos y ellas muestran un cierto rechazo a la participación en actividades

---

4   En lo que sigue me baso en el trabajo de FUNDECAM, vid. Brondi Zabala 2002: 25.
5   Según Doña Pascuala Huamana Mejía, de la localidad de Yuracc Cruz (citado por: Asociación Bartolomé Aripaylla, «Niño, familia y comunidad en los Andes de Ayacucho» en Brondi Zabala 2002: 49). De hecho no hay límites ni definiciones fijas en las comunidades andinas. En comunidades vecinas, se encuentran definiciones y límites de edad que, aunque sean similares, pueden diferir en muchos detalles.

comunitarias. Se alejan de la religiosidad andina y sus rituales y, según los comunarios, tienen hábitos (empezando por la ropa, el gusto por otra música) y patrones de consumo que rompen los esquemas habituales. Para muchos, sus aspiraciones ni siquiera son alcanzables en el ámbito rural, lo cual puede desembocar incluso en transgresiones (desde la falta de respeto a los demás y el no cumplimiento de normas comunitarias hasta el robo de ganado). Esto refuerza la convicción en muchas comunidades de que «juventud» no sólo es un comportamiento o fenómeno urbano, sino algo dañino para la comunidad rural.[6] Esta percepción se ve agravada por el hecho de que estos «jóvenes» que llegan de lo urbano a zonas rurales, sea como migrantes frustrados que retornan a sus casas, o en visitas ocasionales, se desenvuelven en el área rural sin los mecanismos de control social respectivo, en los que se pueden haber socializado en la ciudad, o que les limitan, y sin que las comunidades rurales, al menos al inicio, hubieran desarrollado mecanismos de re-armonización» (Strack 2008: 274-276; Martínez 2002). Toda esta problemática se refuerza en áreas semi-rurales o de fuerte influencia urbana que, por diferentes razones (ampliación del sistema escolar, ingreso del comercio y consumismo transportado por medios masivos), son actualmente la mayoría frente a comunidades más tradicionales y más autónomas.[7] Carola Lentz pudo observar en Ecuador marcadas diferencias entre la valoración mayormente negativa de tener espacios vitales etarios propios, por parte de jóvenes campesinos que vivían en una economía de subsistencia, frente a una valoración positiva de ser grupo aparte (e incluso de su rebeldía), por parte de jóvenes que trabajaron como empleados en la producción frutícola para el mercado (citado por Liebel 1992: 88).

En este caso más interesante, son aquéllos los que, al volver de la ciudad, se integran nuevamente a la comunidad indígena reforzando los componentes tradicionales. Lo cual se ha visto también en varios proyectos de afirmación cultural andina apoyados por *terre des hommes* en comunidades rurales del Perú (comp. el texto de Marco Bazán en esta publicación). Aunque raras veces dejan de usar tecnología moderna como cámaras fotográficas u ordenadores, por ejemplo; aunque siguen manteniendo sus relaciones con el mundo urbano; aunque en algunos casos optan por modelos de pareja o fami-

---

6   «El hecho de que en la urbe haya personas que son tratadas de manera incoherente, es decir, como incompletos e inmaduros, y a la vez que ellos se sientan capaces de ser ya adultos, es decir, de asumir responsabilidades, se degenera en un fenómeno que se expresa muchas veces en rebeldía, violencia, contraposición a las normas, hasta en uso indebido de drogas. Hay pruebas suficientes para demostrar la conjunción histórica de la aparición coexistente de estos dos fenómenos: el de la extensión de la juventud y la desviación social. En cambio los jóvenes en el campo son la naturaleza misma e inocentes, nos dicen los ABA. » (Marco Bazán: *Juventudes Campesinas* (manuscrito sin editar, 2007).

7   Comp. Liebel 1992: 87-90, refiriéndose a una investigación de Carola Lentz en Ecuador.

liares no tradicionales, con todo esto no dejan de incentivar la recuperación de elementos de la cultura ancestral andina. Paradójicamente, el cambio generacional refuerza en este caso lo tradicional andino frente a los compromisos con el mundo urbano o lo que han cedido sus mayores a la cultura occidental.

Con todo esto, aunque suene a trivial, parece necesario concluir resumiendo que existe algo así como «juventud» en comunidades rurales e indígenas, aunque ello no refleje la representación social que tengan culturas urbanas y la misma sociología de juventud que se ocupa mayormente de las ciudades. O, en palabras de Marco Bazán: «Hay momentos característicos en las poblaciones que los marcan: como el inicio del enamoramiento, el fin de los estudios, el recibir su primera parcela, ritos de pasaje, las ganas de viajar, el rebelarse y construir sus propias formas de ser y parecer, el pensar en proyectos personales de vida, etc.. (...). Ser joven en la zona rural es una iniciación y no un mero periodo de marginación del periodo adulto», con lo que bajo el término de «moratoria» se caracteriza el fenómeno social de la juventud urbana. Y esto determina también que no es necesario preguntar si participan jóvenes en el área rural en procesos de cambio, sino preguntar cómo participan ellos y, en el caso de jóvenes indígenas, mirar si esta participación está matizada por el hecho de ser joven (mujer o varón), de pertenecer a un grupo de edad definido, y por sus características de ser indígena, de pertenecer a una cultura definida. Esto último implica reconocer, que es mejor no hablar de «juventud rural indígena», sino de «juventudes»[8] y de procesos participativos de quechuas, aymaras, ashaninkas, paeces, mapuches, etc., a veces bastante particulares y a veces incluso mezclados con influencias mutuas entre estas culturas.

Participación compulsiva, ciudadana y/o protagónica

Como vimos al inicio al observar conflictos y procesos de cambios sociales, la participación es un hecho. Pero la participación en sí no es algo algo bueno, puede haber también una participación nefasta. Por ejemplo, si los jóvenes «toman parte» como víctimas de desplazamientos forzados. En el caso de Colombia ello está relacionado con la disputa armada por las tierras comunitarias indígenas –ricas en recursos naturales o importantes como corredores para la estrategia de la guerra– entre guerrilla, paramilitares y fuerzas oficiales del Estado. Aún peor en el caso de ser reclutado en las filas de

---

8   Hablamos de «jóvenes», cuando se trata de los sujetos, de «juventud» o «juventudes», cuando nos referimos a un fenómeno o a una representación social relacionada con una etapa de la vida entre niñez y edad adulta, con características propias más allá de un mero cambio generacional.

los guerreros, perdiendo así no sólo todo control sobre su contexto de vida, sino hasta sobre el cuerpo propio.

También puede considerarse obligada la participación, si bien en procesos de cambio hacia lo mejor, cuando una comunidad indígena –como es recurrente en Bolivia– obliga a sus miembros jóvenes a bloquear caminos para defender intereses comunes. O cuando jóvenes, por carecer de recursos económicos, se sienten obligados a insertarse en procesos productivos, sea como empleados de una empresa, sea en el marco de la economía familiar, en vez de gozar de un tipo de «moratoria para capacitarse más», algo más típico de clases medias urbanas, y más apreciado por jóvenes de estos sectores como norma.

Esta participación más o menos compulsiva o «de facto» ha de ser diferenciada de la participación ciudadana. Sea en elecciones, en asumir cargos en organizaciones o en diferentes formas de exigir el derecho de cada uno o de cada una frente al Estado. Sería una participación basada en los derechos políticos, pero también sociales, económicos y culturales como ciudadanos. Mientras que, por un lado, para los y las adolescentes existe una legislación especial hasta los 18 años de edad con la Convención de las Naciones Unidas sobre los Derechos de la Infancia, que los/las considera aún niños/as, la Convención Iberoamericana de Derechos de los Jóvenes, por otro, es regionalmente limitada, tiene un rango jerárquico menor y además carece de especificaciones sobre jóvenes indígenas y de mecanismos de hacer cumplir estos derechos. A nivel nacional hay por cierto legislaciones específicas de la juventud, y derechos cotidianos no codificados en leyes: preguntando a jóvenes organizados sobre sus derechos, las respuestas varían bastante, pero al parecer prevalecen derechos no codificados, pero conquistados *de facto* o demandados por los y las mismos/as jóvenes.

Aquí llama la atención el que a pesar de que en comunidades originarias los derechos individuales se vean postergados frente a derechos o intereses colectivos, en comparación con el ámbito urbano hay menos restricción en lo que se refiere a la ciudadanía social y política para jóvenes.[9] Tal vez ello sea debido a usos y costumbres que no separan tan tajadamente los grupos de edad. Pudiendo encontrarse en casos extremos un alcalde tradicional (*jilacata*) de una comunidad, como ha sido Rubén Yupanqui en Bolivia, quien con 11 años no sólo arreglaba pleitos familiares y asuntos internos de la comunidad, sino que la representó en eventos a nivel nacional.[10] Esto tiene que ver con el tema de la autoridad, que deriva menos de una edad. La autoridad

---

9   Aunque al menos a partir de los 18 años la ciudadanía jurídica es plenamente reconocida, en el area urbana la participación se restringue a menudo en la práctica al acto electoral, sostiene Alejandro Cussianovich (Bazán 2005: 17).

10 Véase el retrato de Oscar Gerardo Morales G. en la revista *Protagonistas* 6 (1999), «Defensa de Niños Internacional-Bolivia», Cochabamba.

se deriva por el contrario de obligaciones del grupo a que se pertenece y en el trasfondo de una cosmovisión más amplia (Ströbele-Gregor 2007: 111), pero también de méritos ganados o capacidades demostradas. Así, en las comunidades de Quispillaccta en Ayacucho, reportan toda una jerarquía de cargos públicos y responsabilidades (por ejemplo, del sistema de riego, del cuidado de los pastizales o uso de tierra), que pueden ser asumidas según el caso concreto desde corta edad o más tarde, incluso siendo adulto. Uno sube la escalera de cargos con diferentes niveles de responsabilidad, pero aun siendo niño siempre con un grado de autoridad frente a los adultos.[11] Dependiendo más de la personalidad y las circunstancias ya en la ejecución del cargo, se encontrarán diferentes niveles de protagonismo, que son otra dimensión de participación.

El protagonismo va más allá de una mera ejecución de funciones en un contexto dado, y por ello interesa más cuando reflexionamos sobre la participación en procesos de cambio. Es porque el protagonismo abre el espectro hacia la incidencia con posturas propias personales, étnicas o etarias.

Si tratamos de aplicar el modelo de Marco Bazán sobre diferentes niveles en los procesos de protagonismo social de jóvenes a la juventud en comunidades indígenas,[12] se encuentran ejemplos de participación que corresponderían al mismo tiempo a diferentes niveles del esquema de Bazán. Como la «acción tutelada» en el caso de un Alvacer soltero, por lo general niño o joven, que tiene que ejercer el ritual para la crianza del agua y coordinar la limpieza de los canales, y quién está acompañado y guiado por un Alvacer *hatun* (grande), por lo general adulto. Sin embargo, si no se mira la comunidad, sino la sociedad del país en general, hacia adonde apunta el esquema de Bazán, este mismo hecho puede ser parte ya de una nueva cultura hacia la «plena participación directa de los jóvenes campesinos ashánincas, nomagsigengas, aymaras, negros (…)» (Bazán 2005: 136)– claro, dependiendo de la receptividad del entorno no-indígena

Sin embargo, Bazán cuestiona en un comentario la aplicabilidad del concepto a la comunidad rural (véase su aporte en este tomo), cuando dice: «No se trata de colocarlos en la escalera de la participación sino de ser reconocidos, aceptados, asumidos como otra forma auténtica de ser sociedad.»

---

11 Según informaciones inéditas de Marcela Machaca Mendieta, reportadas por el autor en la revista *ila* 239 (2000), Bonn, pág. 21.

12 Marco Bazán (2005: 137), clasifica con una mirada hacia la participación socio-politica y orientada a los movimientos sociales diferentes niveles de participacion protagónica, más allá de la simple exclusión. Empezando con la actuación por la inclusión, por la acción tutelada, la acción voluntaria, la acción organizada, pasando por la acción institucionalizada y el movimiento de actoría social, para llegar primero al co-gobierno político hacia una nueva cultura. En esta escalera de participacion, el mejor Estado viene después: cuando el protagonismo social de los jóvenes es prescindible por el hecho de que ya hay equidad en las relaciones entre las generaciones y grupos sociales y democracia plena.

O en otras palabras: si no existiera el mundo discriminador, excluyente en el entorno, el término de participación protagónica perdería sentido, lo que Bazán expresa en la definición del nivel supremo del protagonismo social: es cuando el protagonismo social ya no es necesario, es decir, cuando el hecho de ser joven e indígena ya no implica exclusión ni subordinación alguna. Pero esto significa también que la participación de jóvenes indígenas rurales en procesos de cambio, si bien se orienta a la superación de exclusión o discriminación, se basa al mismo tiempo en inclusiones vividas, sea forzado por las condiciones o actores externos (la discriminación es una forma de «inclusión», aunque sea en el último puesto), sea como ciudadano/a a través del ejercicio de sus derechos, o sea, como miembro pleno de las mismas culturas o comunidades indígenas cuando se relacionan con el mundo urbano o las entidades del estado.

Cambio por quiénes, para quiénes y hacia dónde ¿Incidencia como indígenas y jóvenes? Ejemplos en proyectos de cooperación

Con toda esta visión de una sociedad incluyente y no-discriminatoria podría ser cautivante la idea de querer promover el protagonismo social de jóvenes. Debido al legado colonial en la Región Andina debería prestarse especial atención al protagonismo de jóvenes indígenas y afrodescendientes. Suena sin embargo contradictorio el término de la promoción de alguien al lado de la idea del protagonismo a ajercer por este alguien. Más bien debería buscarse la creación de un entorno propicio, de espacios apropiados, para que este protagonismo pueda desenvolverse y tenga receptividad en el «otro». Aun así, si el protagonismo se orienta hacia la transformación, se transformará no sólo este «otro» sino también la identidad juvenil-indígena. Al menos si no se parte de un concepto esencialista y estático de las culturas. Más todavía cuando identidades indígenas o juveniles se vivencian o definen más como resultado (opuesto) de opresión, discriminacion o exclusión. El actuar y el sentir desde una situación de marginación se diferencian del comportamiento del que vive con el pleno respeto y reconocimiento de los demás.

Más aún: según el esquema de Bazán no sería sorprendente sino deseable que, al final de este proceso, la identidad y el protagonismo indígena-juvenil hayan perdido importancia, abriendo espacio para el desarrollo personal y social con una pluralidad de elementos de origen distinto que forman la identidad personal, en combinaciones cada vez más propias y menos esquemáticas de lo que significa el concepto «indígena». Así se abriría la mirada intercultural hacia jóvenes guaraníes que viven económicamente como mestizos, pero que mantienen su religiosidad originaria (o al revés); a aymaras raperos

como en la Ciudad de El Alto en Bolivia; a feministas mapuches en el área
rural de la IX Región de Chile; a un napo kichwa que, en Toledo y vestido de
terno, abogaba por la protección de la Pachamama a la vez que promocionaba
el turismo de aventura de motocross en esta misma madre naturaleza; o incluso quechuas militaristas, liberándoles de clichés estereotipados y recono-
ciéndo su estatus de sujeto, lo que a la vez conlleva mayor responsabilidad
frente a lo que se hace y a la situación en que se vive. Veamos ahora cómo
aplicar estos criterios de análisis a algunos casos concretos de proyectos de
cooperación.

En una entrevista, Teresita Antazú, de la Asociación Interétnica de Desarrollo de la Selva Peruana (AIDESEP), diferencia entre líderes natos (o «naturales») y líderes elegidos por organizaciones indígenas (Antazú 2008: 13,
14). Los primeros, que viven los valores e ideales de su pueblo, son según
ella sobre todo gente de edad, que ya ha demostrado en el transcurso de su
vida un comportamiento ejemplar. Los últimos, sostiene la lideresa indígena,
son escogidos de acuerdo a otros criterios: por hablar mejor el castellano, por
conocer y moverse con mayor facilidad en el mundo «dominante» (urbano-
occidental). No es casual pues que estos criterios favorezcan a los jóvenes
con mayor grado de escolaridad. Y se puede constatar que la participación
ciudadana en este caso, por las relaciones de poder existentes y por el sistema
de participación que favorece, puede ir en desmedro del protagonismo propio, indígena. Esto afecta también al debate sobre la pertinencia de abrir
espacios privilegiados (vía cupos o cuotas) para jóvenes indígenas y afrodescendientes en proyectos de cooperacion o en la misma administración del
Estado. Si bien estas cuotas pueden contribuir a la inclusión y representación
de este grupo marginalizado o invisibilizado, dependerá del margen de libertad en la ejecución de tales cargos así como del comportamiento entre protagónico y oportunista en la ejecución de su rol, si estos espacios contribuyen
realmente a la inclusión de todo el grupo.

Aparte de esto, en el caso de un proyecto de promotores de salud en Chi-
quitos/Bolivia, en la década de los 1980 poco antes del «renacimiento indianista», tuvimos oportunidad de observar otros criterios que favorecen a los
jóvenes sin promover el protagonismo: el hecho de no tener aún (muchos)
hijos y de tener más tiempo y disponibilidad para viajes. Aunque la idea es
que estos jóvenes, por sus conocimientos específicos del mundo moderno y
por tener más tiempo, están en condiciones de defender mejor los intereses en
este mundo, tenemos la desventaja de que en muchos casos, en el afán de ser
aceptado –o, mejor dicho, para no ser discriminado sino mejor tratado– se
han distanciado de su cultura de origen y adaptado a las urbanas u occidentales. Este debilitamiento de una posible incidencia desde lo indígena se ve
reforzado por intereses específicos de la respectiva agencia de cooperación
(en este caso, del Servicio de Voluntarios Alemanes, DED), que justifican la

presencia de gente joven justo porque apuntan hacia un cambio. En el caso mencionado de Chiquitos implicaba el intento –a lo largo frustrado[13]– de promover equidad de género, y de implementar un servicio de salud moderno y alternativo a la medicina popular, practicada ampliamente en ese tiempo e incluso pese a los ya pocos vestigios de una medicina originaria chiquitana. El resultado fue que surgieron nuevos líderes, jóvenes, pero tipo «broker», que en parte empezaron a competir con las autoridades habituales. Si al inicio disputaron el «poder» con las autoridades de adultos, tradicionales de las comunidades, ello probablemente fortaleció los intereses juveniles, pero al mismo tiempo mermó el componente indígena. Sin embargo, posteriormente se pudo observar que los mismos líderes jóvenes promovieron en el marco de otros proyectos de desarrollo (en este caso de la GTZ) organizaciones campe-sinas que entraron en competencia con las elites mestizas. Una competencia que al parecer llevó a estas organizaciones campesinas a «indianizarse» en el sentido de un discurso más propio, pero también en la búsqueda de una afir-mación cultural dentro de esta forma organizativa inicialmente ajena a su idiosincrasia originaria. Parece una paradoja el que los «Broker», surgidos en competencia con las autoridades tradicionales por el hecho de no ser asimila-dos como iguales debido a su origen, y por la construcción social del «in-dígena» desde la cultura dominante excluyente, llegaran a formar parte de esta construcción de lo «indígena» que, desde lo impuesto paulatinamente –y fortalecido por los cambios a nivel nacional– se acerca a una construcción social más propia y a una participación más protagónica.[14]

---

13 La mayor carga de ocupación en la casa, embarazos, etc. marginaron pronto a las mujeres de este proceso por la falta de tiempo y, en otros casos, también por el rechazo del compañero o marido en el marco de los códigos de conducta habituales en los que se habían fundido ele-mentos de la cultura machista con otros del mayor tradicionalismo chiquitano de las mujeres con el apego a la tierra y la «reproducción» de la vida.

14 Un proceso similar se dió posteriormente en las comunidades y Ayllus de Potosí y la zona altiplánica, organizados dentro del Consejo Nacional de Ayllus y Marcas del Qollasuyo (CONAMAQ). Creado éste en los 1990, como reflejo del «renacimiento indianista» y de las crisis de Estado, y como resultado del deseo de insertarse en la política con el fin de refun-dar Bolivia como estado plurinacional, fue sorprendente cómo logró mantener una dinámica propia independiente de estos procesos y del MAS liderado por Evo Morales. Este proceso problablemente ha sido favorecido mucho por la cooperación internacional (por ejmplo, por la GTZ), a pesar de que ésta apuntó hacia la implementación de la participación popular en los municipios, o sea, hacia estructuras ajenas al proyecto propio de CONAMAQ. Pero el simple hecho de estar juntos en viajes financiados por la Agencia, sirvió para intercambiar, promover ideas y seguir tejiendo la red propia. Y sirvió a líderes jóvenes para sobrepasar nombramientos «tradicionales», sea en los sindicatos agrarios o bien en los Ayllus, y ocupar cargos representativos así como protagonizar procesos. La superposición de las autoridades originarias locales o el conflicto con ellas en varios casos a nivel local, resultó ser un factor en contra de los fines de CONAMAQ de restituir y fortalecer los Ayllus. Sin embargo, por el entorno político y los procesos propios del CONAMAQ, no parece haber tenido mayor efecto en suma. Más aún en comunidades donde la estructura originaria de liderazgo se había redu-

El que los supuestos «brokers» se vuelven más indigenistas, también se puede observar entre líderes jóvenes mapuches, varios de ellos con estudios en las ciudades y que retornan a sus comunidades. Muchos no son absorbidos por el mercado laboral en las ciudades, ni por ONGs dedicadas al tema o por las instituciones estatales creadas para la temática indígena (como CONADI); por bastante tiempo son muy controlados por partidos políticos, y no por las nuevas instituciones de representación indígena creadas por el Estado en las comunidades, como serían las Asociaciones Indígenas. No son pocos los que simplemente no comparten el modelo de desarrollo del Estado vigente. Varios de estos jóvenes, cuando vuelven a las comunidades, no se reintegran a la comunidad, a las organizaciones comunitarias, sino que participan de forma a veces espontánea, a veces de forma constante, en las acciones de protesta –o incluso de sabotaje– en contra de las empresas forestales que están en disputa con las comunidades sobre las tierras. La política represiva del Estado contra estos movimientos, afecta también a los jóvenes aunque éstos no hayan participado en actos de sabotaje. Según Roberto Mansilla, de la ONG FUNDECAM, se puede decir que la represión ha afectado más a aquellos jóvenes que se han integrado en las organizaciones locales y comunidades indígenas, y que por ello son más visibles (Mansilla 2008). Aunque el hecho de que una gran cantidad de ellos haya sido encarcelada bajo el pretexto de combatir el «terrorismo», sin haber cometido delitos, no sólo ha fortalecido a los jóvenes más radicales en sus acciones, sino también reforzado la identidad étnica. Así, desde la exclusión, se fortalece de nuevo el componente indígena y, por la política de inclusión dentro de las autoridades adultas en este caso, también un protagonismo juvenil que contesta el modelo de desarrollo que quiere imponer el Estado. Esto parecería corroborar la hipótesis o definición de Bazán de que con la inclusión se hace prescindible el protagonismo juvenil. Pero también queda claro que estos conflictos y exclusiones, cuanto más fuertes tanto menos permiten visualizar las identidades o contenidos propios posibles de una inclusión como joven e indígena; no les dejan formular sus propias propuestas, sino que los moldean y les imponen su agenda externa, a la que tienen que contestar.

En el Trópico del Departamento de Cochabamba en Bolivia, en las épocas de conflicto por la erradicación de los cocales, fue una combinación de intervenciones con proyectos y la presión o, mejor dicho, represión externa, lo que condujo al hecho de que hoy existan líderes cada vez más jóvenes y, poco a poco, también más quechuas o aymaras. El Trópico Cochabambino es un entorno con una mayoría de migrantes campesinos, pero también con un grupo significativo de mineros con trayectoria sindical. Como estos «serra-

---

cido a actos más formales, y donde el contenido de la cosmovisión andina fue más promovido por actores fuera de la jerarquía originaria.

nos» no tenían mucha experiencia en agricultura tropical y no se integraron en comunidades originarias, y como muchos no se asentaron junto con migrantes de sus mismas comunidades de origen, había surgido una estructura fuertemente sindical. Con la represión y persecución de los líderes, con verdaderas olas de enjuiciamientos que ocupaban el tiempo de los líderes (sobre todo mayores), no es de extrañar que fueran cada vez más jóvenes y mujeres quienes asumieran cargos en las federaciones sindicales del Trópico, reemplazando a los mayores. Además, como los jóvenes también protagonizaron los enfrentamientos con la policía o los militares, las marchas y bloqueos, éstos se perfilaron para estos cargos más de lo que hubiera sido probablemente el caso en tiempos más tranquilos. Un factor adicional fueron programas de capacitación (sobre todo en derechos humanos) que en buena parte fueron promovidos por ONGs de la ciudad, y a los que jóvenes con escolaridad podían acceder más fácilmente. En el caso de la Oficina Jurídica de la Mujer de Cochabamba, se fomentó adicionalmente el protagonismo y los derechos de las mujeres jóvenes. Algunas ocupan hoy altos cargos en el partido gobernante, en el parlamento o el Estado, y los ocuparon también en la Asamblea Constituyente. Al haber nacido muchas y muchos de estos jóvenes en el Chapare en comunidades ya bastante desestructuradas (aparte de los efectos migratorios también debido a una cultura violenta y regida por el dinero, creada por la fuerte presencia del narcotráfico y las fuerzas del orden) no sorprende que, en relación con el legado comunitario-indígena de los mayores, fuera un protagonismo joven, pero no indianista. Sin embargo, cuando lograron unir sus luchas con las de las comunidades indígenas altiplánicas y posteriormente también con las del Oriente, y frente al discurso oficial de la lucha anti-droga, la defensa de la coca como «hoja sagrada» introdujo en el discurso elementos indianistas que más tarde, una vez calmados los conflictos violentos, favorecieron procesos de búsqueda por lo «indígena». Hoy incluso se pueden constatar procesos de afirmación cultural o de reencuentro de jóvenes con la cultura originaria de sus padres y abuelos/as. Por cierto que también juega un rol aquí la intervención de ONGs de la ciudad, aunque ellos se coordinan estrechamente con sindicatos muy interesados en esto y con entidades municipales. Todo ello muestra que una afirmación cultural indígena no sólo puede efectuarse como reflejo de una presión externa –algo que también se vio en el Trópico Cochabambino–, sino que la reflexión y búsqueda pueden surgir cuando esta presión desaparece, cuando las disputas y conflictos políticos pierden importancia para la vida cotidiana.

La promoción de procesos de afirmación cultural por parte de jóvenes en comunidades andinas, independiente de los cambios políticos, fue el objetivo de varios proyectos impulsados por la red de Núcleos de Afirmación Cultural Andina impulsado por la ONG PRATEC en el Perú. Los fundadores, decepcionados de las reformas estatales en el tiempo del general Velásquez Alvarado, y por la experiencia traumática de los conflictos políticos y la persecución en el tiempo de la guerra de Sendero Luminoso, ubicaron en la autonomía comunitaria el camino para afirmar la cultura andina. Los jóvenes (y los niños/as) no eran en los primeros años un foco de interés específico, sino que se les trataba como un miembro más de la comunidad. Y ésta, frente al actor externo, estaba representada por las autoridades tradicionales, por lo general personas mayores, o por los intermediarios, empleados en los proyectos de afirmación. Sin embargo, estos «núcleos de afirmación» (grupos de trabajo) lograron desde un inicio interesar a jóvenes quechuas y aymaras que habían estudiado en universidades; primero, como practicantes, y luego con los fondos de la cooperación como personal empleado en los Núcleos, para volver a sus comunidades y asumir personalmente el modelo, algunos reintegrándose como miembros plenos de la comunidad, como fue el caso de los hermanos Machaca Mendieta en Quispillaccta (Ayacucho). Varios fundaron nuevos Núcleos de Afirmación Cultural, a veces como proceso más comunitario, a veces más como ONG.

Si bien el rechazo a la política y la distancia hacia estructuras estatales fue fundamentado con los peligros de manipulación y enajenación, los movimientos campesinos indianistas liderados por el Mallku Felipe Quispe en la región del lago Titikaka en el Altiplano boliviano, parecían algo distinto. Levantaron interés en las comunidades del lado peruano, especialmente en los jóvenes que no habían vivido las experiencias traumáticas de los mayores. Los más jóvenes se preguntaron por qué deberían estar (auto-)excluidos del sistema estatal.

Posteriormente la PRATEC cambió la estrategia e identificó a niñas/os y jóvenes como grupos importantes. Esto también con miras a la sostenibilidad de los procesos de afirmación. Siendo la escuela una de las entidades más importantes de socialización de la nueva generación y, al mismo tiempo, de la enajenación, una educación intercultural en las escuelas (más allá de lo netamente bilingüe que hubo ya en años anteriores) se presenta ahora como foco de mayor interés. Sin desconocer otros mecanismos y procesos, en este caso también son espacios brindados por proyectos de cooperación (intercambios, encuentros, pasantías), donde en el seno del proyecto de afirmación cultural surgen debates entre las generaciones sobre lo político y el Estado, y se da una reorientación de los proyectos. Si los jóvenes han incidido en esto, me resulta difícil de decir, y está poco claro si este cambio tiene que ver con protaganismo «juvenil» propio. Puede ser que se deba más al usual cambio generacional. Pero parece claro que este proceso tiene mayor profundidad y contenido protagónico. Que no sólo se trata de jóvenes del área rural que se mueven entre las ofertas de dos polos, el de la tradición quechua o aymara rural y el mundo urbano, y que actualmente ven pocas oportunidades en la ciudad. Sino que estos jóvenes afirmados en su identidad, y en base del *Iskay Yachay* (de acceder a los «dos saberes») se relacionan con los diferentes ámbitos de la sociedad.

El *Iskay Yachay* y el no aislamiento fue una estrategia que las grandes organizaciones indígenas de Colombia, entre ellas el Consejo Regional Indígena del Cauca (CRIC), y el CRIT en Tolima, persiguen desde hace muchos años a pesar de haber nacido de las luchas políticas, de los conflictos por la tierra y como forma de organización nueva no originaria. Sin embargo, desde un movimiento campesino pasaron relativamente pronto a ser una organización indígena. Encontramos aquí casi todas las formas de participación que hemos mostrado en los ejemplos anteriores, y además una guerrilla indígena (el «Quintín Lame»), posteriormente demovilizada por decisión de las mismas organizaciones indígenas y reemplazada hoy por una guardia indígena no armada, también de jóvenes.

En toda la organización es notoria la presencia de jóvenes. Un caso emblemático es Teófila Roa que con 14 años ocupó el cargo de secretaria en su comunidad, donde hacía contactos con otras comunidades, y aproximadamente un decenio después fue la primera mujer en ocupar la presidencia de una organización indígena en Colombia que en este tiempo organizaba unos 32.000 pijao y paces en 62 comunidades rurales. El hecho de que muchos líderes de mayor edad habían sido asesinados puede haber sido un factor para la elección de esta joven líder. Pero también pudieron jugar un papel los factores que Stroebele-Gregor define como clave para autoridades tradicionales (Ströbele-Gregor 2007: 111), y que también tenían una base en el hecho de que ella fuera criada por una médica tradicional pijao. En su gestión, los mitos y la religiosidad pijao –hasta los ritos tradicionales en las movilizaciones políticas–, fueron tan importantes como el interés de ella de no verse limitada al resguardo, y los derechos indígenas garantizados por la Constitución colombiana. Cuando promovió, por ejemplo, la medicina tradicional indígena en el marco de la nueva legislación estatal que privatizó servicios de salud, tuvo que enfrentarse no sólo al escepticismo de los mismos médicos tradicionales, sino también de las organizaciones indígenas. Éstos consideraron la creación de una empresa de salud administrada por las comunidades indígenas como traición a la cosmovisión y la posición política antineoliberal de la organización. Pero como madre y mujer también vivenció la necesidad de encontrar soluciones en este caso en el campo de salud, para problemas que la medicina originaria ya no podía abarcar. Roa y su equipo tenían que convencer a su vez al Estado de que esta empresa debería incluir la medicina tradicional para lo que sabía mejor y para poder integrar al sistema estatal en la vida de la comunidad.

Para Teófila Roa, una lideresa genuina, no fue necesario institucionalizar la participación juvenil ni en el marco de la comunidad ni en los espacios del

Estado. Pero está claro que ella tuvo que luchar para poder ocupar estos cargos y conquistar derechos. Y en esto la favoreció el haber tenido espacios de participación y derechos indígenas constitucionales al igual que su arraigo en la cultura pijao. Que su protagonismo es pijao, es algo evidente, y es muy probable que haya sido marcado por experiencias de ser mujer, con las que ha logrado ampliar y desarrollar esta identidad. Si ha jugado un rol preeminente el haber sido joven, es menos aparente. ¿Sería por esto necesario institucionalizar también la participación joven en ámbitos rurales indígenas? ¿o es suficiente limitarse a lo que es inminente del cambio generacional? Esto lo tendrán que decir y asumir los y las mismos/as jóvenes según su situación concreta. Llama la atención el que los jóvenes representantes de las organizaciones indígenas más fuertes en el Foro de Toledo hablaran menos del tema «juventud» que los y las jóvenes urbanos/as, e incluso menos que aquellos que ya ocupan cargos o espacios en el sistema estatal. Más bien hablaron de reivindicaciones compartidas con los mayores de sus comunidades y organizaciones. Esto nos lleva a pensar que no le dan tanta importancia al reclamar o luchar por espacios específicos para jóvenes, sino que priorizan la amenaza a la cultura indígena y más que todo a la madre tierra. De hecho, el protagonismo propio como joven parece tener poca importancia en ellos, porque no sienten su identidad moldeada en primer lugar por un entorno social que marginaliza o reprime al joven.

Así, a las agencias de cooperación queda como opción el brindar espacios a jóvenes e incidir paralelamente en nuestros ámbitos de trabajo a favor del protagonismo juvenil, o sea, en contra de su exclusión o discriminación. Pero «todo a su medida y sin exceso» como decía en Toledo Urenna Best Gayle, la joven panameña, y dejándose sorprender a veces cómo y para qué los y las jóvenes llenan y usan estos espacios.

Bibliografía

Antazú, Teresita (2008): «Mit verbundenen Händen überqueren wir den Fluss» (entrevista por Karin Werner) en *akzente* 3/08, Eschborn: GTZ,

Bazán Novoa, Marco (2005): *Protagonismo Social de la Juventud. Un discurso cuando los jóvenes son tomados en cuenta,* Lima: IPEC

Brondi Zabala, Milagro / Grimaldo Rengifo / Paola Dimattia (Eds.) (2002[2]): *Culturas e Infancias,* Cochabamba: Oficina Regional Andina de *terre des hommes*-Alemania.

Liebel, Manfred (1992): *Mala Onda. La juventud Popular en América Latina,* Managua.

Mansilla, Roberto (2008): «Wenn alles zur Ware wird» (entrevistado por Peter Strack) en *ila* 303, Bonn, marzo.

Martínez, Denis (*et al.*) (2002): *Justicia Penal Juvenil e Interculturalidad,* Guatemala: Instituto de Estudios Comparados en Ciencias Penales de Guatemala (con apoyo de ICCO y *terre des hommes*-Alemania).

Rudolph, Hans-Heiner (1997): *Jetzt reden wir. Jugend, lebensweltbezogene Bildung und Gemeindeentwicklung in Lateinamerika,* Frankfurt.

Strack, Peter (2008): «(In-)seguridad y ciudadanía de niños, niñas, adolescentes y jóvenes excluidos» en Potthast/Ströbele-Gregor/Wollrad (Eds.): *Ciudadanía vivida, (in)seguridades e interculturalidad,* Buenos Aires.

Strack, Peter (2006): «Von Wasserträgern und Protagonisten» en *Jahrbuch Gerechtigkeit II,* Frankfurt, págs. 159 – 167.

Strack, Peter (1995): *Kein Papst, kein Ché, Jugendliche in Lateinamerika,* Göttingen

Ströbele-Gregor, Juliana (2007): «Autoridad, Poder y Liderazgo» en Birle/Hofmeister/Maihold/ Potthast (eds.), *Élites en América Latina,* Madrid/Frankfurt, págs. 105-124.

Hugo Condori Huanca[*]

Jóvenes en el área rural y su participación en política local

Una mirada hacia mi tierra de nacimiento, Corpa (Jesús de Machaca)

Para empezar quiero echar una mirada hacia mi tierra natal, Corpa: un pueblito que se encuentra en el municipio indígena de Jesús de Machaca, que pertenece al Departamento de La paz, aproximadamente a 115 Km. de la sede del Gobierno del país. Está en el altiplano boliviano donde la gente se ha acostumbrado a vivir con la naturaleza en las alturas; un pueblo cerca del lago más alto del mundo, el Titicaca, y cerca también de los nevados más altos como son el Illimani, el Illampo y el Sajama.

Nosotros vivimos realmente con la naturaleza, la gente sabe respetar a la madre naturaleza (la Pachamama) y el sol es el que da fortaleza al hombre andino. En Corpa, los habitantes son aymaras y, además, en el municipio de Jesús de Machaca hay otro pueblo indígena donde los habitantes son urus, de manera que debemos resaltar que en Jesús de Machaca existen dos pueblos: los aymaras y los urus.

Como acabo de mencionar, los aymaras tenemos un filosofía de respeto a la madre tierra, la Pachamama, la que nos da la vida con la producción de los alimentos y en la crianza de nuestros animales –llamas, alpacas y otros–; cuando se habla de respeto a la Pachamama, también estamos hablando de un tema del que tanto se escribe en el mundo, del respeto al medio ambiente, algo de lo que precisamente los aymaras y los pueblos indígenas venimos hablando desde hace muchos años, incluso podemos decir que desde nuestros orígenes. Los pueblos indígenas siempre respetamos la naturaleza.

Siguiendo con la mirada hacia mi pueblo natal quiero resaltar la dualidad con que nos manejamos los aymaras, es decir, en el mundo andino todo es

[*] Federación Regional de Estudiantes de Jesús de Machaca (FREJMA), Bolivia, *hgcondorihuanca@hotmail.com*

par. Con ello quiero resaltar los principios de los andinos: para nosotros todo es dual, par, por eso decimos *taqikunasas panipuniwa*, (todo es dos). Algunos ejemplos: *chacha warmi* (hombre – mujer), *uru aruma* (noche – día) *araxa aynacha* (arriba – abajo), a los que podría añadir muchos más.

También son dos los que, a la hora de elegir a las autoridades en la tradición de este pueblo originario, son puestos al frente de la comunidad para que le presten sus servicios: el hombre es el *mallku awqi,* y su mujer, la *mallku tayka*. Una vez más se puede observar el principio de dualidad.

y hacia Bolivia

Al dirigir la mirada hacia Bolivia tenemos que recordar por un momento la historia, pero no una historia que se remonta a quinientos años atrás, sino la más reciente.

La reivindicación de los pueblos indígenas ha sido siempre por la recuperación de la igualdad entre todos, para ello han exigido ser incluidos en una nueva Constitución política del Estado, y para llegar a eso no había otro camino que a través de una Asamblea Constituyente.

Conseguir este objetivo costó una lucha permanente desde los diferentes rincones de Bolivia. Todo empezó en los años noventa del siglo pasado, con la marcha de los hermanos indígenas del Oriente, que fueron desde las Tierras Bajas hasta las Tierras Altas. Y no sólo eso: en el año 2000 empiezan nuevamente los movimientos sociales encabezados por el *mallku* Felipe Quispe Huanca, quien junto con su pueblo exige la no privatización del agua, entre otras demandas que siempre habían sido postergadas por los diferentes gobiernos de turno. Estas demandas de fondo tenían que ser consideradas dentro de una nueva Constitución política del Estado ya que solamente por esta vía se lograría verlas realizadas. Pero este movimiento, o levantamiento, sólo quedó en papeles firmados en un convenio con el Gobierno: las necesidades de los pueblos indígenas de Tierras Altas no se resolvieron de ninguna manera. Por ello se pensó entrar en el gobierno por la vía democrática, y así es como surge la creación de un nuevo partido político, el Movimiento Indígena Pachakuti (MIP), liderado por Felipe Quispe Huanca, *El Mallku*. Pero en las elecciones generales de 2002 no se logra la gran mayoría, quien las ganó entonces fue Gonzalo Sánchez de Lozada, quedando en segundo lugar, por sólo un 1.6% de diferencia, el Movimiento al Socialismo (MAS) de Evo Morales Ayma. El movimiento indígena tendría nuevamente que esperar su oportunidad.

Posteriormente, en 2003 se producen nuevos levantamientos que en febrero llevaron a enfrentamientos con policías y militares y que se saldaron con muertos y heridos. La población exige la renuncia del Presidente Sánchez de Lozada. Fue esto sólo el principio de la crisis política de Bolivia.

En septiembre y octubre de ese mismo año se producen nuevamente levantamientos sociales que exigen, entre otras demandas, la no venta del gas natural vía Chile, algo que no fue escuchado. En lugar de ello, el gobierno de Sánchez de Lozada responde con una fuerte represión policial y militar que causa casi un centenar de muertos y más de 400 heridos. Esta masacre puso fin a los levantamientos, dando también lugar a la renuncia del Presidente Gonzalo Sánchez de Lozada. Lo sustituyó en el cargo el historiador Carlos Mesa. Surge una pequeña esperanza para los pueblos indígenas cuando el nuevo Presidente anuncia en un discurso que va a dar luz verde para la convocatoria de una Asamblea Constituyente.

Pero nuevamente, en 2005, la crisis política de Bolivia obliga al Presidente Carlos Mesa a presentar su renuncia a la Presidencia del país –a pesar de contar con el apoyo de la gente de la ciudad de La paz y de su barrio más joven que es El Alto. Esta renuncia lleva a nuevas elecciones generales.

En las elecciones de diciembre de 2005 resulta ganador un líder indígena, Evo Morales Ayma, con más de un 50% del voto. Desde ese año, los indígenas nos sentimos por fin representados por el Estado. Y no se ha de olvidar ahora algo muy importante que dijo el primer Presidente indígena de Bolivia a su llegada a Tiwanaku, a pocos kilómetros de Jesús de Machaca: «los indígenas no somos rencorosos, no hemos llegado al gobierno para vengarnos de nadie».

Desde ese momento Bolivia vive momentos de cambio, un cambio que favorece a los pueblos indígenas.

Para nosotros los indígenas, el próximo paso fue la realización de la Asamblea Constituyente que empezó con la elección de los constituyentes. La mayoría de los asambleístas eran representantes de los pueblos indígenas. La Constituyente se inauguró el 6 de agosto de 2006, en Sucre, en la capital de la República de Bolivia.

Pero este proceso fue casi paralizado por movimientos radicales que no aceptaban a los pueblos indígenas. Por fin, a fines del año 2007, el sábado 30 de noviembre, se aprobó el texto de esta Constitución en la ciudad de Oruro y, en Febrero de 2009, fue promulgada por el Presidente de la Bolivia Plurinacional, Evo Morales Ayma.

En la nueva Constitución hay muchos artículos que reconocen a los pueblos indígenas y en ella se declara a Bolivia como Estado Plurinacional; reconoce como oficiales también a las principales lenguas originarias y echa las bases para que los pueblos indígenas puedan tener su propia autonomía.

Respecto a los jóvenes hay que destacar que, según la nueva Constitución, ellos pueden ser elegidos a partir de los 18 años como representantes de Bolivia en la Asamblea Plurinacional.

Participación política local

En Jesús de Machaca, la participación Política de los jóvenes marca un hecho muy importante con su organización juvenil que es la Federación Regional de Estudiantes de Jesús de Machaca (FREJMA).

Esta Federación se crea en un principio sólo para la organización de eventos deportivos pero con el tiempo avanza hasta convertirse en una asociación que incide de manera importante en la vida social y política del municipio.

El principal objetivo de esta Federación es el de promover dentro de la comunidad sobre todo el espíritu de solidaridad y de integración de todos los habitantes, cultivando los valores tradicionales originarios, y abriendo posibilidades a la juventud para entrar en contacto con jóvenes de otras comunidades, provincias y departamentos, nacionales e internacionales.

FREJMA busca cultivar y fortalecer la conciencia de la necesidad de integrarse con los demás pueblos indígenas de Bolivia, así como también con los pueblos de otros países.

Busca cultivar la nueva revolución ideológica surgida en los últimos años en Bolivia y que está basada en principios de equidad, una revolución sobre todo democrática, que se adapta a la realidad del país al respetar los usos y costumbres tradicionales de nuestra extensa nación aymara.

Nuestra organización ya viene trabajando junto con su pueblo desde hace 25 años en el municipio de Jesús de Machaca; particularmente junto con la organización más grande de este municipio, la MACOJMA, una organización liderada por los *Mallkus*, las autoridades originarias de las diferentes comunidades.

Tanto MACOJMA como FREJMA participaron juntas en la elaboración de la propuesta para la Asamblea Constituyente a que antes me he referido y que marca una nueva época en el desarrollo democrático de nuestro país. Por su parte, FREJMA ha participado también activamente en la elaboración de temáticas educativas para los colegios del municipio de Jesús de Machaca.

Euclides Tapuy[*]

Juventud, educación y biodiversidad «en mundos diferentes»

En mi presentación realizada en Toledo (España) no tuve oportunidad de exponer todo lo que realmente hubiera querido decir, el tiempo fue un factor apremiante. Aprovecho ahora este espacio para volver a las preguntas e inquietudes en torno al manejo de un mundo biodiverso que particularmente las jóvenes generaciones indígenas deberemos cultivar y conservar para el futuro.

Nuestro planeta, hasta hace más o menos unos 15 ó 20 años atrás, poseía todavía gran parte de su espesura boscosa y el caudal de los ríos era considerable en su capacidad de generar agua dulce y mantener una gran cantidad de peces, anfibios y demás ecosistemas acuáticos; en nuestra región amazónica se podía practicar la caza y la pesca incluso cerca de las casas. Hoy, sin embargo, los pueblos originarios ya no encuentran casi nada ni siquiera desplazándose a dos o tres horas al interior de la selva: se ha extinguido la enorme variedad de animales que existía antes. Causa de ello ha sido el egoísmo de las trasnacionales petroleras, madereras y mineras, y el de todos aquellos que de una u otra forma han querido enriquecerse a costa de la destrucción de los bosques.

Cabe destacar que estas grandes empresas extractivistas provienen de países en que no existen tales riquezas auríferas, hídricas, etc. y, caso de existir, sus leyes procuran los más altos estándares de calidad en lo que se refiere a la protección de sus suelos, bosques y agua. Para estas empresas es mucho más

[*]   Tena, Prov. Napo, Ecuador, *brianmultilenguas@hotmail.com*

fácil operar en países tan necesitados de dinero como, por ejemplo, el Ecuador, y hacer lo que les da la gana, ya que acá las leyes no son tan rígidas como en los países del llamado primer mundo. Podemos citar en este contexto el caso práctico de la compañía TEXACO, hoy CHEVRON, ambas grandes contaminadoras y causantes de enfermedades en los pobladores aledaños a los pozos petroleros: cada vez que han contaminado los bosques y ríos, ya sea por negligencia o por utilizar tecnología obsoleta, muchas de estas empresas salen del país y vuelven con otro nombre comercial a seguir usurpando la esencia de vida de la Pachamama. Y cuando las nacionalidades de la Amazonía se oponen al supuesto desarrollo, ellas argumentan que estos indios no saben trabajar y que sólo entorpecen el adelanto y desarrollo de un país.

¿Acaso es desarrollo la contaminación y devastación de la vida salvaje y acuática? ¿acaso es desarrollo que unos cuantos se enriquezcan a costa de los muchos afectados por la contaminación de los productos químicos utilizados en la explotación?

Hoy, muchos de nuestros jóvenes escolares sólo conocen o han escuchado y visto por fotografías o ilustraciones algunas de las especies de animales de nuestra selva.

El mundo ha puesto su mirada a la Cuenca Amazónica de América del Sur e incluso ya se habla de que la Amazonía es propiedad de las grandes potencias mundiales, pese a haber sido ellas en su mayoría las principales contaminadoras del planeta, las causantes de que nuestra casa haya ingresado en una especie de terapia intensiva.

Recordemos que en el Ecuador existen 23 de las 27 zonas ecológicas del planeta entero, que una hectárea de la Reserva del Yasuni ITT tiene más vida animal y vegetal que todos los Estados Unidos de América. Pero ¿qué estamos haciendo por conservar lo que aún nos queda? La gran mayoría de los jóvenes vivimos en un mundo de consumo superficial, con necesidades creadas para consumir lo que no necesitamos; en la actualidad la educación viene de más a menos y el dinero tiene un papel protagónico: quien tiene más lo tiene todo. ¿Hasta cuándo el dinero será el factor que determine estos excesos que han llevado al límite de la supervivencia humana? Nosotros estamos de paso, pero ¿qué será de nuestros hijos?

Es momento de comenzar a pensar sobre qué estamos haciendo por mejorar la salud de nuestro hermoso planeta tierra, nuestro planeta azul.

Ante esta situación alarmante nos ponemos a preguntar qué estamos haciendo realmente por mejorar las condiciones de vida de los jóvenes en lo concerniente a educación, capacitación, y al mismo entorno natural; el reto viene marcado desde el Estado y la misma voluntad de un pueblo que debe preocuparse por levantarse y estar a la vanguardia del desarrollo equitativo y equilibrado en armonía con la naturaleza.

La biodiversidad de la Amazonía ecuatoriana

El Ecuador es un país llamado «amazónico» por su naturaleza, por comprender una gran parte de la zona oriental de esta cuenca verde con enormes potencialidades de recursos naturales. Sin embargo, en los últimos 40 años, por las malas prácticas de las políticas económicas, se ha producido un llamativo devastamiento de buena parte de esas riquezas naturales, lo cual ha repercutido negativamente incluso en la biodiversidad cultural de las nacionalidades amazónicas. En su mayor parte debido a las actividades extractivas que se realizan en la parte norte de la Región Oriental.

La Amazonía ecuatoriana es un entorno megadiverso y pluricultural de exuberante belleza natural. Posee uno de los más grandes ecosistema de biodiversidad del mundo. Sus pueblos y comunidades tienen derecho a elegir su modo de vida de manera conjunta con la comunidad y la naturaleza.

A pesar de que se utilice tecnología de vanguardia (según las petroleras), siempre existirá contaminación y/o impactos ambientales que afecten a los pobladores del área de influencia. Existen tensiones entre los derechos de una comunidad frente a la política del Estado respecto a la extracción de los recursos naturales ubicados en los territorios indígenas; se aduce que los recursos naturales no renovables son propiedad del Estado, para beneficio de la colectividad.

Los pueblos indígenas de la Amazonía no sólo están afectados por las actividades de las empresas petroleras, mineras y madereras, que no se detienen ante nada, sino también por otros factores que amenazan su supervivencia: los acuerdos de «libre comercio»; el plan IIRSA (Iniciativa para la Integración Regional Suramericana); la violencia; el desplazamiento forzado y las fumigaciones de las plantaciones de coca con productos altamente nocivos para la salud humana, fumigaciones que no sólo se realizan en la vecina Colombia sino en las poblaciones fronterizas con el Ecuador. Todo ello ha causado:

- explotación irracional de los recursos naturales en los territorios indígenas;
- destrucción del medio ambiente, particularmente contaminación del agua;
- pérdida de identidad cultural y aculturización;
- conflictos (por salud, derechos territoriales, etc.), divisionismo (los dirigentes no se ponen de acuerdo con la comunidad);
- tala indiscriminada de los bosques.

A nivel local se ha de destacar que, por cultura y tradición, la nacionalidad quickwa fue y es uno de los mejores y mayores conservacionistas de los bienes naturales como el agua o los ríos, los bosques primarios, las cascadas, montañas y lugares atractivos.

Actualmente, por toda la población de la provincia de Napo se puede leer el siguiente eslogan: *«Napo Provincia Ecológica y Turística»,* que responde a una visión de conservación de flora y fauna con la finalidad de que la provincia sea netamente turística.

La conservación del medio ambiente debe estar concebida desde un sano equilibrio natural, libre de contaminaciones de todo tipo, para contribuir así a la prevención del calentamiento global y mitigarlo de alguna manera. El agua es vida, y las plantas sinónimo de aire puro.

Principales amenazas

Los principales riesgos que actualmente afectan la Amazonía ecuatoriana provienen en su mayoría de:

- sobreexplotación de los bienes forestales;
- concesiones a empresas internacionales de la explotación de los recursos naturales;
- influencias de empresas petroleras transnacionales;
- presencia de las empresas mineras transnacionales en los territorios indígenas;
- colonización indiscriminada;
- comercialización ilegal de madera;
- extracción de información genética de plantas y saberes ancestrales por agentes externos;
- extinción de la biodiversidad (flora y fauna);
- ubicación de bases militares en los territorios indígenas;
- venta de servicios ambientales por las ONGs;
- usufructo de los bienes naturales por las grandes empresas farmacéuticas.

«El mundo debe darse cuenta de que si se sigue explotando y consumiendo como se está haciendo hasta ahora, muy pronto no tendremos nada más que comer y será demasiado tarde cuando nos demos cuenta de que el dinero no se come».

La lucha de los pueblos indígenas

Los pueblos y nacionalidades indígenas del Ecuador han mantenido una lucha constante contra la exclusión y el racismo de la sociedad. Los pueblos indígenas, con su cosmovision e identidad propia, nunca fueron considerados como parte integrante del Estado y menos aún como sujetos políticos. Las malas prácticas de la democracia y la participación eran algo exclusivo de la clase dominante de manera que las políticas públicas siempre han estado al servicio de la oligarquía con paternalismos y asistencialismo.

Ante esta discriminación, las nacionalidades y su movimiento indígena proponen en 1990 el Estado plurinacional para que se reconozca por fin la existencia de los diferentes pueblos y nacionalidades del país, con todos los derechos y garantías que ello implica.

El movimiento indígena recoge también diversos tratados y convenios internacionales como el de la OIT (Art. 168) y la Declaración de las Naciones Unidas sobre los Derechos de los Pueblos Indígenas (del año 2007).

En 1997, la CONAIE (Confederación de Nacionalidades Indígenas del Ecuador) presenta la nueva propuesta de Constitución incluidos los derechos colectivos. Sin embargo esto nunca supuso una verdadera garantía pues su aplicación nunca se hizo efectiva. Hubo que esperar hasta el año 2008 para que la Asamblea Nacional Constituyente insertara en un artículo la plurinacionalidad. Pero al igual que en el pasado ello no implica su verdadera aplicación en todo el sistema jurídico, social y político del país.

Habría mucho más de que hablar. Mi idea ha sido sembrar con estas reflexiones la semilla de alerta en la esperanza de cosechar sus frutos más adelante.

ASHCA PAGRACHU

Paul Cerda López[*]

Biodiversidad y pueblos indígeneas de la Región Amazónica – Ecuador

Allpamanta, kawsaymanta, ¡jatarishunchik, carajo!
(Por la tierra, por la vida, ¡levantémosnos, carajo!)

Introducción

Desde finales de los años 1980, la lucha por la autodeterminación de varios pueblos indígenas en el continente americano, y particularmente en los países andinos y en la Cuenca Amazónica, forma parte de una amplia cadena global de oposición y cuestionamiento al orden territorial-espacial y racial impuesto por el mundo capitalista desde mediados del siglo XIX. Si bien es cierto que estas luchas no han alcanzado niveles de guerra armada similares a otras regiones como Oriente Medio, Europa del Este o Asia Central, los países andinos y de la Cuenca Amazónica no han estado por ello exentos de tensiones. En la actualidad, las presiones que distintos actores globales, y en especial corporaciones multinacionales, ejercen sobre el control de estos espacios y sus recursos, parecen poner en tela de duda la viabilidad de los proyectos autonomistas de los pueblos amazónicos, mas aún cuando sus Estados parecen sucumbir en medio de la oleada neoliberal.

Se habla con demasiada frecuencia de los logros del «progreso», pero los problemas de la pobreza y la desigualdad, entre otros, siguen sin resolver. Más de un billón de personas (cerca del 31%) de la población de los países no industrializados y por lo menos 350 millones en los países industrializados viven en la pobreza absoluta. La mano de obra en los países no industrializados se incrementa a un ritmo de un 2% anual, de la que un 73% se ocupa en la agricultura. Todavía se sigue midiendo el grado de «desarrollo» de acuerdo a indicadores económicos de crecimiento tales como ingreso y consumo o, lo que es lo mismo, la medida del desarrollo va ligada al incremento del uso de

---

[*]   Kichwa de Pastaza, Ecuador, *yakuamarun@yahoo.com*

recursos naturales. La brecha existente entre los países industrializados y los no industrializados, si consideramos los anteriores parámetros, es abismal. El modelo actual de «desarrollo» es insostenible: además de incrementar el uso intensivo y extensivo de la tierra cultivable, ha ahondado los niveles de pobreza y de desigualdad, generando una mayor presión sobre los recursos naturales y el medio ambiente. La capacidad de decisión de los gobiernos nacionales es cada vez menor como consecuencia de la liberalización, por lo que no pueden influir en la disminución o freno a los problemas que son consecuencia de tal «desarrollo». El papel de los Estados en la planificación del desarrollo ha sido ilegitimado. El nuevo papel del Estado es claro en el contexto del nuevo modelo económico liberal, como proveedor y garante de ciertos mecanismos legales, institucionales, estructurales y regulatorios para el mercado de capitales e inversiones. La mayoría de las organizaciones e instituciones internacionales reconocen que el planeta no puede soportar este nivel de presión y destrucción que implica el actual modelo de «desarrollo». Aunque algunos de los requerimientos para un desarrollo sostenible son re-conocidos, siendo pocos los que cuentan con la atención de los políticos y las instituciones internacionales como el Banco Mundial y el Fondo Monetario Internacional, la biodiversidad es el caso más claro y que implica al mundo indígena y su hábitat.

Situación actual de la Amazonía ecuatoriana

La Región Amazónica Ecuatoriana (RAE) cubre una superficie de 132.633 Km^2, representa el 1.7 % de la superficie de la Cuenca Amazónica y el 48% de todo el territorio ecuatoriano; está integrada, de norte a sur por 6 provin-cias: Sucumbíos, Orellana, Napo, Pastaza, Morona Santiago y Zamora Chin-chipe. Se trata de una región muy diversa y frágil, tanto desde la perspectiva ecológica como por las particularidades socio-culturales de la población humana. En conclusión, la RAE enfrenta serios problemas tales como:

- crecimiento poblacional vertiginoso por la migración interna de otras partes de la región y las provincias;
- imposición de sistemas productivos poco rentables y de alto costo ambiental como son la intensificación de monocultivos, pastizales, naranjilla, extracción de la madera y agroindustriales de la palma africana;
- explotación petrolera y minera;
- construcción de ejes viales sin planificación;
- la colonización, caza y pesca incontrolada para el comercio de parte de los comerciantes extraños.

Políticas, leyes, reglamentos y normas del Estado ecuatoriano, no compatibles con la preservación, uso y manejo sustentable de los recursos naturales, han ocasionado diariamente pérdidas incalculables e invalorables de la biodiversidad, cuyas verdaderas dimensiones aún no se conocen.

La historia de la integración de los pueblos indígenas de la RAE a la sociedad nacional ha estado marcada por la contradicción entre los procesos de extracción de recursos naturales y los esfuerzos e iniciativas de las comunidades indígenas por mantener y desarrollar procesos económicos y socioculturales propios, así como políticas propias desde la cosmovisión del *Sumak Kawsay*. La industria petrolera ha sido sin embargo la que mayores impactos ha tenido en la dinámica y vida de los pueblos indígenas en la RAE. Ante esta situación, las comunidades y las nacionalidades indígenas de la RAE, hemos respondido con diversas estrategias de lucha:

- medidas de hecho: movilizaciones y marchas;
- diseño de propuestas de cambio y modificación de la Constitución, leyes secundarias, reglamentos y normas internas del Estado referente a las actividades de las empresas petroleras, mineras y madereras;
- juicios a las empresas petroleras para compensar en cierta forma los graves impactos ocasionados.

En esta situación nuestro desafío es mantener el control de nuestros territorios y lograr la recuperación de los conocimientos ancestrales *Sacha Runa Yachay* para el aprovechamiento económico de los recursos naturales existentes en el *Sumak Allpa* de una manera sostenible, para fortalecer el *Sumak Kawsay*, el bien vivir de todos, en base a experiencias exitosas existentes:

- diseño de planes de manejo y control territorial;
- actividades productivas propias, ecoturismo comunitario;
- fortalecer la Educación Intercultural Bilingüe;
- la práctica de la salud intercultural;
- mantenimiento de las tecnologías propias de producción diversificada;
- producción agroforestal y artesanal;
- legalización de los territorios faltantes;
- la potencialidad del manejo de los recursos naturales con fines educativos, científicos, medicinales y alimenticios constituyen otra de las alternativas.

Para la práctica de lo expuesto habrá que:

- buscar alianzas estratégicas de amigos, entidades educativas superiores, ONGs, organismos internacionales, gobiernos locales y nacionales para una campaña de «Defensa y Respeto a la Amazonía Ecuatoriana»;
- buscar una estrategia de cómo incidir en las políticas de los Estados de la región amazónica, para apoyar y cristalizar las propuestas de las nacionalidades indígenas de la Amazonía.

Conclusión

«Las nacionalidades indígenas de la Amazonía ecuatoriana queremos el *Sumak Kawsay*, el bien vivir de todos los seres del mundo, que la Amazonía es el último pulmón del mundo y es responsabilidad de todos.»

Florina López Miró[*]

Jóvenes indígenas y su rol en la lucha ecológica

Los pueblos indígenas, estamos llevando un proceso de avances en los diferentes espacios, tanto a nivel local como nacional e internacional, para el reconocimiento de nuestros derechos y aportes en los diferentes niveles y escalas. Por ende, en la visibilización del papel que por mucho tiempo hemos venido ejerciendo para conservar y proteger nuestros conocimientos, nuestras formas de vida, y para reafirmar nuestros lazos con la madre tierra.

En este proceso, la juventud indígena, está retomando el liderazgo en los diferentes procesos reivindicativos de los pueblos indígenas. Sobre todo en la lucha por conservar nuestro medio ambiente, nuestros recursos y nuestra biodiversidad.

Aunque en las últimas décadas este sector importante ha estado invisibilizado, han sido sobre todo las mujeres jóvenes las que han hecho sentir sus voces en diferentes espacios, abriendo una oportunidad para que se tomen en cuenta sus propuestas hechas desde su propia visión como jóvenes; de jóvenes que ven y sienten desde su propia realidad quizás una situación diferente; en donde el acelerado deterioro del medio ambiente ha sido más intenso, la contaminación, la explotación de los recursos naturales como la tala de arboles, la minería, las grandes megaproyectos y la deforestación han dado como resultado la mala calidad de vida, el aumento de la pobreza, la violación de los derechos humanos en nuestros territorios y tierras, y todo ello en pro del desarrollo. Aunque en muchas ocasiones hemos recalcado que los pueblos indígenas no estamos en contra del desarrollo, sino a favor de un desarrollo en donde se reconozcan los derechos de los que han cuidado y protegido

---

[*]   Coordinadora de la Red de Mujeres Indígenas sobre Biodiversidad, Panamá, *kuna_09@hotmail.com*

estos recursos, a través de muchas generaciones, utilizándolos de una manera sostenible, un desarrollo cuyos criterios rectores garanticen que nuestras futuras generaciones gocen de un ambiente sano y puedan seguir utilizando estos recursos para su bienestar.

Por eso la juventud indígena, consciente de que sus acciones deben seguir defendiendo su vida y su relación con la madre tierra, tiene la tarea de seguir aportando y participando de una manera plena y efectiva en los diferentes procesos.

Aunque la situación es difícil para la juventud, sobre todo por la migración hacia las grandes ciudades que contribuyen a que muchos de ellos y ellas pierdan su identidad y por ende esa relación con la madre tierra.

La juventud que participa hoy en esta lucha ecológica, se plantea muchos retos al enfrentarse a grandes obstáculos como serían la discriminación y la falta de apoyo tanto económico como político. Porque existen sectores que no confían en los y las jóvenes, muchas veces con la excusa de su falta de experiencia en el manejo del tema, su conocimiento sobre la lucha indígena, su historia, basándose en que muchos jóvenes han perdido su identidad.

Sin embargo, al contrario de estas maneras de pensar, muchos jóvenes se están organizando para poder asumir las responsabilidades que tienen como jóvenes, tanto a nivel local como nacional e internacional, ya que son conscientes de que cada día que pasa se está deteriorando el medio ambiente en que vivimos, que el futuro de ellos está en peligro, y que por tanto deben asumir un rol activo en los planes y políticas que se desarrollen con relación con este tema.

Por eso es importante que se creen programas de capacitación dirigidos a ellos y ellas, que fortalezcan su identidad y por ende su liderazgo en esta lucha, dando como resultado la continuidad de las acciones a favor de la juventud indígena.

La adopción de una agenda de prioridades de acción común permitirá a las organizaciones de jóvenes coordinar sus iniciativas, ejercer una incidencia política colectiva y tener un apoyo solidario por parte de los diferentes actores. Eso contribuirá a impulsar las voces de mujeres y hombres indígenas con mayor fuerza y claridad en los espacios locales, nacionales e internacionales. Es decir, al cumplimiento y/o desarrollo de los acuerdos internacionales, subregionales y de las políticas nacionales y locales que favorezcan el bienestar general de los jóvenes indígenas y por ende de los pueblos indígenas.

IV

Jóvenes

en el

área urbana

Marco Valentino Bazán Novoa[*]

Jóvenes entre identidades: construcción social y connaturalidad cultural

1 Procesos laceradores y de aprendizaje histórico para las juventudes

Los jóvenes, luego de intentar superar la crisis de paradigmas sociales, que a la larga constituyeron engaños por su inviabilidad, intentan abrirse a las prácticas sociales pero que sean de nueva estirpe o auténticas, de un lado hacia una participación protagónica directa, y de otro hacia una afirmación cultural de los saberes ancestrales de siempre. Los paradigmas que fueron pregonados por las generaciones anteriores, que constituyeron parte de sus creencias movilizadoras fueron los siguientes:

- El paradigma del *desarrollo / progreso para todos,* haciendo creer que la ciudad es superior al campo, y que por ello había que irse o salir, hasta con cierto desprecio al campo y aprecio a la urbe, encontrando finalmente marginación y pobreza en su mayoría. Los que progresaron fueron unos cuantos, y en el campo, lo único que se logró fue maltratar a la madre tierra, con agroquímicos y pesticidas para lograr acelerar tal desarrollo.

- El otro paradigma difundido y que también constituyó un engaño es el de la *revolución social violenta*, haciendo creer que es el único camino para el cambio y justicia social, provocando una guerra sangrienta y sin sentido que puso en cuestión al Estado peruano así como la relación entre lo andino y lo acriollado. Dejando un saldo de casi 80.000 muertos, en su mayoría, campesinos y jóvenes, al final, extrema pobreza, exclusión social, desestructuración social, y desconfianza ante el cambio social.

[*] Coordinador Nacional en Perú de *terre des hommes*-Alemania, Lima, *tdh.bazan@speedy.com.pe*

Ambas promesas incumplidas provocaron crisis de la vida política, generando decepción y desencanto, dando paso a la pseudopolítica envuelta de supuesta tecnocracia; generando la emergencia de falsos políticos que a lo único que aspiraban es a enriquecerse ilícitamente. La crisis de paradigmas golpeó fuertemente la vida del país. Ni la propuesta de desarrollo y progreso, ni la de la revolución violenta, tomaron en cuenta la cosmovisión de las culturas originarias. Tal vez en esto radique su fracaso. Ya que ambas propuestas vinieron de afuera. Aun así, los pueblos amazónicos y andinos, así como los de los pueblos populares viven con alegría y fiesta ritual sus flagelos.

2 Juventudes rurales versus urbanas populares

Plantearse el tema de la juventud rural, nos coloca ante varias interrogantes: éstas van desde su existencia como sector social hasta sus posibles características; ello, si existiera como tal. La existencia o no de la juventud, es un tema de mucha vigencia, ya que en el campo, pese a que no hay la juventud que existe en las ciudades o la urbe, cabe la pregunta ¿hay juventud? ¿los supuestamente jóvenes del campo son distintos a los ya adultos y a los ahora niños? ¿y no sólo en lo biocorporal sino también en lo psicológico, cultural y social? ¿basta con decir que la juventud no existe en las zonas rurales y que todos son iguales, que no hay distinción entre los posibles jóvenes y los demás, como sí hay rasgos más definidos entre adultos y niños? ¿puede ello constituir una invisibilización? ¿o un forcejeo conceptual, desde la categoría de juventud, por ver lo que no existe? Los jóvenes que juguetean como niños y a veces se ponen formales y serios para cargar responsabilidades ¿no los hace esto diferentes?

Posibles respuestas estarían orientadas a señalar la presencia tenue de un segmento de un tipo de juventud en el campo; que, al parecer, su separación en edades o roles así como manifestaciones biopsicológicas, no es negativa ni marginal como lo es en la ciudad; eso posiblemente la haga invisible ya que urge de categorías propias y no desde la juventud citadina para identificar qué es o no juventud en el mundo rural.

En el mundo de los hechos, a cierta edad una parte de la población sale de la comunidad a buscar otras experiencias, manifiesta sus opiniones con mayor consecuencia, se compromete en pareja, etc., dando la casualidad o coincidencia que es a la edad a la que se llama generalmente «juventud».

Se puede afirmar que hay caracteres poblacionales que los marca, por ejemplo: el inicio del enamoramiento y atracción por el sexo opuesto; el fin de los estudios; el recibir su primera parcela; ritos de pasaje; las ganas de viajar; el rebelarse y construir sus propias formas de ser y parecer; el pensar en proyectos personales de vida, etc. Sólo que en ellos es rápido y no tan extensamente prolongado como en la ciudad. Se dice que en la ciudad el periodo de juventud atraviesa por la necesidad de la preparación al periodo adulto con elementos más complejos e impersonales que en el campo. Ello prolonga el periodo de juventud, aunque los jóvenes del mundo popular, la pasan mal en dicho periodo por ser éste de desempleo o de falta de oportunidades de preparación. Es decir, el modelo de juventud urbana no es saludable ni para los jóvenes del mundo popular ni menos para la juventud rural. Sólo le es grata a los jóvenes de sectores medios y altos, donde los padres pueden organizar las oportunidades de sus hijos.

El hecho de que en la urbe haya personas que son tratadas de manera incoherente, es decir, como incompletos e inmaduros, y a la vez que ellos se sientan capaces de ser ya adultos, es decir, de asumir responsabilidades, degenera en un fenómeno que se expresa muchas veces en rebeldía, violencia, contraposición a las normas, hasta en el uso indebido de drogas. Hay pruebas suficientes para demostrar la conjunción histórica de la aparición coexistente de estos dos fenómenos: el de la extensión de la juventud y la desviación social. En cambio, los jóvenes en el campo son la naturaleza misma e inocentes, nos dicen los de la Asociación Bartolomé Aripaylla (ABA).[1]

De todos modos, el ser humano y sus culturas acumulan saber, experiencia y estrategias de sobrevivencia que no cubre la escuela ni la universidad. Esto marca a las generaciones, aunque también el hecho de tener menos acumulación de saber, experiencia y conocimiento, da frescura para plantear nuevas y ocurrentes ideas en la vida social y comunal.

Por ejemplo, la cierta torpeza para explicar algunos asuntos, muestra su ser juvenil distinguible de la precisión explicativa que te da lo ya acumulado; aunque ello no es gratuito y natural, implica mucho esfuerzo y entrenamiento profesional, vivencial y cultural.

Se puede afirmar que ser joven en la zona rural es una iniciación y no un mero periodo de marginación del periodo adulto. El paso de los jóvenes rurales a la urbe los traslada sin embargo desde una franca iniciación a un periodo de marginación y exclusión social; un hecho que provoca en ellos falsa superación o silencio sumiso, o bien rebeldía afectiva.

Al parecer, el ser joven, sea éste rural o urbano, encierra una condición de subordinación al periodo adulto. Sólo con la diferencia de que en el campo pasa por comenzar a ser tomador de decisión mientras que en la ciudad es una prolongación de dicho derecho y responsabilidad social. Salvo que el joven urbano tenga una profesión hecha y cuente con el empleo para desarrollarlo. Un hecho tan lejano para muchos jóvenes.

---

[1] Co-parte de t*erre des hommes*-Alemania en Ayacucho, Perú.

Al parecer, la presencia colonizante y extirpadora de un modo de hacer escuela, coloca a los jóvenes rurales en una encrucijada: no aprenden bien las artes y saberes de sus abuelos y tampoco reciben lo mejor del conocimiento y tecnología urbana, terminando en situaciones riesgosas de explotación o empleo precario.

La ciudad superpoblada, sin tener en cuenta la capacidad infraestructural, y las pocas oportunidades, no es una garantía de futuro y estabilidad ni siquiera para los jóvenes nacidos en la ciudad. Muestra de ello es que, si tuviera la oportunidad, el 76% de estos jóvenes se iría del país.

3 Vivir mejor y el buen vivir: respeto y cariño intercultural

Para algunos jóvenes, el campo se les va tornando en una fuente de buena vida, buen gobierno, de pasar la vida sana y de bien estar, incorporando de manera sabia lo que viene de afuera con lo que siempre estuvo. Teniendo en cuenta que el saber ancestral no es bueno por ser ancestral, sino por ser y estar en armonía y respeto entre todo lo que está presente, no sólo alrededor del ser humano sino de todo: deidades, *apus*, animales, minerales, etc.

No hay sino una de dos formas de tratar a la naturaleza: con respeto o sin respeto. El respeto da contenido a la fiesta, alimento salubre, tipos sanos de pareja, ritualidad espiritual, paisajes hermosos, larga vida y comunidad. Pese a que por las manifestaciones grotescas de la naturaleza pareciera que la hace invivible, está demostrado que no es ello lo que podría hacer invivible la vida en el campo, sino las condiciones sociales. La clave es el sumo respeto a la convivencia entre todo lo que vive y existe.

El contexto sociohistórico en el que se socializan los jóvenes para configurar su identidad está marcado, entre otros aspectos, por la realidad social de ser parte del sector rural o ser parte del sector urbano; aunque entre ellos existan variadas configuraciones socioculturales mixtas e intermedias. Mundos que se han ido concretando como complementarios o como contrarios entre sí. Diferenciaciones que han llegado hasta dar la sensación de estar hablando de dos formas de ser peruano en un mismo país. En el mejor de los casos se habla de diversidad sociocultural y, en el peor, de dominación de una cultura sobre otra. Entonces, esta variedad de configuraciones socioculturales se percibe como una escala de medición de logro o triunfo: cuanto más cercano a la «más» ciudad, mayor prestigio, cuanto más cercano al «más» mundo rural, menor prestigio. No puede haber mayor enajenación colonizante.

La urbe se presenta como el paso siguiente que garantiza el progreso y desarrollo de los seres humanos, como la única forma de avanzar social y culturalmente. Por el contrario, al sector rural se le presenta como espacio de atraso, pobreza, ignorancia y conformismo. Este último paradigma hace crear expectativas nuevas y nefastas para muchos jóvenes: «nuevas» por tratarse de un reciente acontecimiento histórico, y «nefastas» por tratarse de un «canto de sirena» para un grueso de la población que salió de su tierra para ya no ser supuestamente «atrasado».

En su extensión y generalización, el sector urbano es un proceso casi reciente, que data de mediados del siglo pasado, a razón de las ofertas generadas desde la mirada modernista de desarrollo, habiendo provocado migraciones a gran escala del campo a la ciudad, así como la llegada cada vez más pronunciada de las prácticas de la urbe a la zona rural, entre ellas, la presencia de la escuela oficial. En cambio, el sector rural data de hace diez mil años de acumulación de saberes *con*-naturales.[2]

Si se tratara de hacer una comparación de las dos distintas vivencias culturales entre la juventud del campo y la de la ciudad, encontraríamos que los «jóvenes» aprenden o se socializan en el campo con la generación de sus padres y abuelos, siempre vinculados a la permanencia de la relación con la naturaleza y, en particular, con la chacra de cultivo; la naturaleza es el parangón de socialización. En cambio, en la urbe, al ser un espacio inventado y artificial, los jóvenes se socializan a partir de la contrastación de lo creado por su generación anterior que, por ser social, es menos estable. Por ello, esta inestabilidad condiciona la capacidad de rebelarse e incorporar otras nuevas formas de entender el mundo, llamadas cambios. Justamente por ser un artefacto creado por los humanos-culturales, es maleable: en este caso el vínculo de identificación es con las relaciones sociales ya que el vínculo no es con la naturaleza «misma».

El marco comparativo es una cosmovisión específica-local con la naturaleza; en el otro lado es un teoría general sobre la sociedad. Los jóvenes asumen su rol desde el conocimiento científico o desde la cosmovisión andina amazónica.

En la práctica, el proceso de cambio de materialidad territorial, de geografía, del campo a la ciudad, fue un logro para algunos pocos y una desilusión para muchos. Aún hoy en día, los ahora jóvenes, siguen en su mayoría creyendo en la forma de progreso y desarrollo que supuestamente se logra en la urbe. Pero hay otros que ya se desencantaron y, contrariamente a los anteriores, afirman su identidad cultural andina o amazónica. Quienes optan por salir de su comunidad lo plantean en términos colectivos más que en términos individuales, «para volver y ayudar a mi comunidad», como lo han afirmado

---

[2]   Siguiendo lo que la naturaleza da y permite, los jóvenes se pueden criar a imagen y semejanza de las características de la naturaleza, y respetarla y tratarla como persona-madre que conversa y manda señas de cómo debe ser tratada.

los jóvenes de la comunidad de Quispillacta del departamento de Ayacucho así como los del distrito de Chucuito del departamento del Puno aymara. Ellos aceptan que lo suyo es valioso, tanto como para asegurar felicidad y bienestar; aceptan que «el campo no es atraso, ni pobreza», aunque se dan cuenta de que en la ciudad hay elementos que pueden ser recreados por su cultura. Esta capacidad de afirmación cultural no es gratuita, es el fruto de instituciones y profesionales que han nacido y crecido en el mismo lugar; ellos se han dado cuenta de que los mensajes que se pregonan desde la ciudad no son de progreso y desarrollo sino de conversión cultural, de abandono de su cultura por otra supuestamente superior y mejor.

Entonces los comuneros rurales son aceptados por los no-comuneros y por ellos mismos como una «subcultura», por estar ésta por debajo de los estándares establecidos por la sociedad oficial, desarrollándose además en condiciones de extrema pobreza. Pero, en el fondo, ellos quieren ser aceptados como «super-cultura» milenaria, (¡diez mil años no son pocos!). Se presume que de aquí viene su rebeldía y descontento, y no tanto por no llegar a tener parte de los derechos ciudadanos. Viene del no llegar a ser aceptados como distintos, y no como los no-urbanos, o los no-modernos, o los no-cultos. Entonces *no* se trata de verlos según una supuesta escala de inclusión social del migrante, sino de ser reconocidos, aceptados, asumidos como otra forma auténtica de ser sociedad. Y entender que sus males vienen justamente de ese trato. ¡Mal-trato! (a decir verdad) a su cultura. La urbe los vuelve empobrecidos, por darles un estándar de nivel bajo y por hacerles creer que lo suyo no vale, y así luego olvidan su cultura y no logran ser parte ni incorporar ninguno de los dos saberes.

Hoy hay suficientes elementos en la urbe como para señalar que en ella existe una situación más bien de inferioridad y hasta de empeoramiento respecto al campo, no sólo como sociedad sino como especie humana. Basta ver los sistemas de corrupción, el hecho del pandillaje, el desempleo, la extrema pobreza. La práctica de progreso y desarrollo de la urbe es viable sólo para algunos y no para las grandes mayorías. La práctica rural, por el contrario, es todavía para todos sus miembros, inclusive para los más débiles. Las personas que asumen la afirmación cultural como paradigma de acción y convivencia, atribuyen sus males en el campo a la penetración de elementos de la ciudad que no armonizan con su sabiduría y costumbres (entre ellos, los pesticidas, la ingeniería inaplicable a las laderas, la concepción del monocultivo, así como la relación cosificadora de la tierra que desliga a las personas de la Pachamama y las deidades).

De hecho nos encontramos ante dos parámetros de comparación de la vida humana que, en correspondencia el uno con el otro, cambian los valores que se le asigna al comportamiento social. Desde el paradigma citadino, por ejemplo, a la lengua española se le asigna ser la lengua oficial y, por ello, superior, quedando el quechuahablante como analfabeto y por tanto como supuestamente ignorante. Si el paradigma dominante fuera el andino, el supuesto iletrado no sería medido de acuerdo a cómo habla y escribe el español sino por cuánto produce su sabiduría en el quechua o aymará. Quizá el hablar en español sólo sería entonces otra forma de producir sonidos comunicativos. No se puede negar que la cultura oral es anterior a la escrita, pero no por ello inferior. Puede que la cultura escrita sea un avance pero no por ello la única forma de comunicarse y asegurar la sabiduría de cada cultura.

A los jóvenes del sector rural se les ha hecho creer sutilmente que mejorar sus condiciones de vida o superarse pasa por salir no sólo física sino también mentalmente de su entorno de vida sociocultural. Argumentando que superarse es hacerse parte de la lógica del mercado, consumo, dinero y lucro –que vienen a ser los indicadores de tal progreso–, sin negar que también consiste en adquirir tecnología, sobre todo electrónica, la cual posibilita mejoras y bienestar en los grupos humanos, piénsese, por ejemplo, en la electricidad, uso de computadoras, teléfono, radio, etc. Hay que afirmar que el problema no radica en el nuevo aprendizaje sino en la negación y negatividad de su cultura tradicional.

4 Afirmación cultural
¿otra epistemología o la cosmovisión de siempre?

Los procesos actuales de afirmación cultural, aún débiles, van siendo fruto no sólo de la incansable labor de personas e instituciones que se dedican a recuperar su memoria. Pero son también la frustración de las expectativas provocadas por las consignas de desarrollo y progreso las que se están revertiendo en vigorización de lo propio. Ello constituye una oportunidad bien aprovechada por los que desde siempre asumieron una postura respetuosa frente a la diversidad biológica y cultural. Este factor es es importante para las expectativas que los jóvenes albergan como cuando afirman:

- *¿Para qué me voy ir? Para sufrir, no.*
- *Prefiero mi chacrita y el cariño de mi familia.*
- *Ahora sé que no necesito estar en la ciudad para ser feliz o para tener saber.*
- *Después de haber sufrido en la ciudad trabajando harto en lo que sea y con poca paga, prefiero mi tierra que también se trabaja mucho pero con cariño y siempre hay algo para comer.*
- *Dicen que el trabajo en el campo es duro, es verdad pero al final tienes para comer, además que estás cerca de tu familia; en la ciudad*

he trabajado duro y al final tienes hambre, poca plata, estás lejos de
los tuyos y no le puedo decir madre a la tierra.

Las razones para darle certeza a la creencia de que la urbe es superior y mejor que el campo está relacionada con el hecho de que las sociedades modernas que se localizan en los sectores urbanos, aparecen después, según la línea histórica de la evolución de las sociedades; se las puede tomar como el último logro y también frustración de la especie humana en su afán por mejorar sus condiciones de vida, sin tener en cuenta muchas veces a su entorno. Lo que aparece después siempre será más atractivo que lo de siempre, hasta que se muestre que lo nuevo no necesariamente es mejor o superior. Ello es lo que experimentan los jóvenes de todos los tiempos, esa sensación de descubrir lo que viene para el después a tal punto que los haga sentir que lo novedoso es tal en relación a lo que les enseñaron sus padres o adultos. Es inevitable que las sociedades y las culturas cambien y casi siempre éste es el rol que les toca asumir a las nuevas generaciones hasta que se asientan en lo que quisieron ver plasmado, para que luego venga una nueva generación que intente cambiar lo que recibió. Mientras tanto, las generaciones establecidas en el sistema de cosas pelearán para que se mantenga lo logrado por ellos y sus antepasados. Estos procesos a veces son suaves y deleitables, otras, duros y espinosos.

En cierta manera estamos frente a dos formas auténticas y reales de entender la vida en sociedad. Ello implica asumir paradigmas inconmensurables sobre la relación entre seres humanos con la naturaleza, con las deidades. Estamos hablando de saberes y racionalidades distintas, pero también de una forma dominada y otra dominante de entender y asumir las relaciones entre los seres sociales.

Al igual que el tema de la lengua, los indicadores de la pobreza se presentan de la misma forma. Lo que es o sea la pobreza dependerá del parámetro de comparación: si por ella se entiende, por ejemplo, no contar con luz eléctrica o no tener escuela en el pueblo, muchos sectores rurales aparecerán como pobres o extremamente pobres; pero si los parámetros estuvieran referidos a la armonía «ecológica», al buen trato familiar colectivo, a los frutos diversos y orgánicos del campo, otra sería la calificación para ambas sociedades. De ello se van dando cuenta los jóvenes, de que para «triunfar en la vida» hay varios caminos y no sólo el oficial y dominantemente establecido. Se van dando cuenta de que es un problema de paradigma y no de una «realidad única» por la que deben pasar todos para ser tomados en cuenta y progresar. Es claro que muchos jóvenes del sector urbano no logran hoy en día el éxito esperado ya que no hay muchas oportunidades para todos y, de haberlas, no son favorables para su ascenso social de acuerdo al parámetro de triunfo impuesto. Lo cierto es que los nuevos jóvenes que siguen llegando a la ciudad llegan a las peores condiciones y tienen que competir con los jóvenes del sector popular que en su mayoría se encuentran, esta vez sí, en extrema pobreza al ser parte del paradigma de la ciudad. De otro lado, la vida en el campo añorada por su paz y armonía con la naturaleza o, mejor dicho, con la madre tierra y sus deidades, termina rompiendo su encanto cuando se encuentra envuelta por discursos que le asignan características de pobreza o extrema pobreza.

Cabe señalar que los nuevos pobres en extrema pobreza son casi siempre los que llegaron a la ciudad en búsqueda de triunfos y éxito, si es que no llegaron para salvar su vida de la violencia política o de las agresiones de empresas mineras. Hay que dar por supuesto que los que no lo lograron, esperan que ahora lo logren sus hijos. En estas circunstancias, los jóvenes, entre otras prácticas negativas, tienden a organizarse para ser tomados en cuenta en una sociedad que los excluye. Los jóvenes del sector popular, muchos de ellos descendientes de culturas del campo, tienen que asumir discursos de participación por la inclusión en la sociedad.

Entonces, la intención de hacer creer que lo único novedoso es lo que viene desde la cultura moderna, occidental, capitalista, criolla, hace que algunos jóvenes del campo se coloquen en franca rebeldía contra los que pregonan dicho engaño social. Hay otros que en consigna mutua con sus padres se confabulan para dedicarse sólo a estudiar desde la cultura foránea asumiendo que «los hijos deben ser mejores que sus padres».

Los jóvenes se forman y preparan en función de un modelo de felicidad, de triunfo o de logro en la vida. Este modelo más difundido parece a veces que fuera el único camino: el de la competencia social que se implementa en las ciudades donde se trata de iniciarse en el jardín de infancia y no parar hasta egresar de la universidad o, en el menor de los casos, del instituto superior. Tanto es así que aquel que no lo logra completar este proceso termina formando parte de los perdedores o de los que no fueron competentes. Este modelo dominante y de sutil colonización llega a las comunidades campesinas y nativas a través de la escuela donde, aun sin pretenderlo, el profesorado se constituye en el vehículo de difusión de expresiones como «estudia para que no seas chacarero», como si se tratara de una mala práctica social que se alinea con conductas no deseadas como la delincuencia, por ejemplo. E indican que «salir de la comunidad es la única manera de ser feliz». Luego que los jóvenes del campo interiorizan esta mirada de su futuro ya no tienen otra meta que la de salir para no ser conformista, para ser mejores, para no ser como sus padres. Sin darse cuenta están haciéndose parte de los que creen que para progresar hay que cambiar de cultura e incorporarse a otra cultura. Otros jóvenes testimonian que

Cuando estuve en Lima aprendí a ser vivo, antes no lo necesitaba, después quise ser vivo en mi tierra pero los abuelos me corrigieron.

Ante ello, Don Francisco Huarcaya de Huaripercca, de Ayacucho, Perú, dice:

Mi hijo está cambiando mi vida y la de mi familia. Cuando se fue a la ciudad muchachito no más yo pensé que nunca iba a volver, pero ha vuelto por curiosear lo que hacen los demás jóvenes en el proyecto, y está sentando cabeza y no volverá a deambular por las ciudades. Mi hijo dice: «papay, aquí hay vida, nosotros tenemos con qué vivir bien, vamos a trabajar desde mañanita para tener abejas, cuyes y bonitas vacas, para vivir contentos». Por su entusiasmo, yo también recién abrí los ojos y ya hicimos un pozo grande para almacenar agua, y así sigue preparándose escuchando todo lo que hablan y veo que para él no es difícil comprender porque ya le ha flagelado lo que es ser pobre en tierra ajena.

Urenna Akenke Best Gayle[*]

Educación intercultural para una mejor integración y participación económica y social

> *El joven que ha sido enseñado a pensar,*
> *ha obtenido del proceso educativo lo más preciado que este puede dar:*
> *la capacidad de ser libre.*
> *Aprender a pensar es aprender a ser libre.*
> (Mario Parnther 1948-2007)

Con arreglo a la Declaración Universal de Derechos Humanos se acordó que no puede realizarse el ideal del ser humano libre, liberado del temor y de la miseria, a menos que se creen condiciones que permitan a cada persona gozar de sus derechos económicos, sociales y culturales, tanto como de sus derechos civiles y políticos.[1]

El temor a la discriminación es producto del desconocimiento de nuestra propia historia: desde el inicio de la humanidad, la sociedad ha manejado la concepción de que la mayoría gana; en cualquier tipo de votación o elección popular o para la toma de decisiones, en la gran generalidad de los colectivos sociales, la mayoría simplemente gana. Esto explica el porqué a los pueblos indígenas y afrodescendientes se nos siga considerando minorías étnicas, nos condiciona a pensar que siempre tenemos que luchar mucho más para que las supuestas mayorías entiendan que nosotros tenemos la razón en la demanda de nuestros derechos fundamentales o, peor todavía, que también tenemos dichos derechos.

---

[*]   Red de Mujeres Afro-Americana, Latina y del Caribe, Panamá, y Miembro de REJINA, *urennabest@yahoo.com*
[1]   Pacto Internacional de Derechos Económicos, Sociales y Culturales (entrada en vigor: 3 de enero de 1976).

La educación intercultural es de suma importancia para tratar de obtener una sociedad en donde reine la cultura de paz, y más aún en un continente con un pasado histórico como el de América. Sobre el tema se han desarrollado infinidades de debates en reuniones e importantes eventos y espacios internacionales. Muchos conocedores de la materia han llegado a coincidir en que la educación intercultural es la clave para la integración de los grupos afrodescendientes e indígenas, y de cualquier otro pueblo que cuente con una riqueza cultural distinta de la que se ha impartido de manera oficial en los sistemas educativos a nivel internacional.

Muchos somos los que estamos completamente convencidos de que los sistemas educativos deben de evolucionar constantemente, convirtiéndose siempre en una herramienta que sirva, en primer lugar, para poder lograr una comunicación e interacción entre todas las culturas, respetando siempre las distintas lenguas y tradiciones y, en el caso específico de América Latina, para difundir las contribuciones históricas de los pueblos afrodescendientes y los indígenas, de la misma forma que han sido difundidas y trasmitidas de generación en generación durante estos últimos siglos las contribuciones europeas, dejando atrás el modelo educativo estereotipado que se ha encargado en gran medida de distorsionar la participación de los pueblos tanto indígenas como afrodescendientes en la construcción de nuestra sociedad.

Esta distorsión ha traído como consecuencia una marginación que impide la participación integral y libre de nuestros grupos, desde nuestra propia identidad. Es por ello que esta transformación no sólo debe tomar en cuenta la participación histórica de nuestros ancestros, sino que también debe de tratar de ser impartida respetando siempre nuestra enorme diversidad cultural: sería un gran error impartirla con la única finalidad de responder a las demandas que se han hecho a lo largo del tiempo por parte de las distintas organizaciones afrodescendientes e indígenas u otros que han respaldado esta lucha, una lucha para lograr una verdadera igualdad de derechos y de oportunidades.

Un sistema lo suficientemente eficaz, para que no sólo los afrodescendientes y los indígenas lo conozcan y lo comprendan, sino para que cualquier otro grupo cultural pueda también conocer y poder entender los ajustes históricos necesarios. Ésta es la única manera en que se podrá tratar de garantizar la sensibilización general, que en gran medida será el puente más idóneo para lograr el desarrollo real de esta tan anhelada cultura de paz.

Es importante destacar que diversos estudios han demostrado que los aportes históricos de los pueblos afrodescendientes e indígenas se dieron en el lenguaje, las artes, específicamente en la música y la danza, la literatura y las artes plásticas. También se dieron grandes contribuciones en lo que se refiere a la organización política, económica y a las costumbres latinoamericanas, por no hablar de los aportes en la vida familiar y social, el arte culinario, el vestuario y expresiones en general de su conocimiento, energía y convicción, que han marcado hasta el día de hoy lo que conocemos como la identidad latinoamericana.

Algunas recomendaciones

Como primera recomendación considero que es sumamente importante hablar de las discriminaciones positivas o acciones afirmativas, que no son más que medidas que pretenden establecer políticas que proporcionen a un determinado grupo social, étnico, minoritario o que históricamente haya sufrido discriminación por causa de injusticias sociales, un trato preferencial en el acceso o distribución de ciertos recursos o servicios, así como acceso a determinados bienes. Con el objeto de mejorar la calidad de vida de grupos desfavorecidos, y compensarlos por los perjuicios o la discriminación de la que fueron víctimas en el pasado. La creación de acciones afirmativas en este contexto es de suma importancia, ya que para llegar a lograr un sistema de cultura de paz como el antes mencionado es indispensable que se cumplan con las siguientes condiciones:

- legislaciones donde se legitimen dichas transformaciones;
- mecanismos de control que permitan supervisar el desarrollo adecuado de los programas;
- mecanismos de consenso que permitan la difusión de una información congruente, actualizada y contrastada con las diversas investigaciones y avances que se han realizado en la materia;
- lenguaje que permita una fácil comprensión de lo plasmado;
- profesionalización y sensibilización de los y las docentes que serán los encargados de facilitar o impartir la información;
- tecnología adecuada que sirva como una herramienta de difusión e interacción entre los que participen en el proceso;
- eliminación en los medios de comunicación de programas que contengan estereotipos cargados de contenidos racistas, los cuales son un claro atentado a la dignidad humana;
- difusión adecuada de los programas y proyectos, tanto a nivel nacional como a nivel internacional;
- la capacitación adecuada e integral, para la formulación de proyectos desde una perspectiva afrodescendiente e indígena;
- la adquisición adecuada de financiamiento, siempre y cuando se establezcan mecanismos idóneos para la correcta gestión de los mismos.

Para concluir esta breve presentación quiero compartir una de las expresiones más lindas que he escuchado en mi vida y que siempre repetía mi madre cuando alguien trataba de desmotivarla en sus grandes luchas sociales. Cuando alguien le decía: «una golondrina sola no hace verano» –el refrán que encontramos en *El Quijote*[2]–, mi madre siempre respondía: «¡pero lo anuncia!»

---

[2]   1ª parte, cap. XIII.

V

Migración

y

afirmación de identidad

María Elena Unigarro Coral[*]

Mujeres jóvenes indígenas inmigrantes en Cali, Colombia

1 Contexto colombiano

Colombia es un extenso país (1.141.748 km^2), con costas en dos océanos, llanuras, elevadas cordilleras (picos de 5.200 metros de altura, por ejemplo). Tiene 42,3 millones de habitantes: 75% de personas habitando en las ciudades, 30% en los campos.

- Es una de las 10 regiones ecológicas prioritarias en el mundo;
- tiene en la Región Pacífica, una de las zonas más lluviosas del mundo y una de las principales proveedoras de agua dulce (quinta parte del planeta);
- tiene en la Amazonía la más grande diversidad biológica;
- abundan los bosques tropicales;
- su reino vegetal, especialmente del suroccidente del país y la Región Pacífica, es esencial para la producción de medicamentos, pesticidas, colorantes, fibras, aceites y alimentos;
- tiene las mayores reservas de petróleo sin explotar en el hemisferio occidental.

[*] *Taller Abierto*, entidad no gubernamental, ubicada en Cali (Colombia), que orienta su trabajo hacia el empoderamiento de mujeres migrantes (afrodescenidentes, indígenas, campesinas), mujeres de sectores populares, en situación de desplazamiento forzado por el conflicto armado, jóvenes (hombres y mujeres), comunidades indígenas en sus lugares de origen, *mariaeunigarro@telesat.com.co*

Pese a la riqueza natural de Colombia, existe una profunda desigualdad social: según informe de PODEC (2005), la tasa de desempleo es del 16%, y la
tasa de subempleo, del 35%; el 20% de hogares más ricos concentra el 52%
de ingresos; el 60% de la población total está por debajo de la línea de
pobreza, y el 54% son mujeres; el 80% de la población afrocolombiana está
en la pobreza; 3 millones de niños/niñas quedan fuera del sistema escolar, la
mayor parte de ellos y ellas tienen que trabajar para vivir; 4 millones de campesinos y campesinas están en la indigencia, siendo un 0,4% de grandes pro-
pietarios dueños del 61% de tierras.

La situación colombiana se ve agravada por la presencia del conflicto armado interno que existe desde hace 50 años por causas sociales, económicas,
políticas y culturales, que se entrecruzan y se alimentan mutuamente. En las
raíces del conflicto están: la desigualdad económica y social (Colombia es
uno de los países más desiguales del mundo); la corrupción; la existencia de
fracciones armadas de la población; la discriminación étnica; la acción de
ejércitos paramilitares ligados a sectores del Estado, a las clases dominantes y
al narcotráfico.

Como se puede ver, se trata de un conflicto armado complejo y estructural
que se desarrolla especialmente en las zonas rurales, regiones campesinas,
indígenas y afrocolombianas. Desde 1985 «ha dejado a una población aproximada de 1.100.000 personas que antes de cumplir 18 años de edad vivieron
la angustia de su salida forzada y la de sus familiares, en medio de las amenazas, el miedo y la muerte».[1] La Secretaría de Acción Social de la Presidencia registra una cifra total de 2.190.049 personas desplazadas entre 1997 y
2007.[2] De ellas, 840.346 son niños y niñas entre 0 y 17 años, es decir, el
38,3% del total. El 75% de los hogares desplazados con menores de edad
provienen de zonas rurales y específicamente de comunidades afrocolombianas o indígenas.

Según Human Rights Watch (2004), «al menos uno de cada cuatro com-
batientes irregulares de la guerra civil colombiana es menor de 18 años».[3] Se
cree que las Fuerzas Armadas Revolucionarias de Colombia (FARC) podrían
tener dentro de sus filas a 7.400 menores de 18 años y las Autodefensas Unidas de Colombia (AUC) contarían con alrededor de 8.000 niños y niñas,
siendo muchos de éstos niños, niñas y jóvenes indígenas.

En Colombia existen 86 pueblos indígenas reconocidos y 64 idiomas
amerindios, siendo el 3,4% del total de habitantes del país. Según estudios de
la Universidad de los Andes, el 28% de esta población está en condiciones de
miseria. De acuerdo con informes del Consejo Nacional Indígena de Paz

---

[1]   CODHES, UNICEF 2000.

[2]   *http://www.accionsocial.gov.co/Estadisticas/publicacion%20dic%2031%20de%202007.htm*

[3]   Human Rights Watch (2004): *Aprenderás a no llorar*, abril.

(2007-2008), las comunidades indígenas presentan mayores tasas de mortalidad infantil que el resto de la población, bajos niveles de asistencia educativa entre la población juvenil y escasos servicios básicos. Unos 400.000 indígenas no tienen titulación de tierras y, de las tierras legalizadas, sólo el 10% es apta para la agricultura.

En los últimos 6 años, 53.000 personas indígenas fueron desplazadas y 1.200 líderes y miembros de comunidades indígenas asesinados por grupos paramilitares y de las fuerzas del Estado en un 70%. De los 86 pueblos indígenas, 18 se encuentran en alto riesgo de extinción, debido a las amenazas de las fuerzas armadas legales e ilegales.

Las mujeres indígenas, especialmente las jóvenes y las niñas, están expuestas a diferentes riesgos por su condición de género como es la violencia sexual (abuso sexual, acoso, esclavitud sexual, prostitución, tráfico de personas y aborto forzado), la servidumbre y esclavitud doméstica. Ante la presencia de militares en las zonas se incrementan los embarazos a temprana edad, las infecciones de transmisión sexual y riesgos de VIH/SIDA. Las mujeres jóvenes son utilizadas también como informantes.

En este contexto las comunidades indígenas han tenido siempre que organizarse y construir sus propias alternativas de vida y resistencia, para ser reconocidas como pueblo, con su propia cosmovisión, identidad, cultura, planes de vida y derechos como indígenas y como población colombiana. Cabe anotar que es destacada su capacidad organizativa, de movilización social y de articulación con diferentes actores sociales por la defensa de los derechos humanos, los recursos naturales y por sus propias reivindicaciones como pueblos.

2 Las jóvenes nasa migrantes en Cali

A partir del trabajo desde *Taller Abierto,* en la promoción social de mujeres de sectores populares encontramos la difícil situación que viven las mujeres indígenas inmigrantes en Cali y especialmente las jóvenes. En este marco surge el interés por develar y comprender su situación, y junto con el programa educativo bilingüe del Consejo Regional Indígena del Cauca (CRIC) y con el apoyo de *terre des hommes*-Alemania, se realizó el estudio que permitiría develar la situación de las jóvenes nasa inmigrantes en la ciudad de Cali.

Las jóvenes que participaron en el estudio procedían del resguardo Pueblo Nuevo, ubicado en la Cordillera Central, en el departamento del Cauca (suroccidente colombiano). La población de este resguardo es la comunidad nasa. La base de la economía de este resguardo es la agricultura, especialmente para el autoconsumo; en el marco de su cultura es muy importante el *tul* (la huerta tradicional), en la cual la mujer administra la siembra, diversifica los cultivos, siendo, además, un espacio importante de socialización de la madre con sus hijos e hijas.

La comunidad nasa se caracteriza por conservar sus prácticas culturales como el cambio de mano, la minga. Cuenta igualmente con sus propios referentes de identidad entre los cuales son fundamentales: la cosmovisión; el mito común de Juan Tama; el lugar de la mujer como generadora de vida y transmisora de la cultura; el territorio como parte vital de su ser; la autoridad centrada en el cabildo y el médico tradicional (*the wala*) quien posee el conocimiento de la cultura; y su propio idioma (*nasa yuwe*).

Como producto de su afirmación y lucha como pueblo, cuentan con una educación propia que respeta sus valores y saberes fundamentados en la vida comunitaria. Esta experiencia ha sido un referente determinante en la construcción de los lineamientos de la etnoeducación a nivel nacional. Pero pese a los logros y esfuerzos de las comunidades indígenas, la educación es aún una de las limitaciones y problemáticas que sufre la juventud indígena.

En medio de circunstancias positivas entre las que las jóvenes indígenas crecen junto con sus familias y su comunidad, se encuentran también diversas situaciones que llevan a que las jóvenes tengan que salir a las ciudades, en este caso hacia Cali, la ciudad más importante del suroccidente colombiano, históricamente receptora de población migrante.

La migración de las jóvenes es un fenómeno recurrente en las comunidades indígenas y articula diversas circunstancias, entre ellas las de carácter económico, ocasionadas por la crisis producida por el desestimulo agrícola que vive el campo en nuestro país. Este es el caso, por ejemplo, del resguardo indígena de «Pueblo Nuevo». La difícil situación económica de las familias nasa en sus resguardos obliga a las jóvenes a interrumpir sus estudios y su vida en sus comunidades para buscar alternativas económicas, siendo la más común, marcharse a la ciudad a trabajar en el empleo doméstico en hogares ajenos.

Entre las razones que empujan a las jóvenes a salir de sus comunidades se cuenta la falta de oportunidades educativas, la cual también va asociada a la carencia de recursos económicos que impiden la permanencia de ellas o sus hermanos menores en el sistema escolar. La mayoría de las veces la situación se resuelve con la renuncia y postergación de las necesidades y deseos de las jóvenes, priorizando la de sus hermanos menores. En este sentido se puede apreciar la influencia de las pautas culturales que las jóvenes han interiorizado en cuanto a la corresponsabilidad y solidaridad con la madre, hermanas o hermanos menores, lo cual siempre es superior a sus intereses y planes particulares.

El maltrato en sus familias, especialmente de padres hacia las madres de las jóvenes o hacia ellas mismas, así como el maltrato de hermanos mayores hacia hermanos menores de edad, son situaciones que ocurren muchas veces bajo los efectos de alcohol por parte de los hombres de la familia y llevan a que las jóvenes prefieran alejarse de sus familias y evitar así el sufrimiento.

La falta de reconocimiento y valoración como niñas o como jóvenes mujeres es otro de los factores que influye la decisión de salir de sus hogares y de sus comunidades: pese a todo el trabajo y aporte que realizan para la subsistencia de la familia y su comunidad, nadie lo reconoce ni lo valora sino que, por el contrario, experimentan subvaloración como mujeres. También incide en su salida el fuerte control sobre su comportamiento social y especialmente sexual, pues siempre se teme que queden embarazadas.

Las circunstancias previas a la migración de las jóvenes develaron situaciones que viven las niñas, las jóvenes y las mujeres indígenas en sus comunidades de origen. Sobre ellas recae el peso de las situaciones adversas, de índole económica, social y cultural, que atraviesas las comunidades indígenas, las cuales se profundizan con las prácticas discriminatorias que afectan a las mujeres en todas sus edades.

La decisión de emigrar de su comunidad es un proceso que elaboran paulatinamente, pero es determinado por una situación crítica en la que se ha agudizado alguna de las situaciones mencionadas. Ocurre una fuerte tensión entre las necesidades y las posibilidades de resolverlas, llegando finalmente a la decisión de salir como la mejor alternativa. En este proceso de la decisión, la madre, tías y otras mujeres juegan un papel importante, son ellas quienes acompañan la toma de la decisión. Muchas veces estas mujeres ya han tenido la experiencia de estar fuera de la comunidad y se han constituido en referentes de una vida distinta para las mujeres (manejan dinero, apoyan a la familia, son respetadas).

Las jóvenes salen de sus comunidades con objetivos claros y meditados: mejorar la situación económica de su familia, ayudar a su madre, hermanas, hermanos menores de edad; autosostenerse y resolver sus propias necesidades, como el estudio, el vestido; aprender a hablar castellano y conocer la vida en la ciudad; ganar independencia y reconocimiento en la familia y su comunidad; evadir situaciones de maltrato y violencia familiar y, en los últimos años, escapar también de las situaciones generadas por el conflicto armado entre las que se cuentan, por ejemplo, el temor al reclutamiento forzado, por lo ocurrido a familiares o amigos y amigas en un contexto de guerra.

3 Situación de las jóvenes nasa
en la ciudad de Cali, Colombia

En Cali, el 49% de la población es inmigrante, entre la cual el 64% son mujeres, tanto jóvenes como adultas, de origen étnico indígena, afrodescendiente o mestizo, procedentes especialmente de las comunidades rurales del suroccidente colombiano y del Litoral Pacífico, quienes se ubican en la más baja escala social.

Las jóvenes indígenas llegan a la ciudad entre los 12 y los 17 años de edad a trabajar en hogares ajenos. El nivel educativo alcanzado por la mayoría es la primaria incompleta. Algunas salen con la expectativa de estudiar en la ciudad, pero realmente encuentran muchas limitaciones para lograrlo, especialmente en las condiciones de servidumbre en las cuales realizan su trabajo.

La mayoría de las jóvenes del resguardo de «Pueblo Nuevo» hablan su propio idioma (*nasa yuwe*), comprenden poco el castellano y lo hablan con dificultades. Con sus amigas se comunican en su propio idioma. Se integran con el resto de la población indígena migrante en los lugares de la ciudad que han apropiado como espacios de esparcimiento y encuentro durante los domingos.

Las jóvenes indígenas migrantes irrumpen semanalmente en los espacios públicos de la ciudad, especialmente parques, terminales de transporte. En estos lugares, las jóvenes, pese a las dificultades que viven en la ciudad, logran recrear su cultura y sus identidades. Estos encuentros semanales les permiten mantener y restablecer los vínculos socioafectivos, reorganizar los nuevos referentes para su desenvolvimiento laboral y estadía en la ciudad, también para ganar confianza y estatus entre sus compañeras.

Encontramos que la migración no necesariamente afecta el sentido de pertenencia, las jóvenes se identifican plenamente con su ser indígenas, con la pertenencia a su grupo étnico, y con el nombre común que las identifica (nasa). Como afirma una de ellas: *«yo me siento feliz por ser indígena»*.

Para ellas es importante reconocer su historia; les gusta reunirse, dialogar y aprender de sus antepasados; reconocen el papel que representan las madres, abuelos y abuelas en la transmisión oral de la cultura, aunque se vivan circunstancias en las que no se pueda dar esta práctica, por ausencia de las personas o también por conflictos entre las personas adultas y las jóvenes o cualquier otra situación familiar o comunitaria.

Para el pueblo nasa, los sueños son señales importantes para la vida práctica, las jóvenes lo reconocen y tienen la vivencia de esta manera. También dan cuenta del sentido de territorio en la medida que reconocen su lugar de origen como el espacio exclusivo para vivenciar los vínculos socioafecti vos, sus concepciones de vida. *«Allá es distinto porque somos personas del mismo color, así yo tengo más confianza, podemos salir con los amigos».* Además de los anteriores aspectos que evidencian referentes de identidad étnica se puede evidenciar el sentido comunitario, el respeto, la confianza, valores importantes para sus relaciones e interacción social.

Teniendo en cuenta lo anterior se puede decir que la migración no borra su historia, su cultura, su identidad, aunque es necesario reconocer que con la interacción con la vida urbana se abren nuevas interpretaciones, comprensiones y cuestionamientos, y que por lo tanto las jóvenes se constituyen en dinamizadoras de procesos de transformaciones de la identidad cultural. El impacto de la migración también depende de las circunstancias que impulsan la salida como también las que se encuentran en los lugares a los cuales llegan.

Para las jóvenes indígenas la situación de migración tiene sus dificultades y complejidades, pero no encuentran otras alternativas. Llegan a las ciudades a ocuparse en el empleo doméstico, el cual se caracteriza por largas jornadas, que oscilan entre las 10 y las 17 horas diarias; realizan diversos oficios que las exponen a riesgos de accidentes, a situaciones de abuso sexual, de encierro y aislamiento; su vida se desenvuelve en relaciones de discriminación, servidumbre e inferiorización. Su salario mensual siempre es menor al salario mínimo legal vigente, no se les paga de manera cumplida, no reciben prestaciones sociales, ni protección social.

En dicho trabajo se expresan las múltiples discriminaciones: de género, étnicas, de edad, y violaciones de casi todos sus derechos. Es por ello que se ha considerado en el mundo como una de las peores formas de trabajo infantil y juvenil, por sus condiciones de mayor explotación, discriminación y especialmente por la invisibilidad social. En América Latina, entre los países que tienen más niñas trabajadoras, se encuentran: Ecuador, Brasil, Colombia, Perú, Bolivia y Paraguay.

Según la Organización Internacional del Trabajo (OIT), en Colombia existen alrededor de 961.507 niños y niñas que trabajan en el empleo doméstico. Del total de niños y niñas entre 5 y 17 años que trabajan por más de 15 horas en oficios del hogar, el 26% son niños (253.876) y el 74% niñas (707.631) que mayoritariamente laboran en hogares de terceros. Las tasas de trabajo infantil por regiones son: Pacífica (14.3%); Oriental (9.5%); Central (10.2%); Atlántica (5.2%) y Bogotá (4.6%). Según las estadísticas, las ciudades colombianas donde más se registra niñez trabajadora son: Montería, Ibagué, Bucaramanga y Cali.

A las jóvenes trabajadoras se les violan varios de los derechos contemplados en la Convención de los Derechos de los Niños: el derecho a la no discriminación; a ser cuidado y mantener contacto con sus padres; a la educación; al descanso, esparcimiento, juego y actividades culturales; a ser protegido de la explotación y del trabajo peligroso, nocivo para el desarrollo que no permite la educación; a ser protegido de todas las formas de abuso sexual; y a no ser privado arbitrariamente de su libertad.

4 Una experiencia para transformar la situación de las jóvenes indígenas migrantes

A partir de la situación de las jóvenes indígenas evidenciada se inicia un proceso que comprende:

1. Sensibilización sobre la situación de las niñas y las jóvenes indígenas y equidad de género en sus comunidades de origen.
2. Sensibilización ciudadana para visibilizar la situación de las jóvenes y promoción de sus derechos.
3. Incidencia para que las instituciones reconozcan los derechos de las jóvenes.
4. Procesos pedagógicos y psicosociales para el fortalecimiento de las identidades como mujeres jóvenes indígenas y el ejercicio de sus derechos.

Entre los logros obtenidos podemos contar:

- Organizaciones y autoridades de las comunidades indígenas avanzan en la comprensión de la necesidad de promover la equidad de género al interior de sus resguardos y en el marco de su organización existen instancias encargadas de dicha labor; sin embargo ello requiere fortalecerse, intensificarse y profundizarse.
- Existen comunidades en las que se reconoce la situación de las jóvenes y se valora el aporte que hacen a sus familias con su trabajo; en algunos casos, en donde los contextos lo permiten, ya se previene la salida de las niñas en edad temprana.
- Algunas instancias de las comunidades indígenas reconocen y visibilizan problemáticas relacionadas con las mujeres, juventud, niñez, jugando aquí un papel importante los procesos organizativos de jóvenes y mujeres.
- En la ciudad existen niveles de sensibilidad ciudadana sobre los derechos de las jóvenes trabajadoras en el empleo doméstico.
- Jóvenes indígenas vinculadas a procesos promovidos por *Taller Abierto* fortalecen su valoración, su identidad, autonomía y empoderamiento.

- Algunas jóvenes amplían su proyección de vida y reconocen sus derechos y hacen ejercicio de ellos, especialmente los laborales y el derecho a la educación.
- Las jóvenes cuentan con oportunidades para establecer vínculos con sus pares y participan en organizaciones como el Movimiento de Mujeres Populares e Inmigrantes y el Movimiento de los NATs (Niños y Adolescentes Trabajadores).
- Las jóvenes indígenas cuentan con un espacio formativo, de acompañamiento pedagógico y de acompañamiento psicosocial que posibilita el acceso y permanencia en la educación formal.
- Jóvenes indígenas han culminado estudios de primaria y secundaria.

5 Retos para la equidad de género y el respeto de los derechos de las jóvenes migrantes indígenas

En términos generales, la situación de las jóvenes indígenas migrantes en la ciudad de Cali, anteriormente expuesta, no es ajena a las circunstancias que viven otras jóvenes indígenas que tienen que migrar, tanto en Colombia como en otras regiones del mundo. La situación descrita es una expresión de la intersección de las múltiples discriminaciones étnico-raciales, de género, edad, procedencia rural. Estas circunstancias a través de la historia han profundizado las inequidades que viven las mujeres indígenas inclusive las afrodescendientes, y es conocido que más de la mitad son mujeres y es en ellas en quienes se concentra la pobreza. Desde nuestro punto de vista planteamos los siguientes retos que requieren ser asumidos para contribuir a la transformación de la situación de las jóvenes indígenas que tienen que migrar a las ciudades.

1. Es importante intensificar y profundizar el trabajo dirigido a disminuir y transformar situaciones de discriminación étnica y que en el marco de éstas propuestas sea explícito avanzar en procesos de equidad de género que incluya la participación de las mujeres de los pueblos originarios.
2. Es necesario que las organizaciones indígenas que han forjado sus luchas alrededor de fortalecer su autonomía e identidad, de recuperar su territorio y otras reivindicaciones de sus comunidades, consideren la realidad de las mujeres, las jóvenes, las niñas, tanto en las comunidades de origen como en los lugares a los que migran; y que conviertan sus necesidades e intereses en propósitos políticos de la organización. En este sentido se requiere contar con diagnósticos actualizados sobre la situación de las mujeres realizados por ellas, también mantener

vínculos con las jóvenes migrantes y fortalecer procesos organizativos de las jóvenes tanto en sus comunidades como en las ciudades donde se encuentren.

3. Es necesario implementar acciones preventivas del maltrato a las niñas, a las jóvenes y mujeres en las comunidades; y también de protección de los derechos de las jóvenes migrantes en las ciudades, por parte de las organizaciones indígenas. Entre ellas reconocer, valorar el empleo doméstico como un trabajo digno que se debe realizar en el marco de los derechos laborales; garantizar el derecho a la educación de las jóvenes tanto en las comunidades como en las ciudades.

4. En el marco de asumir la migración de las jóvenes como una realidad se requiere fortalecer procesos pedagógicos que permitan afirmar su identidad, reconocer sus derechos y construir sentido de ciudadanía, garantizar el vínculo con sus familias y comunidades para así aminorar riesgos de explotación en el contexto urbano.

5. Es necesario asumir que las culturas no son estáticas ni aisladas, por el contrario se interrelacionan con otras y se transforman. Por tanto se abren posibilidades de transformaciones que requieren ser asumidas desde las fortalezas de los agentes, los espacios e instancias orientadoras de la convivencia comunitaria y cultural. En dichos procesos, la migración y el papel dinamizador que juegan las jóvenes indígenas es una realidad que se debe incorporar en los procesos de reflexión y acción pedagógica y política de las organizaciones.

6. Es necesario reconocer las tensiones entre los ideales, el deber ser de hombres y mujeres, y la realidad que se vive. En ocasiones, esta realidad no se corresponde con el pensamiento y discurso del ideal cultural. Por ejemplo, en el deber ser se habla de la suprema importancia de la mujer para la vida, pero esto no corresponde con los comportamientos cotidianos, como es el caso del maltrato hacia ellas, la subvaloración, el impedimento del acceso a oportunidades y la invisibilidad e indiferencia ante sus problemáticas tanto en las comunidades de origen como también en las ciudades.

7. Fortalecer las reflexiones y las acciones en el marco de los planes de vida de las comunidades para afirmar las identidades de género o transformarlas, en tanto se requiera para garantizar la vida digna de las niñas, las jóvenes y mujeres, tanto en las comunidades como en las ciudades.

8. Establecer, fortalecer alianzas con organizaciones, instituciones de las ciudades receptoras de las jóvenes migrantes para el respeto y garantía de los derechos de las jóvenes migrantes.

Luis E. Males*

Migración indígena: los kichwa-otavalo en Barcelona (España)

Introducción

Desde tiempos precolombinos, los kichwa-otavalos[1] han sido reconocidos por su habilidad y creatividad en el diseño de artesanías textiles[2] (Meisch 2002: 19) y éstos fueron influenciados en diseños y materiales en gran manera por los inkas (*ibid.*, 21). Como mindalaes,[3] fueron apreciados por su alto grado de especialización y, por su capacidad de diseño, gozaron de privilegios como un grupo de elite.

Durante la conquista, Otavalo fue reconocido como el principal obraje del Virreinato de Quito puesto que producía para la Corona española (Korovkin 1998: 126-127) y su fama fue apreciada internacionalmente; sus tejidos eran exportados tanto al vecino Virreinato de Nueva Granada como al mismo Reino de España, entre otros.

Los kichwa-otavalo nunca abandonaron sus raíces textiles, pues siguieron produciendo en sus propios hogares; eso sí, ya con sus propios telares y herramientas que han sido asumidos como propios y utilizan este talento para incorporarse en el viejo mundo.

Además, vale indicar que en su país de origen conservan sus parcelas de terrenos, donde todavía cultivan maíz y otros productos, aunque éstos ya no proporcionan ingresos económicos, sino que son más bien una forma de no olvidar lo que la agricultura representa en su cultura, es decir, el arraigo a la

---

* Otavalo, Ecuador. *maleshenry@hotmail.com*
La presente contribución es parte de la tesis de maestría para FLACSO, por publicar.

[1] Pertenecieron al Señorío de Caranqui y son mundialmente reconocidos por sus destrezas en la elaboración de artesanías, lo cual ha tenido un gran impacto en su comercio y por ende en una mejora de sus ingresos.

[2] Aunque cabe señalar que no todas las comunidades estaban inmersas dentro de esta dinámica.

[3] Los mindalaes como «grupo de elite de especialistas» merecieron un trato distintivo por parte de la Corona española (Salomón 1980: 164-168).

tierra sigue presente todavía en estos indígenas que ahora se han trasladado a las urbes alrededor del mundo.

Estos actores incorporan además su música tradicional como productos que ellos ofertan en los diferentes mercados de Europa y en los Estados Unidos de Norteamérica; y a finales de los 1990 incluso llegan a los mercados de Asia, Oriente Medio y Oceanía, lo que dinamiza la economía local, por el envío de remesas.

Esto dio como resultado una migración temporal, en especial en los meses de verano, y el retorno de los mismos en los meses de invierno. Sin embargo, entretanto los proyectos migratorios han cambiado para volverse permanentes. Algo que se puede comprobar fácilmente con una visita al aeropuerto internacional de Quito: en sus salas de salida y llegada internacional se distinguen claramente numerosas familias de otavalos recogiendo o despidiendo a sus familiares. En la actualidad existen restricciones para viajar a la Unión Europea, pero cientos de indígenas han regularizado su situación legal y otros poseen visado para poder viajar hacia los Estados Unidos.

Debido a sus raíces de hábiles artesanos, los otavalos[4] han tenido que buscar constantemente nuevos mercados para poder comercializar sus productos, razón por la cual los movimientos migratorios, tanto a nivel local como internacional, no son ajenos a su realidad y hoy en día se puede ver a estos ecuatorianos transitando en el metro de Nueva York, Tokio, Barcelona, México DF, o en cualquier galería de artesanía del mundo entero.

Movimientos migratorios

La migración en el mundo no es un tema nuevo, el movimiento de masas de personas se viene dando desde la existencia del ser humano mismo, si bien la migración como un estado legal de las personas es un fenómeno que se constata a partir de la creación de los Estados-Nación. Durante la Primera y Segunda Guerra Mundial, América Latina recibe con brazos abiertos un sinnúmero de migrantes provenientes del viejo mundo, y sus políticas migratorias no son restrictivas inclusive hasta hoy en día. Es así que durante 1850 y 1950, la migración de españoles hacia Latinoamérica, por ejemplo, fue de 3,5 millones de personas; un 40% de ellos eran oriundos de Galicia.[5]

---

[4]   Al hablar de los «otavalos» nos referimos a este pueblo originario, pues en muchos casos se usa el término «otavaleño» y el mismo es el gentilicio del lugar, que incorpora tanto a blancos mestizos como a indígenas.

[5]   Notas de la clase para la Maestría en Cooperación para el Desarrollo, dictada por Claudia Perón, Quito 2009.

Tomando en cuenta el flujo migratorio de los ecuatorianos y ecuatorianas al Reino de España y para poder entender esta realidad se presentan los siguientes cuadros elaborados por FLACSO (2008):

Cuadro N.º 7
Población andina por décadas de llegada a España

Año de llegada España	Antes de 1961	1961-1970	1971-1980	1981-1990	1991-2000
Bolivia	310	445	857	605	4.894
Colombia	3.716	5.092	8.917	7.727	10.727
Ecuador	4.721	8.635	15.437	8.491	113.253
Perú	1.264	1078	1.680	3.309	22.094
Venezuela	850	876	1.480	2.492	9.204

Fuente: Instituto Nacional de Estadísticas INE, España
Elaboración: FLACSO 2008

Cuadro N.º 8
Población andina en España 2001- 2008

	2001	2002	2003	2004	2005	2006	2007	2008
Bolivia	8.422	15.520	30.556	54.442	99.492	140.740	200.749	238.605
Colombia	99.942	205.308	259.400	264.503	288.190	286.969	291.676	326.459
Ecuador	140.631	259.779	387.565	470.090	487.239	456.641	434.673	451.072
Perú	47.304	59.035	72.894	88.754	108.026	123.464	136.958	160.603
Venezuela	62.335	71.597	83.516	100.258	116.173	124.851	130.630	142.709
Total	296.299	539.642	750.415	877.789	982.947	1'007.814	1'064.056	1'319.448

Fuente: Padrón Municipal España
Elaboración: FLACSO 2008

El primer flujo considerable se da en la década de 1990 (113.243 migrantes), pues en las anteriores décadas la migración es mínima si analizamos las que van desde la de 1960 hasta la década de 1980, y ésta apenas alcanza un total de 37.284 personas. Como se puede apreciar, la migración de los ecuatorianos se dispara en esta última década, incrementándose en más de un 320% en casi un década (2001-2008), pasando así de un población en el 2001 de 140.631 ecuatorianos, a un total 451.072 en el 2008, según el padrón municipal de España. Así mismo, la migración ecuatoriana es una de las más altas en comparación con los demás países del Pacto Andino.

Las Comunidades Autónomas que concentran mayor población de ecuatorianos en España se pueden apreciar en el siguiente gráfico:

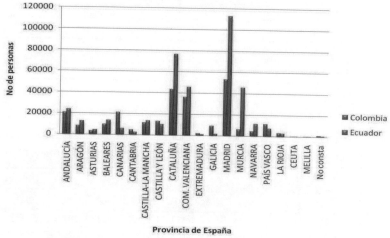

Fuente: *Observatorio del Migrante Colombo-Ecuatoriano*

Son por tanto Murcia, Madrid y Cataluña, las Comunidades Autónomas en donde se observa una presencia significativa de ecuatorianos. En la última debemos destacar el hecho de que en la ciudad de Barcelona y en su zona de influencia se concentra alrededor de un 19,1% del total de ecuatorianos que viven en este país europeo.[6]

---

[6]   «Los migrantes también eligen» en *El Comercio*, Prensa escrita, 1 de abril de 2008.

La migración en el caso de los otavalos

Los movimientos migratorios se dan a causa de una marginación total en los modelos de desarrollo. Los niveles de pobreza en Otavalo han sido notorios, sólo basta mirar los datos estadísticos de las necesidades básicas insatisfechas proporcionados por el Sistema Integrado de Indicadores Sociales del Ecuador (SIISE): éstas alcanzan un 87,4%, solamente se tiene una cobertura de servicios básicos en un 30,3%, y de agua entubada en un 34,6% en la zona rural. Por otro lado, los niveles de educación son sumamente bajos, es decir, que sólo un 2% de esta población puede acceder a la universidad, aunque ello tampoco quiere decir que la termine.

La migración de los kichwa-otavalo comenzó con una migración interna, en especial a la capital de la República del Ecuador (Quito) y al puerto principal (Guayaquil), en la década de 1940, en busca de empleo en las fábricas de textiles de la zona; las mujeres, en el trabajo doméstico, y los artesanos-comerciantes, en busca de nuevos mercados.

Ya durante la década de 1960[7] surge un pequeño grupo de artesanos-comerciantes de la comunidad de Peguche y Quinchuqui[8] que se desplaza al vecino país de Colombia y Venezuela, y comienza la comercialización de sus productos fuera del país, productos que pronto gozan de una gran acogida en estos mercados.

En los 1970, un primer grupo de estos artesanos decide emigrar hacia Europa, en especial a España, especialmente a Barcelona y las Islas Canarias, para dirigirse luego desde allí a toda la Europa occidental en busca de días mejores.[9]

Durante la década de 1990 empieza una emigración masiva por la crisis que afronta el Ecuador y los artesanos-comerciantes también forman parte de este grupo. Además, esta emigración no sólo está limitada a un par de comunidades como en un principio, sino que ésta ya se ha extendido a todo el cantón de Otavalo.

Hoy en día no se cuenta con estudios estadísticos claros que nos hablen del estado real de la situación de estos emigrantes y cuáles son sus principa-

---

[7]   La etnografía realizada por Parson (1945), donde uno de los personajes claves dentro de su estudio fue Rosa Lema (indígena oriunda de Peguche), puso en la vitrina internacional a Otavalo. Debido a ello muchos estudiosos y viajeros pusieron sus ojos en esta comunidad. Así mismo, tras su publicación, los lectores se sintieron atraídos por esta localidad, con una actitud romántica en relación con la cultura indígena. La consecuencia fue que turistas del mundo entero visitaran esta ciudad para conocer su historia y cultura (Males 2009).

[8]   Estas dos comunidades pertenecen a la Parroquia de Miguel Egas Cabezas que forma parte de la administración del Cantón Otavalo.

[9]   Alicia Torres señala que a partir de la década de 1970 su éxito radica en su habilidad de situarse como empresarios especialmente en lo relacionado a las artesanías y también como intérpretes de música folclórica (Torres 2007: 2).

les dificultades. Se cree que hay unos 5.000 otavalos en el mundo entero y, de ellos, unos 2.000 en España, en especial en ciudades como Madrid y Barcelona.[10] La CEPAL ha realizado algunos estudios tendientes a cuantificar estos movimientos migratorios, pero aún no se conoce a ciencia cierta cómo se encuentra esta población.

De Otavalo a Barcelona

En una visita de campo realizada a Barcelona durante marzo del presente año (2009) en busca de información primaria, se contactó mediante entrevistas informales y observación participativa a una serie de informantes calificados.

Cabe decir que existen algunos pequeños estudios relacionados con este tema (Ruiz 2008; Ordóñez 2008; Torres 2007), en donde se empieza a analizar la migración de los otavalo, que en cierta manera presenta algunas diferencias en relación con los otros migrantes ecuatorianos. En este sentido, Ruiz se expresa de la siguiente forma:

> «En la década de los ochenta y hasta mediados de los noventa, la mayor parte de los migrantes kichwa-otavalo eran varones jóvenes que viajaban por Europa durante cinco o seis meses y regresaban después a sus comunidades de origen. Durante esos meses vendían artesanía o tocaban música en la calle, siendo también frecuente la combinación de las dos actividades. Muchos de los jóvenes compraban o alquilaban una furgoneta que les permitía moverse por las diferentes fiestas y ferias, y que a la vez les servía de alojamiento. Otros, a través de las redes de parentesco (consanguíneo y ritual), de amistad y de origen común, alquilaban un piso o una habitación. Algunos se alojaban en las casas de amigos y/o amigas que habían visitado el mercado de Otavalo en calidad de turistas o a quienes habían conocido en las calles de Ámsterdam, Bruselas o Barcelona. Muchas de estas casas eran de amigas o "amantes", "gringas", que se habían visto atraídas por lo exótico de los músicos indígenas que recorrían las calles de Europa.» (Ruiz 2008).

Como menciona la autora de la cita, la migración de los kichwa-otavalo ha sido diferente a los otros grupos de migrantes, aunque la causa sigue siendo la misma (factores económicos); sin embargo, la forma en cómo se adaptan en los lugares de destino es diferente. Ellos han creado su propias plazas de trabajo al ser comerciantes, y también por el hecho de ser músicos no han optado en su gran mayoría por incorporase al mercado laboral y su trabajo es por cuenta propia.

---

[10]   Entrevista a Mario Conejo Maldonado, Alcalde del Municipio de Otavalo, 26-02-08.

Así mismo, el hecho de que las unidades domésticas en su país de origen estén conformadas por talleres artesanales, ha influido para que este grupo tenga un alto grado de emprendimiento, como dice Ordoñez a continuación:

«La migración kichwa-otavalo es una empresa familiar. Desde el siglo XVI, los kichwa-otavalo no emigraban solos, sino en familias. En vista de que la producción artesanal y agrícola ha sido sostenida por todos los miembros de la familia, la migración se ha valido también del parentesco. Es decir, las redes migratorias se han construido a través del parentesco ritual, afín y consanguíneo. Los miembros de la familia desempeñan diversos roles en esta empresa: alguien es el pionero que viaja, casi siempre respaldado por algún otro amigo o familiar.» (Ordoñez 2008).

Los medios por los cuales se da esta forma de migración también es relativamente similar a la de los otros grupos migrantes, impulsados por las redes migratorias, en especial la familia y de parentesco ritual, quienes jalan a los suyos al sueño migratorio.[11]

En la visita de campo a la ciudad de Barcelona y por la vía de entrevistas informales, se encontraron algunas similitudes con el trabajo presentado por Pilar Cruz Zúñiga.[12] Como en el trabajo de esta investigadora sobre los saraguros,[13] también en un parque de la ciudad de Barcelona se encontró una concentración de alrededor de 100 kichwa-otavalo, los cuales se habían reunido para practicar diferentes deportes como son el «ecua-volley» y el «basquetbol» en interacción con los mestizos. Éste era un espacio para el recuentro y prácticas culturales, donde los principales temas de conversación

---

[11] Las *redes migratorias* que están más extendidas y relativamente afianzadas desarrollan una dinámica propia, que incluso puede desprenderse de los estímulos y desestímulos de la sociedad de destino (Jiménez / Malgesini 1997). Las redes difieren en función de que se trate de redes internas o internacionales. Gran parte de las investigaciones sobre las redes migratorias se basa en estudios de caso de migraciones internas, sin embargo debemos tener en cuenta que una diferencia fundamental con respecto a los desplazamientos internacionales pasa por los esfuerzos que los gobiernos realizan para controlar la entrada y la salida tanto de extranjeros como de sus propios ciudadanos. Por ello, el contexto político internacional genera una especificidad en el tipo, la dinámica y la diversificación de la red; de este modo, los vínculos mantenidos entre diferentes actores tanto en la sociedad de origen como en la de llegada, conformarían espacios sociales trasnacionales (Pries 1999; Pedone 2002).

[12] En disertación doctoral para la Universidad Pablo de Olavide (Upo)-Colegio de América. Sevilla, España.

[13] «Finalmente, en otro orden de "hábitos" que forman ese círculo concéntrico de identidad saraguro, voy a mencionar la práctica que tiene el juego de "volley" (voleibol) como mecanismo para reproducir la noción de espacio de encuentro, de comunidad (colectivo, grupo), de reciprocidad. Sin que esta práctica sea de exclusivo uso saraguro, porque también participan en el juego mestizos, sí es interesante observar que son los saraguro quienes más lo practican como distracción lúdica, incluso con apuestas monetarias.» (Zúñiga 2008).

eran la nostalgia por el recuerdo de su lugar natal y la idea de un pronto retorno a esas tierras que ellos catalogan como el paraíso.

Así mismo, en una entrevista informal con un kichwa-otavalo, éste nos contó lo siguiente:

> *«Yo llegué en el mundial de Italia, en el 1990 creo que era, en esas fechas llegué yo, pero antes sólo los lunes, martes y los miércoles veníamos, porque en los fines de semana se trabaja, esos son los mejores días para trabajar, lejos nos sabemos ir...a Francia, Italia, Alemania nos vamos nomás.»* (José, migrante de la comunidad de Punyaro, 12-03-09).

La entrevista nos da ya una idea de la movilidad que poseen estos migrantes y, como se dijo anteriormente, en su gran mayoría se trata de trabajadores por cuenta propia, en las diferentes festividades y ferias que existen en la Comunidad Europea, lo cual es la base de sus ingresos económicos.

En otra entrevista informal; realizada en este caso a una mujer kichwa-otavalo, ella se expresó de la siguiente forma:

> *«Ahora las ventas ya han bajado, ya no se vende como antes, mucha competencia hay, pero seguimos luchando, algunos ya se cansaron y dicen que mejor están buscando trabajo en las fábricas, en los almacenes y sólo a las fiestas buenas no más se van a vender.»* (María, migrante de la comunidad de Quinchuqui, 12-03-09).

Esto nos abre una duda, y quizás la forma de cómo estos actores se incorporaron de manera particular en la sociedad española se encuentra en un proceso de cambio. Como manifiesta la entrevistada, quizás exista una saturación en el mercado español; pues si partimos de que hay alrededor de más de 2.000 otavalos en España, y si todos son artesanos-comerciantes y músicos, esto podría haber inundado el mercado con productos étnicos, lo que explicaría el porqué se buscan nuevas fuentes de ingresos para este grupo de migrantes.

Por otro lado, al preguntar con respecto a cómo se intenta conservar las raíces culturales que se practican en el país de origen, un entrevistado nos confesó lo siguiente:

> *«Aquí bonito se celebra el Inty Raymi, primero en Orta se empieza con el armay chilli (baño ritual) y después todos se reúnen en Sabadell, allí toda la noche se baila, vienen grupos de todos lados (de Alemania, Holanda, Italia, entre otros países), traen comida, colas, cervezas de todo traen, bien se pasa.»* (Iván, migrante procedente de Otavalo, 12-03-09).

Esto nos está indicando que ciertas prácticas que se realizan en la comunidad no se han perdido, pues se siguen manteniendo las manifestaciones de esta cultura ancestral pese a que se encuentran al otro lado del Atlántico. Su orgullo por su pasado es sin embargo un factor que cohesiona a este grupo de migrantes.

Así mismo, el imaginario del migrante exitoso está presente y en referencia a este tema se pudo encontrar la siguiente información:

> *«Mi abuela fue una de las primeras en inscribirse en el consulado ecuatoriano, yo nací aquí y soy española, mi familia posee algunas tiendas de artesanías en las Ramblas y ahora, yo poseo la mía propia; todo esto se debe a mi abuelo quien fue uno de los pioneros en venir a Barcelona en la década de 1970.»* (Silvia, hija de una migrante procedentes de Otavalo y con ciudadanía española).

Esta construcción del imaginario del migrante exitoso se vuelve plausible en este caso, pues ésta es una de las familias que se ha incorporado exitosamente en la sociedad espanola. Esto lo sabe la comunidad de otavalos que reside en esta ciudad y los mismos son un referente para los que llegaron después, siendo un ejemplo de éxito. Por ello, la construcción del migrante exitoso se vuelve posible para este grupo de personas.

Así mismo, la discriminación sigue latente, pues en algunas entrevistas se pudo ver que este tema se repetía constantemente, como a continuación se menciona:

> *«Cuando viajamos, mucho nos molesta la policía, siempre nos paran, será que nos ven con trenza larga, pero siempre nos piden los papeles y medio mal nos tratan, a veces hasta a la estación de policía nos llevan, para revisar que todo esté bien, nos dicen, y después nos sueltan.»* (Raúl, migrante de la comunidad de Peguche, 12-03-09).

Como se pudo constatar en algunas entrevistas, esto aparece recurrentemente, lo que nos lleva a decir que persiste una marcada discriminación para los migrantes; en especial para los grupos que lucen diferente a lo habitual y es motivo de abusos por algunos sectores de la sociedad española.

Con esta pequeña aproximación a la realidad, podemos esbozar lo que ocurre en este pueblo originario que ha traspasado las fronteras internacionales y se ha radicado en Barcelona. En principio, éstos se incorporan a la sociedad española como artesanos-comerciantes y músicos, pero en vista de que el mercado se ha saturado de productos étnicos, algunos han optado por buscar nuevas fuentes de ingreso y han ingresado al mercado laboral. Sin embargo, siguen teniendo como fuente de ingreso la venta de artesanías y otros productos en la ferias durante los fines de semana.

La interacción social se realiza durante las actividades deportivas que estos actores practican en especial durante los días lunes y martes, ya que los fines de semana acuden a las ferias donde ellos se dedican a sus actividades comerciales. En los parques, donde se juntan a jugar y practicar los diferentes deportes, se reúnen las familias por consaguinidad y ritual, donde se comparte comida típica y se difunde información sobre la situación actual de su país de origen

La cultura sigue siendo un factor de cohesión e identidad sumamente importante en esta comunidad transnacional, pues sus costumbres, tradiciones y ritos siguen siendo practicados en Europa; en especial, la festividad mayor para las pueblos andinos como es el Inty Raymi, entre otras.

Por último, si en los países de origen existe discriminación, en los países de destino esto no cambia. La discriminación por cultura o etnia está presente. En estos países, las acciones afirmativas brillan por su ausencia y estos grupos se ven vulnerados, quedando en peligro la supervivencia de su cultura una vez que este pueblo originario ha tratado de incorporarse a la ciudad y a las culturas urbanas. Esta población necesita seguir practicando el buen vivir también en los países de destino, y ejerciendo sus tradiciones culturales; puesto que a pesar de que siguen realizando ciertas prácticas,[14] en el largo plazo éstas pueden estar en peligro de perderse, en especial el idioma kichwa.

Para terminar, siendo ésta un primera aproximación a la realidad sobre cómo los kichwa-otavalo se han incorporado a la sociedad española y, al referirnos a que están entrando al mercado laboral, sobre si su situación está cambiando, se debe seguir estudiando el tema a fondo ya que con el presente trabajo sólo se han abierto más preguntas que respuestas.

---

[14] Prácticas ancestrales como el Pawkar Raymi y el Inty Raymi las encontramos en lugares como Barcelona, Madrid, New York, entre otras ciudades, lo que reafirma su compromiso de no perder su cultura.

Bibliografía

Jiménez, C / Malgesini, G. (1997): *Guía de conceptos sobre migraciones, racismo e interculturalidad*, Madrid: La Cueva del Oso.

Korovkin, Tanya (1998): «Commodity Production and Ethnic Culture: Otavalo, Northern Ecuador» en *Economic Development and Cultural Change* 47, 1, págs.125-154.

Males, Luis (2009): *Capital Social en las empresas indígenas*. Quito: FLACSO (Tesis de Grado).

Meisch, Lynn (2002): *Anden Entrepreneurs, Otavalo merchants and musicians in the global market*, University of Texas.

Ordóñez Charpentier, Angélica (2008): *Migración transnacional de los kichwa-otavalo y la fiesta del Pawkar Raymi*, Quito: FLACSO.

Parson, Elsie Clews (1945): *Peguche*, Chicago: University of Chicago Press.

Pedone, Claudia (2002): *El potencial del análisis de las cadenas y redes migratorias en las migraciones internacionales contemporáneas*, Barcelona: Universidad Autónoma de Barcelona.

Pedone, Claudia (2009): «Migración y Desarrollo», Quito: FLACSO (Clases Magistrales).

Pries, A. (1999): «Las representaciones sociales en torno a la inmigración ecuatoriana a España» en *ICONOS* 14 (Revista de la FLACSO-Quito), págs. 56- 66.

Ruiz Balzola, Andrea (2008): *Estrategias, inversiones e interacciones de las mujeres migrantes kichwa-otavalo*, Quito: FLACSO.

Salomón, Frank (1980): *Los Señores Étnicos de Quito en la época de los Inkas*, Otavalo: IOA, págs. 164-68.

Torres, Alicia (2007): «Espejismo de la igualación» en FLACSO (ed.): *Comunidad, clase, etnia en la emigración de los kichwa-otavalos*, Quito.

Zúñiga, Pilar (2008): *Comunidades transnacionales indígenas: la experiencia migratoria del pueblo saraguro en Vera (España)*, Sevilla: Universidad Pablo de Olavide (Upo)-El Colegio de América.

Diana Moreno*

La búsqueda del que inmigra – Reflexiones de una afro- e indígenadescendiente en España

Primero que todo deseo dar gracias a Dios por este espacio en el que se me da la oportunidad de hablar de mi experiencia como afrodescendiente e indígenadescendiente que soy, también como una embajadora de la cultura de mi país, Panamá, del cual estoy muy orgullosa. Así pues, el objetivo de esta contribución no es más que ofrecer uns breves reflexiones en relación con mi experiencia de migrante en un país europeo.

Al igual que muchos de los jóvenes que vienen a estos países trayendo consigo una imagen un poco equivocada, la idea de que todo será perfecto, también yo misma llegué así a España. Pero muchas cosas ambiaron tan sólo pisar el suelo español. Mi caso es como el de muchos jóvenes que buscan abrirse un espacio en el mundo del arte, pero que pronto descubren que ello no es para nada fácil.

Yo vivo en una provincia de Cataluña, Girona, donde aunque se habla el castellano también se usa habitualmente el propio idioma nativo, el catalán. Y para poder relacionarse de una mejor forma es necesario aprenderlo. Se dan muchos casos de que si preguntas en castellano, te responden en catalán, aunque no siempre es así. Yo, en lo que a mí toca, no he visto nunca lo del catalán como algo negativo, es más, incluso me gusta esta lengua. Pero no todos los inmigrantes quieren aprenderla y ahí es donde empiezan ya a darse toda una serie de confusiones y malentendidos.

A medida que van pasando los días empiezas a relacionarte e interesarte por todo lo que te rodea, a involucrarte en la cultura circundante, y pronto te das cuenta de lo mucho que te interesas tú por conocer lo más posible de los demás y su cultura, y de lo poco que ellos conocen de nosotros o de nuestros países de origen. Y percibes cómo la gran mayoría sólo sabe lo que los medios de comunicación le venden, y que en muchos casos es una información errónea. Siembran muchos medios la idea de que el que viene aquí no es más que porque no tiene nada mejor que hacer en su país.

---

*   Panamá / Girona, *daysofi26@hotmail.com*

En mi caso concreto, el destino me jugó una buena pasada permitiéndome la bonita experiencia de poder estar aquí en España, pero las cosas no se dan tan fáciles. Se requiere de un gran esfuerzo y sacrificio para subsistir.

Pero con esto no quiero decir que todo haya de ser necesariamente difícil, por ejemplo, si te das la vuelta, en el día a día ya tienes un grupo de compañeros con los que compartes trabajo, en la mayoría de los casos muchos de ellos inmigrantes como tú.

Siempre surgen actividades en común y momentos de interacción como cuando te vas a tomar el desayuno con tu grupo de conocidos: por lo regular siempre saldrá algún tema de conversación sobre tus orígenes o escucharás cosas que te desagradan y es en ese momento donde nos corresponde informar y educar sobre las frases que consideramos muy peyorativas. Ejemplo: «Estos africanos que vienen en patera, que se vayan para su país» o «estos indios que hablan mal son de la montaña». Lo más triste es que, en la mayoría de los casos, quienes hacen ese tipo de comentarios son precisamente los mismos inmigrantes, pero que no se sienten negros por no venir de África, ni tampoco indios aunque resulte que algunos de ellos tengan una o ambas ascendencias – y no sean conscientes de ello.

Es triste decirlo, pero los medios de comunicación o el entorno familiar pecan sobre todo por ignorar el tema, y sólo proyectan que si eres negro eres objeto de discriminación, «¿Parecer un negro? ¡No, para nada!» y si eres indio sienten que «vales menos». Se dan muchos casos en que hasta hay que hablar de genes blancos caucásicos, y todo el mundo empieza a recordar a la tatarabuela francesa o al tatarabuelo español, y sólo para decir que no tienen nada que ver con los afrodescendientes o indígenas. Claro que no es malo recordar a los antepasados, pero siempre se ha de saber de dónde uno viene.

Todo lo que vengo comentando se debe a que hay una mala concepción sobre los orígenes de las personas, cargada de estereotipos, prejuicios y generalizaciones. Nada cambia vengas de donde vengas, tienes el mismo valor como persona si viajas a otro país en primera clase de avión o en una patera, cualquiera sea la etnia de que provengas, eres sencillamente un inmigrante, cada uno con sus propios sueños y esperanzas.

La mayoría de las veces se juzga sin tener la más mínima idea de las razones que llevaron a ese joven a subirse a una patera, o de las circunstancias que obligaron a esa familia a dejar todo para escapar a otro país, por lo general siempre por problemas políticos, la guerrilla o la pobreza.

Para terminar quiero resaltar que no todo el mundo cuenta con las mismas oportunidades en sus países. La sociedad tiene que empezar a hacer la diferencia: el ser humano no debe medirse por el color de su piel o la forma de su cabello sino por su calidad humana, siempre usando palabras buenas, regalando sonrisas porque sólo así mantendremos un equilibrio y la equidad que es la igualdad, y disfrutaremos todos de una verdadera cultura de paz.

VI

Anexos

Convención Iberoamericana de Derechos de los Jóvenes[*]

PREÁMBULO

Los Estados Parte, conscientes de la trascendental importancia para la humanidad de contar con instrumentos como la Declaración Universal de los Derechos Humanos; el Pacto Internacional de Derechos Económicos, Sociales y Culturales; el Pacto Internacional de Derechos Civiles y Políticos; la Convención sobre la Eliminación de Todas las Formas de Discriminación Racial; la Convención sobre la Eliminación de Todas las Formas de Discriminación contra la Mujer; la Convención sobre los Derechos del Niño; la Convención contra la Tortura y otros Tratos o Penas Crueles, Inhumanos o Degradantes; y demás instrumentos aprobados por las Naciones Unidas y sus Organismos especializados, y por los sistemas de protección de derechos fundamentales de Europa y América, que reconocen y garantizan los derechos de la persona como ser libre, igual y digno.

---

[*] El texto de esta Convención fue firmado en octubre de 2005 en Badajoz, España, por la mayoría de los Estados iberoamericanos (Bolivia, Costa Rica, Cuba, Ecuador, España, Guatemala, Honduras, México, Nicaragua, Panamá, Paraguay, Perú, Portugal, República Dominicana, Uruguay y Venezuela). Hasta ahora lo han ratificado siete Estados: Bolivia, Ecuador, Costa Rica, España, Honduras, República Dominicana y Uruguay. La CIDJ entró en vigor el 01 de marzo de 2008.

Considerando que los instrumentos mencionados forman parte del patrimonio jurídico de la humanidad, cuyo propósito es crear una cultura universal de respeto a la libertad, la paz y los derechos humanos, y que la presente Convención se integra con los mismos.

Teniendo presente que las Naciones Unidas y diversos órganos regionales están impulsando y apoyando acciones en favor de los jóvenes para garantizar sus derechos, el respeto y promoción de sus posibilidades y las perspectivas de libertad y progreso social a que legítimamente aspiran; dentro de las que cabe destacar el Programa Mundial de Acciones para la Juventud para el año 2000 en adelante, aprobado por la Resolución n° 50/81 de las Asamblea General de las Naciones Unidas.

Considerando que la Declaración de Lisboa, aprobada en la I Conferencia Mundial de Ministros Responsables de Juventud, celebrada en Lisboa, Portugal, en 1998, constituye un marco para la cooperación internacional en el dominio de las políticas de juventud, en la cual los Ministros incentivaron y respaldaron las acciones de instituciones como la OIJ, comprometiéndose a apoyar el intercambio bilateral, subregional, regional e internacional de las mejores prácticas, a nivel nacional, para la formulación, implementación y evaluación de políticas de juventud.

Teniendo en cuenta las conclusiones del Foro Mundial de Juventud del Sistema de Naciones Unidas, celebrado en Braga, Portugal, en 1998, así como el Plan de Acción aprobado en dicho evento.

Constatando que los jóvenes conforman un sector social que tiene características singulares en razón de factores psico-sociales, físicos y de identidad que requieren una atención especial por tratarse de un período de la vida donde se forma y consolida la personalidad, la adquisición de conocimientos, la seguridad personal y la proyección al futuro.

Teniendo en cuenta que entre los jóvenes de la Región se constatan graves carencias y omisiones que afectan su formación integral, al privarlos o limitarles derechos como: la educación, el empleo, la salud, el medio ambiente, la participación en la vida social y política y en la adopción de decisiones, la tutela judicial efectiva, la información, la familia, la vivienda, el deporte, la recreación y la cultura en general.

Considerando que debe avanzarse en el reconocimiento explícito de derechos para los jóvenes, La promoción de mayores y mejores oportunidades para la juventud y la consecuente obligación de los Estados de garantizar y adoptar las medidas necesarias para el pleno ejercicio de los mismos.

Reconociendo que estos factores invitan a precisar los alcances y la aplicación de los instrumentos del Derecho Internacional de los Derechos Humanos, a través de declaraciones, normativas y políticas que regulen y protejan específicamente los derechos de los jóvenes y, generando un marco jurídico de mayor especificidad inspirado en los principios y derechos protectivos del ser humano.

Teniendo en cuenta que los Ministros iberoamericanos de Juventud han venido trabajando en la elaboración de una Carta de Derechos de la Juventud Iberoamericana, habiéndose aprobado en la IX Conferencia Iberoamericana de Ministros de Juventud, las bases conceptuales y metodológicas para la elaboración de un documento que, bajo la perspectiva de superar prejuicios y concepciones despectivas, paternalistas o meramente utilitarias de los jóvenes, reivindique su condición de personas, ciudadanos plenos, sujetos reales y efectivos de derechos, garantice la igualdad de género, su participación social y política, la aprobación de políticas orientadas al ejercicio pleno de sus derechos, satisfaga sus necesidades y les reconozca como actores estratégicos del desarrollo.

Afirmando que, en adición a los instrumentos del Derecho Internacional de los Derechos Humanos, la elaboración de una Convención Iberoamericana de Derechos de la Juventud se justifica en la necesidad de que los jóvenes cuenten con el compromiso y las bases jurídicas que reconozcan, garanticen y protejan sus derechos, asegurando así la continuidad y el futuro de nuestros pueblos.

Por lo expuesto:

Los Estados Parte aprueban, proclaman y se comprometen a cumplir y mandar cumplir la presente Convención Iberoamericana de Derechos de los Jóvenes con el espíritu de reconocer a los jóvenes como sujetos de derechos, actores estratégicos del desarrollo y personas capaces de ejercer responsablemente los derechos y libertades que configuran esta Convención; y para que todos los países de Iberoamérica, sus pueblos e instituciones se vinculen a este documento, lo hagan vigente en la práctica cotidiana y hagan posible que se lleven a la realidad programas que den vida a lo que esta Convención promueve en favor del respeto a la juventud y su realización plena en la justicia, la paz, la solidaridad y el respeto a los derechos humanos.

CAPÍTULO PRELIMINAR

Artículo 1. Ámbito de aplicación
La presente Convención considera bajo las expresiones joven, jóvenes y juventud a todas las personas, nacionales o residentes en algún país de Iberoamérica, comprendidas entre los 15 y los 24 años de edad. Esa población es sujeto y titular de los derechos que esta Convención reconoce, sin perjuicio de los que igualmente les beneficie a los menores de edad por aplicación de la Convención Internacional de los Derechos del Niño.

Artículo 2. Jóvenes y derechos humanos
Los Estados Parte en la presente Convención reconocen el derecho de todos los jóvenes a gozar y disfrutar de todos los derechos humanos, y se comprometen a respetar y garantizar a los jóvenes el pleno disfrute y ejercicio de sus derechos civiles, políticos, económicos, sociales, y culturales.

Artículo 3. Contribución de los jóvenes a los derechos humanos
Los Estados Parte en la presente convención, se comprometen a formular políticas y proponer programas que alienten y mantengan de modo permanente la contribución y el compromiso de los jóvenes con una cultura de paz y el respeto a los derechos humanos y a la difusión de los valores de la tolerancia y la justicia.

CAPÍTULO I
DISPOSICIONES GENERALES

Artículo 4. Derecho a la Paz
Esta Convención proclama el derecho a la paz, a una vida sin violencia y a la fraternidad y el deber de alentarlas mediante la educación y programas e iniciativas que canalicen las energías solidarias y de cooperación de los jóvenes. Los Estados Parte fomentarán la cultura de paz, estimularán la creatividad, el espíritu emprendedor, la formación en valores inherentes al respeto de los Derechos Humanos y Libertades Fundamentales, favoreciendo en todo caso la comprensión, la tolerancia, la amistad, la solidaridad, la justicia y la democracia.

Artículo 5. Principio de no-discriminación
El goce de los derechos y libertades reconocidos a los jóvenes en la presente Convención no admite ninguna discriminación fundada en la raza, el color, el origen nacional, la pertenencia a una minoría nacional, étnica o cultural, el sexo, la orientación sexual, la lengua, la religión, las opiniones, la condición

social, las aptitudes físicas, o la discapacidad, el lugar donde se vive, los recursos económicos o cualquier otra condición o circunstancia personal o social del joven que pudiese ser invocada para establecer discriminaciones que afecten la igualdad de derechos y las oportunidades al goce de los mismos.

Artículo 6. Derecho a la igualdad de género
Esta Convención reconoce la igualdad de género de los jóvenes y declara el compromiso de los Estados Parte de impulsar políticas, medidas legislativas y presupuestarias que aseguren la equidad entre hombres y mujeres jóvenes en el marco de la igualdad de oportunidades y el ejercicio de los derechos.

Artículo 7. Protagonismo de la familia
Los Estados Parte reconocen la importancia de la familia y las responsabilidades y deberes de padres y madres, o de sus substitutos legales, de orientar a sus hijos e hijas jóvenes menores de edad en el ejercicio de los derechos que esta Convención reconoce.

Artículo 8. Adopción de medidas de derecho interno
Los Estados Parte reconocen los derechos contemplados en esta convención se comprometen a promover, proteger y respetar los mismos y a adoptar todas las medidas legislativas, administrativas y de otra índole, así como a asignar los recursos que permitan hacer efectivo el goce de los derechos que la convención reconoce. Igualmente formularán y evaluarán las políticas de juventud.

CAPÍTULO II
DERECHOS CIVILES Y POLÍTICOS

Artículo 9. Derecho a la vida
1. Los jóvenes tienen derecho a la vida y, por tanto, los Estados Parte adoptarán las medidas de toda índole que sean necesarias para garantizar un desarrollo físico, moral e intelectual que permita la incorporación de los jóvenes al protagonismo de la vida colectiva con niveles óptimos de madurez. En todo caso se adoptarán medidas tuitivas contra las agresiones que puedan ser causa de menoscabo del proceso de desarrollo a que se refiere el párrafo anterior.
2. Ningún joven será sometido a la pena de muerte. Los Estados Parte que conserven la Pena de muerte garantizarán que ésta no se aplicará a quienes, al momento de cometer el delito, fueren considerados jóvenes en los términos de la presente Convención.

Artículo 10. Derecho a la integridad personal
Los Estados Parte adoptarán medidas específicas de protección a favor de los jóvenes en relación con su integridad y seguridad física y mental, así como contra la tortura y los tratos crueles, inhumanos y degradantes.

Artículo 11. Derecho a la protección contra los abusos sexuales
Los Estados Parte tomarán todas las medidas necesarias para la prevención de la explotación, el abuso y el turismo sexual y de cualquier otro tipo de violencia o maltrato sobre los jóvenes, y promoverán la recuperación física, psicológica, social y económica de las víctimas.

Artículo 12. Derecho a la objeción de conciencia
1. Los jóvenes tienen derecho a formular objeción de conciencia frente al servicio militar obligatorio.
2. Los Estados Parte se comprometen a promover las medidas legislativas pertinentes para garantizar el ejercicio de este derecho y avanzar en la eliminación progresiva del servicio militar obligatorio.
3. Los Estados Parte se comprometen a asegurar que los jóvenes menores de 18 años no serán llamados a filas ni involucrados, en modo alguno, en hostilidades militares.

Artículo 13. Derecho a la Justicia
1. Los Estados Parte reconocen el derecho a la justicia de los jóvenes. Ello implica el derecho a la denuncia, la audiencia, la defensa, a un trato justo y digno, a una justicia gratuita, a la igualdad ante la ley y a todas las garantías del debido proceso.
2. Los Estados Parte tomarán todas las medidas necesarias para garantizar una legislación procesal que tenga en cuenta la condición juvenil, que haga real el ejercicio de este derecho y que recoja todas las garantías del debido proceso.
3. Los jóvenes condenados por una infracción a la ley penal tienen derecho a un tratamiento digno que estimule su respeto por los derechos humanos y que tenga en cuenta su edad y la necesidad de promover su resocialización a través de medidas alternativas al cumplimiento de la pena.
4. En todos los casos en que jóvenes menores de edad se encuentren en conflicto con la ley, se aplicarán las normas del debido proceso y la tutela judicial efectiva, de acuerdo a las normas y principios del Derecho Internacional de los Derechos Humanos.
5. Los Estados Parte tomarán medidas para que los jóvenes que cumplan pena de prisión, cuenten con un espacio y las condiciones humanas dignas en el centro de internamiento.

Artículo 14. Derecho a la identidad y personalidad propias
1. Todo joven tiene derecho a: tener una nacionalidad, a no ser privado de ella y a adquirir otra voluntariamente, y a su propia identidad, consistente en la formación de su personalidad, en atención a sus especificidades y características de sexo, nacionalidad, etnia, filiación, orientación sexual, creencia y cultura.
2. Los Estados Parte promoverán el debido respeto a la identidad de los jóvenes y garantizarán su libre expresión, velando por la erradicación de situaciones que los discriminen en cualquiera de los aspectos concernientes a su identidad.

Artículo 15. Derecho al honor, intimidad y a la propia imagen
1. Los jóvenes tienen derecho al honor, a la intimidad personal y familiar y a la propia imagen.
2. Los Estados Parte adoptarán las medidas necesarias y formularán propuestas de alto impacto social para alcanzar la plena efectividad de estos derechos y para evitar cualquier explotación de su imagen o prácticas en contra de su condición física y mental, que mermen su dignidad personal.

Artículo 16. Derecho a la libertad y seguridad personal
1. Los Estados Parte reconocen a los jóvenes, con la extensión expresada en el Pacto Internacional de Derechos civiles y políticos, el derecho a su libertad y al ejercicio de la misma, sin ser coartados ni limitados en las actividades que derivan de ella, prohibiéndose cualquier medida que atente contra la libertad, integridad y seguridad física y mental de los jóvenes.
2. Consecuentes con el reconocimiento y deber de protección del derecho a la libertad y seguridad de los jóvenes, los Estados Parte garantizan que los jóvenes no serán arrestados, detenidos, presos o desterrados arbitrariamente.

Artículo 17. Libertad de pensamiento, conciencia y religión
1. Los jóvenes tienen derecho a la libertad de pensamiento, conciencia y religión, prohibiéndose cualquier forma de persecución o represión del pensamiento.
2. Los Estados Parte se comprometen a promover todas las medidas necesarias para garantizar el ejercicio de este derecho.

Artículo 18. Libertad de expresión, reunión y asociación
1. Los jóvenes tienen derecho a la libertad de opinión, expresión, reunión e información, a disponer de foros juveniles y a crear organizaciones y asociaciones donde se analicen sus problemas y puedan presentar propuestas de iniciativas políticas ante las instancias públicas encargadas de atender asuntos relativos a la juventud, sin ningún tipo de interferencia o limitación.

2. Los Estados Parte se comprometen a promover todas las medidas necesarias que, con respeto a la independencia y autonomía de las organizaciones y asociaciones juveniles, les posibiliten la obtención de recursos concursables para el financiamiento de sus actividades, proyectos y programas.

Artículo 19. Derecho a formar parte de una familia
1. Los jóvenes tienen el derecho a formar parte activa de una familia que promueva relaciones donde primen el afecto, el respeto y la responsabilidad mutua entre sus miembros y a estar protegidos de todo tipo de maltrato o violencia.
2. Los jóvenes menores de edad tienen derecho a ser oídos en caso de divorcio o separación de sus padres para efectos de atribución de su propia guarda, así como, a que su voluntad sea determinante en caso de adopción.
3. Los Estados Parte se comprometen a crear y facilitar las condiciones educativas, económicas, sociales y culturales que fomenten los valores de la familia, la cohesión y fortaleza de la vida familiar y el sano desarrollo de los jóvenes en su seno, a través de políticas públicas y su adecuado financiamiento.

Artículo 20. Derecho a la formación de una familia
1. Los jóvenes tienen derecho a la libre elección de la pareja, a la vida en común y a la constitución del matrimonio dentro de un marco de igualdad de sus miembros, así como a la maternidad y paternidad responsables, y a la disolución de aquel de acuerdo a la capacidad civil establecida en la legislación interna de cada país.
2. Los Estados Parte promoverán todas las medidas legislativas que garanticen la conciliación de la vida laboral y familiar y el ejercicio responsable de la paternidad y maternidad y permitan su continuo desarrollo personal, educativo, formativo y laboral.

Artículo 21. Participación de los jóvenes
1. Los jóvenes tienen derecho a la participación política.
2. Los Estados Parte se comprometen a impulsar y fortalecer procesos sociales que generen formas y garantías que hagan efectiva la participación de jóvenes de todos los sectores de la sociedad, en organizaciones que alienten su inclusión.
3. Los Estados Parte promoverán medidas que de conformidad con la legislación interna de cada país, promuevan e incentiven el ejercicio de los jóvenes a su derecho de inscribirse en agrupaciones políticas, elegir y ser elegidos.
4. Los Estados Parte se comprometen a promover que las instituciones gubernamentales y legislativas fomenten la participación de los jóvenes en la formulación de políticas y leyes referidas a la juventud, articulando los me-

canismos adecuados para hacer efectivo el análisis y discusión de las iniciativas de los jóvenes, a través de sus organizaciones y asociaciones.

CAPÍTULO III
DERECHOS ECONÓMICOS, SOCIALES Y CULTURALES

Artículo 22. Derecho a la educación
1. Los jóvenes tienen derecho a la educación.
2. Los Estados Parte reconocen su obligación de garantizar una educación integral, continua, pertinente y de calidad.
3. Los Estados Parte reconocen que este derecho incluye la libertad de elegir el centro educativo y la participación activa en la vida del mismo.
4. La educación fomentará la práctica de valores, las artes, las ciencias y la técnica en la transmisión de la enseñanza, la interculturalidad, el respeto a las culturas étnicas y el acceso generalizado a las nuevas tecnologías y promoverá en los educandos la vocación por la democracia, los derechos humanos, la paz, la solidaridad, la aceptación de la diversidad, la tolerancia y la equidad de género.
5. Los Estados Parte reconocen que la educación es un proceso de aprendizaje a lo largo de toda la vida, que incluye elementos provenientes de sistemas de aprendizaje escolarizado, no escolarizado e informales, que contribuyen al desarrollo continuo e integral de los jóvenes.
6. Los Estados Parte reconocen que el derecho a la educación es opuesto a cualquier forma de discriminación y se comprometen a garantizar la universalización de la educación básica, obligatoria y gratuita, para todos los jóvenes, y específicamente a facilitar y asegurar el acceso y permanencia en la educación secundaría. Asimismo los Estados Parte se comprometen a estimular el acceso a la educación superior, adoptando las medias políticas y legislativas necesarias para ello.
7. Los Estados Parte se comprometen a promover la adopción de medidas que faciliten la movilidad académica y estudiantil entre los jóvenes, acordando para ello el establecimiento de los procedimientos de validación que permitan, en su caso, la equivalencia de los niveles, grados académicos y títulos profesionales de sus respectivos sistema educativos nacionales.

Artículo 23. Derecho a la educación sexual
1. Los Estados Parte reconocen que el derecho a la educación también comprende el derecho a la educación sexual como fuente de desarrollo personal, afectividad y expresión comunicativa, así como la información relativa la reproducción y sus consecuencias.

2. La educación sexual se impartirá en todos los niveles educativos y fomentará una conducta responsable en el ejercicio de la sexualidad, orientada a su plena aceptación e identidad, así como, a la prevención de las enfermedades de transmisión sexual, el VIH (Sida), los embarazos no deseados y el abuso o violencia sexual.

3. Los Estados Parte reconocen la importante función y responsabilidad que corresponde a la familia en la educación sexual de los jóvenes.

4. Los Estados Parte adoptarán e implementarán políticas de educación sexual, estableciendo planes y programas que aseguren la información y el pleno y responsable ejercicio de este derecho.

Artículo 24. Derecho a la cultura y al arte

1. Los jóvenes tienen derecho a la vida cultural y a la libre creación y expresión artística. La práctica de estos derechos se vinculará con su formación integral.

2. Los Estados Parte se comprometen a estimular y promover la creación artística y cultural de los jóvenes, a fomentar, respetar y proteger las culturas autóctonas y nacionales, así como, a desarrollar programas de intercambio y otras acciones que promuevan una mayor integración cultural entre los jóvenes de Iberoamérica.

Artículo 25. Derecho a la salud

1. Los Estados Parte reconocen el derecho de los jóvenes a una salud integral y de calidad.

2. Este derecho incluye la atención primaria gratuita, la educación preventiva, la nutrición, la atención y cuidado especializado de la salud juvenil, la promoción de la salud sexual y reproductiva, la investigación de los problemas de salud que se presentan en la edad juvenil, la información y prevención contra el alcoholismo, el tabaquismo y el uso indebido de drogas.

3. Tienen igualmente derecho a la confidencialidad y al respeto del personal de los servicios de salud, en particular, en lo relativo a su salud sexual y reproductiva.

4. Los Estados Parte velarán por la plena efectividad de este derecho adoptando y aplicando políticas y programas de salud integral, específicamente orientados a la prevención de enfermedades, promoción de la salud y estilos de vida saludable entre los jóvenes. Se potenciarán las políticas de erradicación del tráfico y consumo de drogas nocivas para la salud.

Artículo 26. Derecho al trabajo

1. Los jóvenes tienen derecho al trabajo y a una especial protección del mismo.

2. Los Estados Parte se comprometen a adoptar las medidas necesarias para generar las condiciones que permitan a los jóvenes capacitarse para acceder o crear opciones de empleo.

3. Los Estados Parte adoptarán las políticas y medidas legislativas necesarias que fomenten el estímulo a las empresas para promover actividades de inserción y calificación de jóvenes en el trabajo.

Artículo 27. Derecho a las condiciones de trabajo

1. Los jóvenes tienen derecho a la igualdad de oportunidades y trato en lo relativo a la inserción, remuneración, promoción y condiciones en el trabajo, a que existan programas que promuevan el primer empleo, la capacitación laboral y que se atienda de manera especial a los jóvenes temporalmente desocupados.

2. Los Estados Parte reconocen que los jóvenes trabajadores deben gozar de iguales derechos laborales y sindicales a los reconocidos a todos los trabajadores.

3. Los Estados Parte reconocen el derecho de los jóvenes a estar protegidos contra la explotación económica y contra todo trabajo que ponga en peligro la salud, la educación y el desarrollo físico y psicológico.

4. El trabajo para los jóvenes de 15 a 18 años, será motivo de una legislación protectora especial de acuerdo a las normas internacionales del trabajo.

5. Los Estados Parte adoptarán medidas para que las jóvenes trabajadoras menores de edad sean beneficiarias de medidas adicionales de atención específica potenciadora de la que, con carácter general, se dispense de acuerdo con la legislación laboral, de Seguridad Social y de Asistencia Social. En todo caso adoptarán, a favor de aquéllas, medidas especiales a través del desarrollo del apartado 2 del artículo 10 del Pacto Internacional de derechos económicos, sociales y culturales. En dicho desarrollo se prestará especial atención a la aplicación del artículo 10 del Convenio 102 de la Organización Internacional del Trabajo.

6. Los Estados Parte se comprometen a adoptar las medidas políticas y legislativas necesarias para suprimir todas las formas de discriminación contra la mujer joven en el ámbito laboral.

Artículo 28. Derecho a la protección social

1. Los jóvenes tienen derecho a la protección social frente a situaciones de enfermedad, accidente laboral, invalidez, viudez y orfandad y todas aquellas situaciones de falta o de disminución de medios de subsistencia o de capacidad para el trabajo.

2. Los Estados Parte adoptaran las medidas necesarias para alcanzar la plena efectividad de este derecho.

Artículo 29. Derecho a la formación profesional
1. Los jóvenes tienen derecho al acceso no discriminatorio a la formación profesional y técnica inicial, continua, pertinente y de calidad, que permita su incorporación al trabajo.
2. Los Estados Parte adoptarán todas las medidas necesarias para garantizar el acceso no discriminatorio a la formación profesional y técnica, formal y no formal, reconociendo su cualificación profesional y técnica para favorecer la incorporación de los jóvenes capacitados al empleo.
3. Los Estados Parte se comprometen a impulsar políticas públicas con su adecuado financiamiento para la capacitación de los jóvenes que sufren de alguna discapacidad con el fin de que puedan incorporarse al empleo.

Artículo 30. Derecho a la vivienda
1. Los jóvenes tienen el derecho a una vivienda digna y de calidad que les permita desarrollar su proyecto de vida y sus relaciones de comunidad.
2. Los Estados Parte adoptarán medidas de todo tipo para que sea efectiva la movilización de recursos, públicos y privados, destinados a facilitar el acceso de los jóvenes a una vivienda digna. Estas medidas se concretarán en políticas de promoción y construcción de viviendas por las Administraciones Públicas y de estímulo y ayuda a las de promoción privada. En todos los casos la oferta de las viviendas se hará en términos asequibles a los medios personales y/o familiares de los jóvenes, dando prioridad a los de menos ingresos económicos.
Las políticas de vivienda de los Estados Parte constituirán un factor coadyuvante del óptimo desarrollo y madurez de los jóvenes y de la constitución por éstos de nuevas familias.

Artículo 31. Derecho a un medioambiente saludable
1. Los jóvenes tienen derecho a vivir en un ambiente sano y equilibrado.
2. Los Estados Parte reconocen la importancia de proteger y utilizar adecuadamente los recursos naturales con el objeto de satisfacer las necesidades actuales sin comprometer los requerimientos de las generaciones futuras.
3. Los Estados Parte se comprometen a fomentar y promover la conciencia, la responsabilidad, la solidaridad, la participación y la educación e información ambiental, entre los jóvenes.

Artículo 32. Derecho al ocio y esparcimiento
1. Los jóvenes tienen derecho a la recreación y al tiempo libre, a viajar y a conocer otras comunidades en los ámbitos nacional, regional e internacional, como mecanismo para promover el intercambio cultural, educativo, vívencial y lúdico, a fin de alcanzar el conocimiento mutuo y el respeto a la diversidad cultural y a la solidaridad.

2. Los Estados Parte se comprometen a implementar políticas y programas que promuevan el ejercicio de estos derechos y a adoptar medidas que faciliten el libre tránsito de los jóvenes entre sus países.

Artículo 33. Derecho al deporte

1. Los jóvenes tienen derecho a la educación física y a la práctica de los deportes. El fomento del deporte estará presidido por valores de respeto, superación personal y colectiva, trabajo en equipo y solidaridad. En todos los casos los Estados Parte se comprometen a fomentar dichos valores así como la erradicación de la violencia asociada a la práctica del deporte.
2. Los Estados Parte se comprometen a fomentar, en igualdad de oportunidades, actividades que contribuyan al desarrollo de los jóvenes en los planos físicos, intelectual y social, garantizando los recursos humanos y la infraestructura necesaria para el ejercicio de estos derechos.

Artículo 34. Derecho al desarrollo

1. Los jóvenes tienen derecho al desarrollo social, económico, político y cultural y a ser considerados como sujetos prioritarios de las iniciativas que se implementen para tal fin.
2. Los Estados Parte se comprometen a adoptar las medidas adecuadas para garantizar la asignación de los recursos humanos, técnicos y financieros necesarios para programas que atiendan a la promoción de la juventud, en el área rural y urbana, la participación en la discusión para elaborar los planes de desarrollo y su integración en el proceso de puesta en marcha de las correspondientes acciones nacionales, regionales y locales.

CAPÍTULO IV
DE LOS MECANISMOS DE PROMOCIÓN

Artículo 35. De los Organismos Nacionales de Juventud

1. Los Estados Parte se comprometen a la creación de un organismo gubernamental permanente, encargado de diseñar, coordinar y evaluar políticas públicas de juventud.
2. Los Estados Parte se comprometen a promover todas las medidas legales y de cualquier otra índole destinadas a fomentar la organización y consolidación de estructuras de participación juvenil en los ámbitos locales, regionales y nacionales, como instrumentos que promuevan el asociacionismo, el intercambio, la cooperación y la interlocución con las autoridades públicas.
3. Los Estados Parte se comprometen a dotar a los organismos públicos nacionales de juventud de la capacidad y los recursos necesarios para que puedan realizar el seguimiento del grado de aplicación de los derechos reco-

nocidos en la presente Convención y en las respectivas legislaciones nacionales y de elaborar y difundir informes nacionales anuales acerca de la evolución y progresos realizados en la materia.

4. Las autoridades nacionales competentes en materia de políticas públicas de Juventud remitirán al Secretario General de la Organización Iberoamericana de la Juventud un informe bianual sobre el estado de aplicación de los compromisos contenidos en la presente Convención. Dicho informe deberá se presentado en la Sede de la Secretaría General con seis meses de antelación a la celebración de la Conferencia Iberoamericana de Ministros de Juventud.

Artículo 36. Del seguimiento regional de la aplicación de la Convención
1. En el ámbito iberoamericano y por mandato de esta Convención, se confiere a la Secretaria General de la Organización Iberoamericana de Juventud (OIJ), la misión de solicitar la información que considere apropiada en materia de políticas públicas de juventud así como de conocer los informes realizados en el cumplimiento de las obligaciones contraídas por los Estados Parte en la presente Convención, y a formular las propuestas que estime convenientes para alcanzar el respecto efectivo de los derechos de los jóvenes.
2. El Secretario General de la Organización Iberoamericana de Juventud (OIJ) elevará al seno de la Conferencia Iberoamericana de Ministros de Juventud los resultados de los informes de aplicación de los compromisos de la Convención remitidos por las autoridades nacionales en la forma prevista por el artículo anterior.
3. La Conferencia de Ministros de Juventud podrá dictar las normas o reglamentos que regirán el ejercicio de tales atribuciones.

Artículo 37. De la difusión de la Convención
Los Estados Parte se comprometen a dar a conocer ampliamente los principios y disposiciones de la presente Convención a los Jóvenes así como, al conjunto de la sociedad.

CAPÍTULO V
NORMAS DE INTERPRETACIÓN

Artículo 38. Normas de interpretación
Lo dispuesto en la presente Convención no afectará a las disposiciones y normativas existentes que reconozcan o amplíen los derechos de los jóvenes enunciados en la misma y que puedan estar recogidas en el derecho de un Estado iberoamericano signatario o en el derecho internacional vigente, con respecto a dicho Estado.

CLÁUSULAS FINALES

Artículo 39. Firma, ratificación y adhesión
1. La presente Convención estará abierta a la firma de todos los Estados iberoamericanos.
2. La presente Convención está sujeta a ratificación. Los instrumentos de ratificación se depositarán en poder del Secretario/a General de la Organización Iberoamericana de Juventud.
3. La presente Convención estará abierta a la adhesión de todos los Estados iberoamericanos. La adhesión se efectuará depositando un instrumento de adhesión en poder del Secretario/a General de la Organización Iberoamericana de Juventud.

Artículo 40. Entrada en vigor
1. La presente Convención entrará en vigor el trigésimo día siguiente a la fecha en que haya sido depositado el quinto instrumento de ratificación o de adhesión en poder del Secretario/a General de la Organización Iberoamericana de Juventud.
2. Para cada Estado iberoamericano que ratifique la Convención o se adhiera a ella después de haber sido depositado el quinto instrumento de ratificación o de adhesión, la Convención entrará en vigor el trigésimo día después del depósito por tal Estado de su instrumento de ratificación o adhesión.

Artículo 41. Enmiendas
1. Cualquier Estado Parte podrá proponer una enmienda y depositaria en poder del Secretario/a General de la Organización Iberoamericana de Juventud, quien comunicará la enmienda propuesta a los demás Estados Parte, pidiéndoles que le notifiquen si desean que se convoque una Conferencia de Estados Parte con el fin de examinar la propuesta y someterla a votación. Si dentro de los cuatro meses siguientes a la fecha de esa notificación un tercio, al menos, de los Estados Parte se declaran en favor de tal Conferencia, el Secretario/a General convocará dicha Conferencia.
2. Para que la enmienda entre en vigor deberá ser aprobada por una mayoría de dos tercios de los Estados Parte.
3. Cuando las enmiendas entren en vigor serán obligatorias para los Estados Parte que las hayan aceptado, en tanto que los demás Estados Parte seguirán obligados por las disposiciones de la presente Convención y por las enmiendas anteriores que hayan aceptado.

Artículo 42. Recepción y comunicación de declaraciones
1. El Secretario/a General de la Organización Iberoamericana de Juventud recibirá y comunicará a todos los Estados Parte el texto de las reservas formuladas por los Estados en el momento de la ratificación o de la adhesión.
2. No se aceptará ninguna reserva incompatible con el objeto y el propósito de la presente Convención.
3. Toda reserva podrá ser retirada en cualquier momento por medio de una notificación a ese efecto y dirigida al Secretario/a General de la Organización Iberoamericana de Juventud, quién informará a todos los Estados. Esa notificación surtirá efecto en la fecha de su recepción por el Secretario/a General.

Artículo 43. Denuncia de la Convención
Todo Estado Parte podrá denunciar la presente Convención mediante notificación hecha por escrito al Secretario/ a General de la Organización Iberoamericana de Juventud. La denuncia surtirá efecto un año después de la fecha en que la notificación haya sido recibida por el Secretario/a General.

Artículo 44. Designación de Depositario
Se designa depositario de la presente Convención, cuyos textos en castellano y portugués son igualmente auténticos, al Secretario/a General de la Organización Iberoamericana de Juventud.
En testimonio de lo cual, los infrascritos plenipotenciarios, debidamente autorizados para ello por sus respectivos gobiernos, han firmado la presente Convención.

Jóvenes para un desarrollo con identidad: el III Foro de Diálogo en Toledo[*]

Extraño debe haber parecido a los transeúntes ocasionales el grupo de jóvenes indígenas, afrodescendientes y europeos, alrededor de un caballero de cabello blanco medio largo, desenrrollando el 4 de marzo de 2009 una pancarta a grandes letras: ASHTA CHAKAKUNA, en el antiguo puente de Alcántara de Toledo, actual capital de la Comunidad Autónoma de Castilla-La Mancha, España. «Nuestro Don Quijote también es indígena y afrodescendiente», fue la primera frase del documento al que dieron lectura a continuación en presencia de un camerógrafo de televisión. Se trata del «Manifiesto de Toledo»,[1] elaborado en un encuentro entre jóvenes, científicos y representantes tanto de entidades gubernamentales como de organizaciones sociales y de cooperación al desarrollo de América Latina y Europa, que estaban por culminar su reunión a pocos pasos en el toledano Castillo de San Servando.

---

[*]   El presente texto reproduce el informe redactado por Peter Strack, *terre des hommes*-Alemania, sobre el desarrollo del III Foro de Diálogo «Europa – Pueblos Indígenas y Afrodescendientes de América Latina», en Toledo. Incluimos el texto en la presente publicación por ofrecer una idea del carácter coloquial y dinámico del Foro que posibilitó el vivo intercambio entre los participantes –aspectos difíciles de apreciar con la mera lectura de las contribuciones escritas (nota de los editores).

[1]   Vid. Anexo IV.

Convencidos de que los y las jóvenes constituyen un enorme potencial para transformaciones sociales y políticas, según el principal organizador del evento, *Rafael Sevilla* –el mencionado «señor del puente»–, director del Centro de Comunicación Científica con Iberoamérica de Tubinga (Alemania), se había convocado a dialogar «con y no sólo sobre jóvenes», en torno a sus perpectivas hacia un desarrollo con identidad. Para conocer experiencias nuevas y diversas, *Juliana Stroebele-Gregor*, co-organizadora de la Universidad Libre de Berlín, enfatizó la necesidad de dejar de hablar de manera estereotipada, «como los políticos», para discutir y oir de forma diferenciada y directa sobre las diversas realidades de los y las jóvenes indígenas y afrodescendientes. Así fue posible un intercambio entre el catedrático emérito español y el joven afrodescendiente, director de una ONG de desarrollo en el Chocó colombiano; *Luis E. Males Morales*, joven indígena, funcionario municipal en Otavalo/Ecuador, tuvo oportunidad de escuchar las experiencias de *Diana Moreno*, artista panameña migrante en España; *Britta Lambertz*, representante de la agencia estatal alemana GTZ, junto con *Estuardo Coc Sinay*, joven activista y estudiante maya kaqchikel, contaron de la experiencia de un proyecto de cooperación en Guatemala sobre el tema de la violencia y las organizaciones juveniles; debatieron *Elsa Rodrigues*, universitaria afrobrasileña y varios estudiantes de Madrid, españoles y de otros países europeos, con *Alvaro Zuleta* de ACULCO, una Asociación Cultural de Colombianos en España; y ya en la sesión inicial tomó la palabra la joven abogada afropanameña *Urenna Akenke Best Gayle*, quien acuñó el afortunado término de «juventud acumulada», tan recurrente en el evento, al referirse al organizador del Foro y, por extensión, a todos los participantes veteranos. Si bien lo utilizó para que ninguno de los asistentes se sintiera excluido de los «jóvenes», el término también expresa la diversidad de experiencias de ser joven en los 12 países representados esos días dentro de los muros del Castillo de San Servando –una fortaleza del siglo XIV construida hacia el año 1380 sobre un castillo anterior de origen musulmán y que a su vez fue edificado sobre una iglesia visigoda y ésta sobre otra fortaleza anterior romana–, actualmente habilitado como albergue juvenil por el gobierno de Castilla-La Mancha.

Quizás la visualización de las diferentes realidades de jóvenes indígenas y afrodescendientes, que en este Foro de Diálogo tuvieron una representación significativa, fue el mérito principal del evento. Además del intercambio de sus experiencias de trabajo y organización, de direcciones, opiniones y sentires, que tuvo lugar más en los pasillos y charlas, en el canto de una *Raquel Yolanda* del Ecuador, en caminatas nocturnas e incluso en el recital poético a cargo del joven antropólogo y poeta manchego *Miguel Ángel Arenas*,[2] que en las ponencias o debates oficiales del evento. Incluso, pese a su apretada

---

[2]   Vid. Anexo III.

agenda, el Consejero de Bienestar Social, *Fernando Lamata,* encontró un hueco para saludar a los participantes con un poema del afrocubano Nicolás Guillén especialmente adecuado para la ocasión –y que el consejero recitó magistralmente de memoria. El día anterior había dado la bienvenida a los participantes su antecesor en el cargo, *Tomás Mañas*, actualmente al frente de la Fundación Castellano-Manchega de Cooperación, quien durante el II Foro en Weingarten (Alemania) había ofrecido Toledo como sede del próximo. Finalmente es de agradecer al Consejo de la Juventud de Castilla-La Mancha y a su director gerente, *Santiago Arroyo*, el perfecto apoyo logístico que disfrutaron los participantes.

De derechos y la movilización de la vergüenza

«Que no quede en una experiencia linda, una más de tantos eventos internacionales, sino que beneficie en algo a las comunidades», fue el deseo expreso y un llamado de *Edil Moreno*, joven asesor de un proyecto de la GTZ alemana en San Antonio del Parapetí en Bolivia. Al mismo tiempo, este joven guaraní valoró el viaje como experiencia única para él, empezando con el viacrucis para obtener visado para Europa, después de conseguir su primer vuelo en avión, siendo oriundo de un pueblito que ni siquiera cuenta con teléfono público y sólo tres horas de luz eléctrica por las noches. Cuando contó de las celebraciones por la cosecha del maíz y de las máscaras que representan a los antepasados, parecía traer esta su realidad por un momento hacia los espacios del multicultural castillo de Toledo. Pero allí también se enteró de la existencia de una Red Iberoamericana de Jóvenes Indígenas y Afrodescendientes (REJINA), y conoció a varios de sus representantes personalmente. Siendo algunos familiares de ministros o diputados, otros con relaciones estrechas con ámbitos gubernamentales, y muchos otros delegados de sus propias organizaciones, esto brinda al menos una oportunidad para el futuro de formar o acudir a redes entre jóvenes atravesando clases sociales. También, en el primer panel moderado por el coorganizador *Daniel Oliva*, profesor de Derecho Internacional Público de la Universidad Carlos III de Madrid, se enteró de la existencia de una Convención Iberoamericana de Derechos de los Jóvenes, presentada desde la perspectiva iberoamericana por *Javier Ruiz*, responsable del Área de Formación de la OIJ. La Convención comparte con otros documentos de este tipo el hecho de que no se aplica en muchos países, y que aún carece de un estatus legal importante y de una instancia a la que recurrir en caso de violación de uno de estos derechos. Sin embargo, esto no le resta la importancia de ser un documento de referencia cuando jóvenes se ven afectados en su derechos. Por su parte, *Pilar Trinidad Núñez,* desde su experiencia de asesora jurídica en el Ministerio Español de Asuntos Exteriores y de Cooperación aconsejó a los jóvenes «movilizar la vergüenza» como medio eficaz para conquistar sus derechos.

«Recordamos la urgencia de la firma y ratificación de Acuerdos y Convenciones Internacionales por parte de aquellos Estados Iberoamericanos que aún no los han incorporado», se dice en el Manifiesto de Toledo junto con el compromiso personal de los jóvenes de que «estamos en disposición de emprender las acciones necesarias para que la negligencia de tales Estados quede expuesta al juicio de la Comunidad Internacional.»

Como aspecto más crítico de la Convención se vió en el evento el hecho de que en el Artículo 1 se excluye a los migrantes sin estatus de residencia como titulares de estos derechos. Otros vieron como vacío importante el que no se tomen en cuenta derechos específicos de jóvenes indígenas y afrodescendientes. Esto se debería hacer no sólo como reflejo de la diversidad cultural, sino también como forma de discriminación positiva, que fue otro punto de debate en Toledo.

«El cuento de la democracia»

Es necesario tener más acciones afirmativas para jóvenes indígenas y afrodescendientes. Pero ¿cuáles, para quiénes y en qué espacios? ¿lo necesitan realmente los que ya trabajan en esferas del Estado? Justo las ponencias de las y los jóvenes indígenas que trabajan en el marco de sus organizaciones propias, muchas veces no reclamaban oportunidades específicas y derechos de jóvenes, sino de sus comunidades enteras: una discriminación positiva ¿no les alejaría de su comunidad? ¿y no se habían debilitado muchos procesos organizativos justo porque agencias de cooperación habían escogido para proyectos a jóvenes de culturas indígenas como agentes de cambio para introducir conceptos ajenos a las comunidades? Aun así se necesitan acciones afirmativas en todos los niveles, fue la respuesta contundente de los jóvenes asistentes al evento, siempre que sea con medida. El hecho de ser joven, argumentaron, aunque sea diferente en cada cultura o contexto, es una fase propia de vida tanto en las comunidades rurales como en el aparato estatal. Obviamente, en las poblaciones marginadas y migrantes la situación es más apremiante que en la clase media o para «migrantes o indígenas de lujo», que también los hay, como advirtió *Tomás Calvo Cuevas*, profesor emérito de la Universidad Complutense y actual director del Centro de Estudios sobre Migraciones y Racismo de Madrid. Sin embargo, los jóvenes presentes expresaron su no conformismo sobre la discriminación aún existente incluso en las más altas esferas. *Urenna Akenke* contó de su experiencia de trabajo en el Estado panameño, de la discriminación en los medios masivos, o del caso de un afro-panameño, héroe nacional de deporte, a quien las guardias le negaron el acceso a su propio departamento en un barrio de clase alta. *Akenke* reconoció sin embargo que, a pesar de que la democracia muchas veces no es más que «un cuento», en parte no se trata de discriminación intencionada, sino de negligencia, que se corresponde con la negligencia de los y las jóvenes indígenas o afrodescendientes de no reclamar sus derechos y su igualdad.

¿Fantasmas al poder?

Así como lo hace MAKUNGU, una organización de jóvenes afroperuanos, aunque su representante en Toledo, *Roberto Rojas*, se presentó como «fantasma», porque «el gobierno dice en su XIII Informe al Comité para la Eliminación de todas las Formas de Discriminación Racial, que en Perú no hay población afrodescendiente.» Y así, sostuvo, fueron invisibles como afros hasta en el Consejo Nacional de Juventud al igual como habían sido invisibles los jóvenes en cuanto jóvenes en los espacios étnicos. No extraña que el joven abogado demande más cupos para jóvenes afros e indígenas como funcionarios tanto en el Estado como en los organismos internacionales y en las agencias de cooperación. Con esta demanda, sin embargo, en este segundo panel moderado por *Ana María Portales Cifuentes,* de la División de Asuntos Sociales de la SEGIB, provocó una controversia, quizás la controversia más debatida del evento, aunque no tanto desde los jóvenes, sino desde los adultos. Pues los jóvenes, al contrario de los actuales funcionarios o científicos ya de edad más avanzada, todavía sienten el deseo de conquistarse espacios en la sociedad, y tienen la necesidad de conseguir un empleo de que vivir en el futuro. Pero también ellos vieron que sería un primer paso, pero no suficiente para lograr el cambio generacional en las instituciones existentes y para acceder a puestos de poder.

Obviamente, cuando hablamos de indígenas y afrodescendientes, se trata de marginalización y violencia estructural que requiere un cambio de las instituciones y de las formas vigentes de ejercer el poder. «No queremos este poder», dijo *María Elena Unigarro*, de la ONG Colombiana «Taller Abierto» que trabaja con jóvenes migrantes nasa en la ciudad de Cali, «este poder es el que queremos transformar, para resistir y para fortalecer las diversidades e identidades». La necesidad de ausencia de poder para adquirir libremente identidades diversas, resaltó el antropólogo español *Antonio Pérez*, quien según él mismo había nacido en un tiempo cuando en España todavía había amos y esclavos. En vez de conquistar espacios de poder, él recomendó a los jóvenes cultivar la poesía, porque es la potencialidad más fuerte en esa edad y que por tanto deberían aprovechar más. A la pregunta insistente de *R. Rojas* por su propuesta para llegar al poder, *A. Pérez* le respondió que ellos mismos ya eran elite, y que él deseaba que nunca llegaran a ocupar los espacios de ese tipo de poder existente. «Sólo tengo recetas para escapar del poder. No necesitamos otro presidente indígena si él sigue con lo mismo». «Hemos aprendido», le respondió *Euclides Tapuy* quien, vestido de terno blanco el día anterior, no sólo había hablado de los varios idiomas europeos –español, inglés francés, italiano– que domina, sino también de su deseo de no perder su cultura amazónica kichwa del Río Napo en Ecuador. Su ponencia fue transmitida en directo en el marco de un proyecto de la Universidad Complutense de Madrid vía *skype* al Ecuador. El manejo de los «diferentes saberes» (occidental, indígena, afro) nuevamente se presentó como estrategia clave. «Tenemos la capacidad» –respondió *Tapuy* a *Pérez*– «para aportar y comenzar un nuevo camino, pero esto conlleva al cuidado, preservación y manejo adecuado de todos los ecosistemas que existen en todo el globo te- rráqueo» si bien le dio más énfasis al especial cuidado que se le debe prestar a toda la Amazonía ecuatoriana y a la Amazonía sudamericana en general porque, como él decía, «cuando todo se haya terminado, cuando ya no haya nada, ni una sola planta, ni un solo río limpio y nada que se pueda comer de la naturaleza, *nos daremos cuenta de que el dinero no se come*.» Y *Raquel Yolanda*, shuar del Ecuador, apuntó a la aún poca presencia de indígenas en espacios de gobierno, mucho menos de mujeres y que, más bien al contrario, el actual gobierno de Rafael Correa había mermado la participación indígena para sus propios fines políticos. También *R. Rojas*, quien con su pregunta había desencadenado el debate, insistió en la necesidad de ocupar espacios de poder político en su país, Perú. Los jóvenes rurales, argumentó, quieren ir a la ciudad porque en el campo a menudo no tienen oportunidades, y aunque el discurso étnico sea muy vendible, «la participación política indígena termina en la capital Lima o termina siendo satanizada por las elites y las clases me- dias.»

¿Alternativas desde los jóvenes o desde las culturas?

«Se oscureció el recinto, pero brilló la inteligencia», caracterizó *Cristian Guevara*, del Chocó, el momento en que un antepasado afrocolombiano suyo, Diego Luis Córdoba, entró como primer senador afro al parlamento colom- biano. Pero también advirtió que en el Chocó colombiano la exclusión y pobreza de la población afrocolombiana es inmensa, a pesar de que hoy el aparato político tenga fuerte presencia de afrocolombianos en cargos de po- der. Pero Guevara, quien se encarga de «repensar al negro frente a una socie- dad productiva» en comunidades afro-colombianas en el Río Murindó podía dar testimonio de los límites para un «desarrollo con identidad» también en áreas rurales, cuando la población se ve sumergida en las guerras económicas y de poder de otros, sean negros o blancos. «Bajan cadáveres por los ríos porque somos república bananera», dijo con una amargura que no parecía de joven, exigiendo garantías del gobierno para las comunidades. «Se nos ha vendido el cuento de que somos cuidadores de la selva, pero con el estómago vacío se cortan los árboles y después vienen los colonos.»

También los delegados de organizaciones indígenas hablaron menos de los jóvenes del área rural y de sus demandas, y más de sus comunidades o culturas enteras. Tampoco exigieron muchos espacios propios en sus organizaciones. «No hemos trabajado para un mayor poder de jóvenes, sino en la consolidación de las organizaciones», dijo *Segundo Leónidas Iza Salazar*, ingeniero ambiental kichwa. No sólo como miembro de la Asamblea Constituyente este joven profesional de Cotopaxi tuvo espacios de incidencia, aunque reconoce que en la nueva Constitución ecuatoriana no se ha ganado mucho para los jóvenes. De todos modos, las leyes no le parecen tan importantes como una descolonización del pensamiento. Muchos jóvenes de su zona habrían emigrado por la pobreza a las ciudades, y muchos que vuelven, sostuvo, en vez de soluciones traen problemas, como infracciones, que luego tienen que solucionar las fiscalías indígenas. Aparte de los procesos de organización, que en Cotopaxi habrían reducido los problemas del pandillaje, también él –como otros representantes indígenas en Toledo–, vio una salida en una educación alternativa. Ellos la llaman «Escuelas Vivas», creadas no para transmitir folklore, sino para resignificación de la identidad propia que está ligada a la tierra. Al fin «volver a sembrar». Más allá de ser una alternativa para un joven desarraigado, lo presentó como solución para los kichwa y «para todos los pueblos».

«Hoy el planeta está en problemas», argumentó *Raquel Yolanda*, dirigente de educación de la Federacion Interprovincial de Centros Shuar. «Por esto, el *Sumaj kawsay* no se ha de plantear como algo sólo cultural.» Y de ahí, la perforación de pozos de petróleo en el habitat de las culturas indígenas surgió como preocupación en el encuentro de Toledo y como demanda de *Yolanda* frente a los demás asistentes. «Hemos decidido que no va, porque no va», dijo Yolanda, que para esta oportunidad «a pesar del frío» se había vestido con su ropa tradicional. «No cortando cabezas, pero con incidencia y el apoyo de todos ustedes. La madre tierra nos necesita. Queremos seguir comiendo gusanos, hormigas y tomar agua limpia», terminó su ponencia cuestionando modelos dominantes de desarrollo y colocando el término del *Buen Vivir* en la mesa, término que también fue recogido en el manifiesto final del encuentro.

«La España mestiza»

Algunos de los miles y miles de jóvenes que salieron de sus tierras natales para buscar una vida mejor en Europa, estuvieron también en Toledo. Y así como los representantes indígenas resaltaron la necesidad de preservar sus valores culturales tradicionales y la importancia de tener organizaciones propias para ello, los migrantes en Toledo reclamaron por su parte el reconocimiento de la España mestiza como hecho y como un modelo político frente al modelo de Estado nacional monocultural. *Jéssica Paola Ferrer*, colombiana oriunda de Cartagena, contó que ella recién había conocido el racismo después de salir de su país. Y esto pese a que los altos niveles de discriminacion contra la población afrocartagenera, especialmente en el centro de este puerto caribeño, no son ningún secreto. «La división racial en España aún existe», sostuvo. Contó que había sido botada de bares con su pareja oriunda de Angola. Identificó a gente de ultraderecha como principales agresores a pesar de que algunos padres de estos mismos jóvenes racistas habían llegado a España como exiliados políticos de Argentina.

Así, alguien como *Jéssica*, que proviene de una de las familias conocidas en Colombia, donde había vivido tranquila e integrada, en Europa, tan sólo por el color de su piel y la del compañero, es discriminada indiscriminadamente. Si ellos reclaman la España Mestiza, es por esta discriminación, aunque los hermanos indígenas y afros, marginados en el continente americano, no identifican el mestizaje con la interculturalidad, sino con la exclusión desde las clases dominantes de sus países y su propia discriminación. Lo cual viene a ser un ejemplo más de la necesidad de mirar el tema étnico y generacional de manera diferenciada. Pero si el hecho de haber nacido aymara o quechua o afrocartagenero «no es lo más importante» y «la lealtad étnica no debe convertirse en fetiche, sino que el derecho a la diferencia se basa en la dignidad humana», como enfatizó *Tomás Calvo*. Y por ser todos de la misma raza humana, como subrayó *Hugo Condori*, un joven estudiante rural aymara de Bolivia, la diferencia étnica o generacional tampoco debe ser motivo para discriminación.

«No sentamos España al banquillo», dijo *Jenny de la Torre Córdoba*, presidenta de la Federación de Afrodescendientes de Iberoamérica en España, «sino que la estamos enamorando.»

«Nos sumamos a los sueños de justicia de Don Quijote»

¿Qué ven entonces de indígena o afrodescendiente en Don Quijote, en el Ingenioso Hidalgo de la Mancha? Las y los jóvenes lo dicen en su manifiesto con las palabras grandes que suelen tener este tipo de documentos: «En las tierras de Castilla-La Mancha nos sumamos a los sueños de justicia de Don Quijote» a pesar de que tampoco en Toledo, el lugar histórico por excelencia de una convivencia pacífica de confesiones y etnias, extremadamente fructífera y productiva, se hicieron realidad estos sueños. Y ello porque, aunque se apreciaba a los otros como artistas o trabajadores, raras veces se otorgaron los mismos derechos ciudadanos a los forasteros. Por ello, abogan ahora los jóvenes por un mundo donde no existan migración forzada ni fronteras. Es por ello que desenrollaron en el viejo puente toledano de Alcántara la pancarta con el lema en kichwa de los «ASHTA CHAKAKUNA»: el de los «muchos puentes», de los que se han tendido y de los que faltan por tender.

En la sesión de clausura, *Rafael Sevilla*, confeso indígena manchego, ofreció a los asistentes un ejemplar del *Quijote* (cortesía del Consejo de la Juventud de Castilla-La Mancha). Y anunció la próxima traducción de la novela al aymara –a cargo del joven boliviano *Hugo Condori*. A propuesta del organizador, los asistentes aprobaron por aclamación se enviara un mensaje de agradecimiento a *Doña Victoria González-Bueno Catalán de Ocón*, Cónsul General de España en Quito, por su generoso gesto al agilizar los trámites burocráticos pese al escaso margen de tiempo tras la presentación de la solicitud de visado para los tres jóvenes participantes ecuatorianos invitados por la organización alemana INWENT.

Cuatro poemas para pensar en interculturalidad

Miguel Angel Arenas[*]

1. ¿De dónde soy yo si soy yo en todos sitios?

Nací del vientre de mi madre.
Más allá de ahí, mi tierra es el aire que respiro.
Porque he sido griego antiguo delante del Egeo,
con las pupilas llenas de pontos indefinidos.
He sido italiano cuando me enterró bajo sí el Vesuvio
y francés cuando besé por primera vez en París.
Me nacionalicé suizo cuando oí a Rousseau en Geneve;
tengo de finlandés trece tardes de domingo.
Se me quedó una aurícula del corazón en San Petersburgo
y media alma en Estocolmo junto a Olof Palme
aquella mañana de junio.
Hablo esta lengua en que Cervantes me puso delante un espejo
y sueño con ir a ser portugués montado en un verso de Pessoa.

---

[*] Nacido en Villarobledo (Castilla-La Mancha, España), Antropólogo y Poeta, Miembro de la Asociación Española de Creatividad, Director del Proyecto Artístico Social «Poessible World». Los siguientes poemas fueron leídos y comentados en una sesión vespertina del Foro de Diálogo con los asistentes indígenas

¿De dónde soy yo si soy yo en todos sitios?

Me emociono cuando oigo el himno de Estonia,
he dicho *te quiero* en húngaro a orillas del Danubio,
y escuchado el *os quiero* de Mozart en Viena;
una de mis siete vidas sigue mendigando por las calles de Praga
y otra permanece encarcelada en el Museo Británico.
Me cayeron en Dresde las bombas de los ingleses
y en Varsovia las de los alemanes.
Soy danés de pura estampa cuando habla por mí el silencio,
y vuelvo a ser finés todos los 8 de enero.

¿A qué país defendería yo si me siento atacado en todos sitios?

Me casé en Rabat con un turbante y una daga,
y en Fez tinté mi piel de azabache oscuro;
en el Sahara crucé fronteras sin líneas en los mapas.
Fui judío en Tel Aviv y musulmán en Yaffa,
en el Santo Sepulcro, fui católico a las cinco de la tarde
y a las siete era ortodoxo. He rezado en templos Shinto,
y nadie nunca notó nada.
He sido argentino en los puños de la rabia
y brasileño en la esperanza.
He sido de tantos lugares como a tantos lugares he ido.

¿Por qué país moriría yo si me siento vivo en todos los sitios?
(Jerusalén, 2005)

2. *El mundo sería mejor*

Si todos fuéramos blancos,
muchos enfermarían de la piel.
Si todos fuéramos negros,
muchos enfermarían de la piel.
Si todos habláramos la misma lengua
muchas cosas no podrían decirse.

Si todos tuviéramos fe en el mismo dios,
ese dios no tendría fe en nosotros.
Si todos vistiéramos igual
no habría algodón suficiente en los campos.
Si todos pensáramos lo mismo
no habría nada que pensar.
Si todos sintiéramos igual
no existiría el arte.
Si todos comiéramos lo mismo,
mañana no tendríamos nada que comer.
Si todos creyéramos en lo mismo
mañana no tendríamos nada que vivir.
Si todos bailáramos igual
el aire no querría contenernos.
Si todos fuéramos valientes
quizá no habría nadie en La Tierra.
Si todos fuéramos del mismo equipo
no se jugaría el partido.
Si todos fuéramos sabios
no quedaría nada por descubrir.
Si todos viéramos el mismo programa,
no seríamos humanos.
Si todos intentáramos comprender
las diferencias,
el mundo sería mejor
y este poema innecesario.
(*Buenos Aires, Argentina, 2004*)

3. Poemacuento de un niño que explica el mundo

El mundo está lleno de peces.
Hay peces para todos;
tantos que
nadie tendría que quedarse sin pez para comer.
Pero hay gente que tiene muchos peces
y otros que apenas tienen.

Hay personas que pescan mucho
porque tienen muchas cañas de pescar
y otros que no tienen peces porque no tienen caña.
Las personas con muchas cañas de pescar
no dan sus cañas a los que no tienen,
pero les venden los peces.
Los peces se venden muy caros.
Las personas con muchas cañas de pescar
no quieren que los otros tengan caña.
Si los que no tienen caña la tuvieran,
podrían pescar sus propios peces
y no tendrían que comprar los peces que les venden tan caros.
Hay personas que se fabrican sus propias cañas
y los que tienen muchas cañas se las rompen
porque no quieren que tengan caña.
El sitio donde se rompen las cañas se llama guerra.
Las guerras se inventan para romper las cañas de pescar.
Después, cuando dicen que acaba la guerra,
los que tienen muchas cañas tienen más
y los que tenían pocas, las pierden.
Pero en la televisión siempre dicen otra cosa.
A veces, los que tienen muchas cañas
dicen por la tele que quieren que todos tengan caña.
Dicen que van a construir una tienda enorme
donde todos van a poder comprar y vender sus cañas y sus peces.
Pero sólo los que ya tenían muchas cañas antes
tienen el dinero para comprar más cañas
para poder pescar más peces.
Cuando los que no tienen caña se quejan por esto
reciben algunos regalos para que dejen de quejarse.
Pero los regalos son con una condición:
tienen que hacer que los demás también dejen de quejarse.
Entonces, sigue habiendo con normalidad,
y pareciendo normal,
que haya una poca gente con muchas cañas y muchos peces,
y mucha gente sin caña y sin peces,
y sin posibilidad de quejarse.
Entonces mucha gente sin peces

se ve obligada a emigrar a donde están las cañas
e intentan pescar como pueden.

Antes había más peces en el mar.
Si esto sigue así se acabarán
y sólo nos quedarán las cañas.
Y las cañas de pescar no se comen.
(San Pedro Atitlán, Guatemala, 2007)

4. Nadie elige donde nace

Me nacieron donde no elegí.
Se nace sin remedio.
Nadie elige donde nace.
A veces se tiene suerte,
(sólo una de cada diez veces)
y te nacen en un buen lugar.
A mí me vinieron a nacer aquí,
(donde se nace nueve de cada diez veces)
en el sitio de la mala suerte.
Me hubiera gustado elegir
pero no se puede;
hay demasiados sitios "de mala suerte"
para que te nazcan.
Son sitios de mala suerte
porque después de nacer
tampoco se puede elegir.

Podría haber nacido en cualquier sitio;
ahora estaría diciendo otras cosas,
quizá estaría ahí sentado
escuchando a otra persona decir esto.
Podría no influir tanto el lugar donde se nace;
pero influye.

Naces y te sellan en las sienes

las líneas ficticias de un mapa.
A partir de ahí
todo te recuerda un momento
que no se elige.
Podría no ser así,
podría dar igual el sitio,
podría no haber personas
que miran un papel antes que una cara.

Podría no ser así…

Me hubiera gustado elegir donde nacer,
elegir otro sitio.
Aunque, sinceramente,
me hubiera gustado más
no tener que elegir.
Pero no se puede,
te nacen y punto.

Me hubiera gustado elegir
no tener que pedir las sobras de comida
cuando me baje del quad
y termines de hacerme la foto.
(La Ceiba, Honduras, 2007)

Manifiesto de Toledo[*]

«Nuestro Don Quijote también es indígena y afrodescendiente»

Los participantes del III Foro de Diálogo Europa-Pueblos Indígenas y Afrodescendientes de América Latina, celebrado en la ciudad de Toledo con el tema «Jóvenes y desarrollo con identidad», llevado a cabo del 2 al 4 de marzo de 2009, acordamos:

Exigir la construcción de una verdadera igualdad social, la cual valore y respete todas las culturas, promueva y consolide la construcción de una sociedad justa e inclusiva, en donde no exista migración económica impuesta y fronteras entre nuestros Estados.

Recordamos la urgencia de la firma y ratificación de Acuerdos y Convenciones Internacionales por parte de aquellos Estados Iberoamericanos que aún no los han incorporado; y estamos en disposición de emprender las acciones necesarias para que la negligencia de tales Estados quede expuesta al juicio de la Comunidad Internacional.

---

[*] Leído el 4 de marzo de 2009 en el Puente de Alcántara, Toledo (España), y firmado por jóvenes de más de 25 realidades nacionales contenidas en 12 Estados de Europa y América Latina.

PEDIMOS LA PARTICIPACIÓN DE LAS Y LOS JÓVENES INDÍGENAS, AFRODESCENDIENTES, IBEROAMERICANOS Y EUROPEOS EN LOS DISTINTOS ESPACIOS DE TOMA DE DECISIONES Y REQUERIMOS QUE LA COOPERACIÓN INTERNACIONAL, LAS ORGANIZACIONES INTERNACIONALES Y LOS GOBIERNOS IBEROAMERICANOS Y EUROPEOS PRIORICEN Y GARANTICEN LA SATISFACCIÓN DE LAS NECESIDADES DE LAS Y LOS JÓVENES INDÍGENAS Y AFRODESCEN-DIENTES EN SUS PAÍSES Y EN EUROPA, ADOPTANDO NUEVAS POLÍTICAS DE INVERSIÓN PARA EL DESARROLLO DE CAPACIDADES EN TODOS LOS ÁMBITOS DE LA VIDA, PARA QUE PUEDAN SER LOS PROPIOS AGENTES DE SU DESARROLLO SIN EL MENOSCABO DE SU IDENTIDAD.

EN TIERRAS DE CASTILLA-LA MANCHA NOS SUMAMOS A LOS SUEÑOS DE JUSTICIA DE DON QUIJOTE.

¡Por el buen (con)vivir!

Autoras y autores

Akenke Best Gayle, Urenna: Panamá, Licenciada en Derecho y Ciencias Políticas por la Universidad de Panamá. Ha complementado su formación con un postgrado en el Sistema Interamericano de Derechos Humanos organizado por la Universidad de las Regiones Autónomas de la Costa Caribe Nicaragüense (URACCAN), curso que tuvo como objetivo contribuir a incrementar conocimientos y habilidades para fortalecer las capacidades organizativas y de incidencia política de mujeres indígenas y afrodescendientes en América Latina y el Caribe, así como de los Pueblos Indígenas y Comunidades Étnicas de la Costa Caribe Nicaragüense, y Pacífico Centro-Norte, desde una perspectiva de género e interculturalidad. El mismo fue desarrollado por el Centro de Estudios e Información de la Mujer Multiétnica (CEIMM), adscrito a la URACCAN. Actualmente cursa la Maestría en Relaciones y Negocios internacionales en el Centro de Estudios Financieros en Madrid. Ha participado en diversos seminarios, foros y encuentros entre los que destacan: «Encuentro Iberoamericano de Jóvenes Afrodescendientes y Jóvenes Españoles» (2006); «Encuentro Intergeneracional de Mujeres Líderes Afrodescendientes de América Latina y el Caribe» (2007); «Reunión Técnica sobre Juventud Indígena y Juventud Afrodescendiente en Iberoamérica» (2007); Foro «Participación e incidencia de los afrodescendientes ante la Organización de Estados Americanos» (2007). Urenna Best pertenece a la «Red de Mujeres Latinas Americanas y del Caribe», es miembro del «Grupo Consultivo de Jóvenes Líderes Afrodescendientes», así como de la «Red Iberoamericana de Jóvenes Indígenas y Afrodescendientes» (REJINA).

Antun Tsamaraint, Raquel: nacida el 14 de febrero de 1969 Taisha Morona Santiago, Amazonía Ecuador, Pueblo Shuar. Dirigenta de Educación de la Federación Interprovincial de Centros Shuar (FICSH) y Presidenta de la Comisión Nacional de Educación Intercultural Bilingüe del Sistema de EIB del Ecuador. Educadora y funcionaria de la Dirección Provincial de Educación Intercultural Bilingüe de Morona Santiago (DIPEIB MS) de la Nacionalidad Shuar.

TÍTULOS: Bachiller en Ciencias de la Educación; Profesora de Educación Primaria y Licenciada en Ciencias de la Educación.

EXPERIENCIA LABORAL: Secretaria de la Federación Interprovincial de Centros Shuar, 1990; Secretaria de la Dirección Provincial de Educación Intercultural Bilingüe de Morona Santiago, 1993; Secretaria de la Facultad de Enfermería de la Universidad de Cuenca, 1995; Secretaria de la Asamblea Constituyente por Morona Santiago, 1998; Secretaria Contadora del Servicio Holandés para el Desarrollo, 1999; Técnico Docente de la Dirección Provincial de Educación Intercultural Bilingüe de Morona Santiago, 2000.

CARGOS ACTUALES: Dirigente de Educación de la Federación Interprovincial de Centros Shuar-FICSH; Presidenta alterna de la Comisión Nacional de Educación Intercultural Bilingüe del Ecuador.

Arenas, Miguel Ángel: nacido en Villarrobledo, un lugar de La Mancha, es licenciado en Humanidades (Especialidad en Gestión Cultural), humanista y antropólogo, pero sobre todo poeta. Ha recibido numerosos premios de poesía y prosa de carácter regional y nacional. Tiene publicados *Sobre Arenas* (Argentina, 2002), *Poeta quien lo lea* (2003) y *Poemas para repensar el mundo* y *Poemas para pensar la multiculturalidad* –editados en formato Multimedia– (2004 y 2007). También en 2007 fue presentado en la Biblioteca Nacional de México su cuarto trabajo, *Poéticamente incorrecto*. Actualmente se encuentra trabajando en distintos proyectos artísticos en los que colaboran instituciones como la AECID, el Instituto Cervantes y la UNESCO, entre otras. Uno de sus últimos proyectos *El mundo, un poema gigante* está congregando a miles de personas en más de una decena de ciudades del mundo. Vid. al respecto: *www.angelarenas.com*

Bazán Novoa, Marco Valentino: filósofo social, nacido en Lima como hijo de migrantes de la Sierra Peruana, vivenció lo que es vivir entre culturas. Fue niño trabajador, entró en la organización de niños y niñas trabajadores del Perú MANTHOC, que es la cuna de todo un movimiento de ahora alrededor de 50 organizaciones infantiles. A partir de sus 13 años dejó de ser empleado para trabajar independientemente y financiar sus estudios que lo llevarían hasta graduarse en la Universidad de San Marcos. Ya como universiatario y miembro de la Juventud Obrera Católica empezó a trabajar en cursos de capacitación del Instituto de Formación José Cardijn para jóvenes de barrio, donde trabajó varios años. Posteriormente ha trabajado para el Estado peruano en el Consejo Nacional de Juventud. En esta función y cooperando con la Comisión de la Verdad extendió su campo de trabajo a la juventud rural. Actualmente es coordinador nacional de *terre des hommes*-Alemania, y responsable de acompañar programas de educación intercultural en escuelas rurales y de protagonismo juvenil rural desde las culturas andinas. Fue coordinador de una investigación comparativa a nivel regional sobre resiliencia comunitaria y cultural respeto a la transgresión en jóvenes urbanos y rurales, financiado por *terre des hommes*-Alemania. Ha publicado dos libros sobre protagonismo juvenil: *Jóvenes Contruyendo Protagonismo, Escuela desde la Juventud Barrial Organizada*, Lima 2003; y *Protagonismo Social de la Juventud, Un discurso cuando los jóvenes son tomados en cuenta*, Lima 2005.

Cerda López, Paul César: ecuatoriano, kichwa, Provincia de Pastaza, Ecuador. Nacido el 30 de mayo de 1982. Estudiante superior de 5° año en la Universidad Central del Ecuador, especialización en Jurisprudencia y Ciencias Políticas. Título a obtener: Abogado de la República del Ecuador. Pichincha, Ecuador.

EXPERIENCIA PROFESIONAL (selección): Presidente de la Junta Receptora en la Facultad de Jurisprudencia, Quito, año 2002-2003; Vicecoordinador del Partido «Nueva Reivindicación» en la Facultad de Jurisprudencia, Universidad Central del Ecuador, Quito, año 2004-2005; Alumno de Programa del Centro Lianas en Justicia Indígena para Ecuador, Quito, 2005; Dirigente de Asuntos Sociales y Juventud de la Comunidad Pablo López de Orlan Alto, periodo 2006-2009; Coordinador del Programa Regional en Derechos de los pueblos Indígenas de la Cuenca Amazónica, 2007, UASB; Delegado Oficial en los Congresos de la ACIA – OPIP – CONAIE.

IDIOMAS: kichwa de Pastaza; español; francés.

CAPACITACIONES (selección): Curso de Planificación Estratégica, Técnica y Grupal y Visualización, Puyo 25 al 29 de Marzo de 2002, ILDIS – FES; Participación en la III Cumbre Continental de los Pueblos Indígenas de ABYA YALA, Guatemala – Techan 26 al 30 de Marzo de 2007; participación en el Programa Regional de Gestión y recursos Naturales, en Derecho de los Pueblos Indígenas de la Cuenca Amazónica, Quito, Universidad Andina Simón Bolívar, 16 de Julio al 29 de Septiembre de 2007, DED / INWENT; participación en el taller de Réplica del Programa Regional Amazónico, Ciudad Bolívar, Venezuela, 29 y 30 de Octubre 2007.

Coc Sinay, Estuardo Conrrado: guatemalteco de origen maya kaqchikel. Diplomado «Analista Sociopolítico»; Diplomado «Desarrollo y Gestión de ONGs»; Diplomado en «Prevención Comunitaria del Delito». Actualmente Estudiante de Licenciatura en Ciencias Jurídicas y Sociales. Trabaja como Facilitador del Programa de Seguridad Preventiva, en el Instituto de Enseñanza para el Desarrollo Sostenible (IEPADES), Guatemala. En el marco del Servicio de Voluntariado a la comunidad (*ad honorem*) es Fundador de la «Asociación Juvenil Kojb'iyin Junam», San Raimundo; Titular Representante Sector Juventud Indígena dentro de la Comisión Nacional de la Niñez y Adolescencia, desde el 2007 a la fecha; Representante en la Asamblea Nacional de Jóvenes de Guatemala; Representante Mesa Nacional de Juventud Indígena de Guatemala. Igualmente ha expuesto y participado en encuentros nacionales y en Centroamérica (capacitaciones, seminarios, foros, diálogos) en diversos temas sobre niñez, juventud, pueblos indígenas, violencia, derechos humanos, entre otros temas, organizados por las instancias guatemaltecas de juventud.

Condori Huanca, Hugo: joven campesino de la provincia Jesús de Machaca, Dep. La Paz, Bolivia. Sus cargos: representante de la Federación de Estudiantes de Jesús de Machaca, además de ser autoridad de su comunidad. Joven reconocido como líder influyente por sociólogos y cooperantes que han estado en contacto con él.

Lambertz, Britta: Estudios de Relaciones Internacionales (BA) y Estudios Regionales América Latina (MA) en Inglaterra; Postgrado en el Centro de Formación Superior para el Desarrollo Rural, Berlin (SLE). Actualmente colaboradora de la Unidad Coordinadora de Pueblos Indígenas en América Latina y el Caribe de la Cooperación Técnica Alemana (GTZ), y consultora en el Ministerio Federal Alemán para la Cooperación Económica y Desarrollo (BMZ) sobre asuntos indígenas. Tiene experiencia en la temática de la juventud por su colaboración en el Programa de Apoyo a la Calidad Educativa de la GTZ en Guatemala, y varios trabajos con grupos juveniles en Guatemala, Sudáfrica y Namibia, así como una publicación sobre enfoques de reducción de la pobreza juvenil en Ciudad del Cabo, Sudáfrica.

López Miró, Florina: kuna-panameña, nacida en Kuna Yala. Titulada Bachiller en Comercio, con especialización en contabilidad. Capacitaciones, entre otras, en Desarrollo y Fortalecimiento Institucional; sensibilización en género, población y pobreza; liderazgo y participación política y, en los últimos años, en fortalecimiento institucional de las ONGs indígenas; capacitación sobre Convenio de la Diversidad Biológica (Art.8j); Salud Reproductiva; Desarrollo y Pueblos Indígenas; Género y Medio Ambiente. Actualmente es co-coordinadora de la «Red Internacional de Mujeres Indígenas sobre Biodiversidad»; Miembro de la «Red Internacional de Mujer y Minería»; Miembro de la «Asociación Napguana»; Coordinadora de proyecto sobre elaboración del protocolo indígena sobre acceso a recursos genéticos 2007-2008; Punto Focal del Foro Internacional Indígena sobre Biodiversidad de Mesoamérica. Ha participado, entre otras conferencias y foros a nivel nacional e internacional, en reuniones del Foro Permanente de las Cuestiones Indígenas de la ONU; Grupos de trabajo sobre el Artículo 8j del Convenio de la Diversidad Biológica (CDB); Grupo de Trabajo sobre Acceso a Recursos Genéticos y distribución equitativa de beneficios; Conferencias de las partes del CDB y en otros varios eventos desde el año 1994; Grupo de Trabajo sobre Áreas Protegidas, Roma 2008. Ha sido igualmente expositora sobre temas relativos a Género; Derecho de los pueblos Indígenas; Biodiversidad, Derechos Humanos de las Mujeres Indígenas; Salud Reproductiva; Conocimiento Tradicional de los Pueblos Indígenas; Participación de las mujeres en el proceso del CDB; Implementación del Artículo 8j, a nivel nacional (Panamá 2007).

Males, Luis E.: MS en Desarrollo local y territorio y en Desarrollo y Cooperación Internacional. Graduado de Economía y Finanzas Corporativas de la Universidad de San Francisco de Quito, Ecuador. Es Jefe de Desarrollo Económico Local a cargo de la Unidad de Turismo, Unidad de Artesanías y Proyecto BID-GMO del Gobierno Municipal de Otavalo, Ecuador. Entre sus funciones se cuentan: coordinar las funciones de la Unidad de Turismo en proyectos de capacitación y emprendimiento, así como también promoción y desarrollo de nuevos productos en el sector turismo; coordinar las funciones de la Unidad de Artesanías en proyectos de capacitación y emprendimiento del sector artesanal; contraparte técnica con el Proyecto del Banco Interamericano de Desarrollo (BID) y la Municipalidad de Otavalo (GMO), el cual apoya la competitividad de la Mypimes de sector turístico y artesanal; contraparte técnica en el proyecto de formación de redes empresariales del sector artesanal en conjunto con el Ministerio de Competitividad e Industrias-MIC; coordinar las actividades de las competencias asumidas después de la descentralización en turismo con el equipo técnico del Ministerio de Turismo.

Moreno Aguilar, **Edil Antonio:** oriundo de la localidad de San Antonio del Parapetí y estudiante del segundo semestre de la carrera de Ciencias de la Educación, en la Facultad Integral del Chaco, dependiente de la Universidad Gabriel René Moreno de Santa Cruz. Ha participado en diferentes cursos de capacitación, debates sobre temas juveniles de pueblos originarios; durante varios años ejerció el cargo de líder de agrupaciones juveniles en su comunidad, participando en diferentes eventos representando al municipio de Charagua, a la provincia Cordillera en los Consejos juveniles, Provinciales y Departamentales en Santa Cruz, y eventos a nivel nacional en la ciudad de la Paz. Su cargo actual es el de asesor de la «Red de Jóvenes de San Antonio del Parapetí», compuesta por chicas y chicos, que son en su mayoría indígenas guaraníes y también algunos no indígenas.

Moreno, Diana: nacida en la ciudad de Panamá, República de Panamá, en 1981, más de 15 años de experiencia en temas culturales. Coordinadora de arte y danza para eventos de la juventud afro e indígena en Centro América, con formación en dirección de cultura de la Universidad de Panamá. Actualmente reside en Girona, España.

Pérez, Antonio: antropólogo español; 1967-70 exilio por antifranquismo y presencia en la «Primavera de Praga» y en el«Mayo del 68» en París; 1971-73 primera estancia en América Latina con participación en los movimientos sociales, especialmente en el Chile anterior al golpe militar; 1973-75 investigaciones de campo en las cárceles de Franco y, paralelamente, Licenciatura en Ciencias Políticas y Sociología; a partir de 1976 estudios de Antropología; 1977-1981 investigaciones de campo en la Amazonía venezolana más profunda; 1983-85 investigaciones de campo en Melanesia e Indonesia; 1986-1992 director responsable de diversas exposiciones y comisario para cuestiones indígenas y medioambientales en la Comisión española «V Centenario»; desde 1993 ocasionales trabajos de consultoría ante la Unión Europea en el campo de la transformación social de pueblos indígenas. Autor de unos 100 artículos científicos así como de diversas documentaciones audiovisuales; miembro fundador de diversas organizaciones indígenas y humanitarias. Desde 1994 residente en Valencia de Alcántara, en la zona fronteriza entre Portugal y Extremadura, donde mantiene un pequeño museo amazónico junto con colecciones de objetos indígenas *(memorabilia* y *efímera)* y, sobre todo, unos 80 metros lineales de literatura gris sobre los movimientos indígenas contemporáneos.

Rojas Dávila, Roberto: graduado de la Facultad de Derecho de la Pontificia Universidad Católica del Perú, Presidente de MAKUNGU: Jóvenes Revalorando y creando cultura afroperuana; Secretario de Juventudes; Miembro de la «Red Iberoamericana de Jóvenes Indígenas y Afrodescendientes» (REJINA) y Miembro de la «Red Activistas de Derechos Humanos del Hemisferio Sur – Red Diálogo DH». Ha llevado una serie de capacitaciones en derechos humanos y temas de jóvenes, afrodescendientes y pueblos indígenas a nivel nacional e internacional.

Ruiz, Javier: Abogado peruano, Master en Relaciones Internacionales. Ha sido Director de la Oficina Nacional del Parlamento Andino en Perú. Se ha desempeñado como docente en la Facultad de Derecho de la Universidad Nacional Federico Villarreal de Perú. Actualmente es Director de Programas y Formación de la Organización Iberoamericana de Juventud (OIJ). Formó parte del equipo que llevó a cabo el proceso de elaboración de la Convención Iberoamericana de Derechos de la Juventud (CIDJ) y el proceso de diseño del Plan Iberoamericano de Cooperación e Integración de la Juventud aprobado en la Cumbre Iberoamericana de Jefes de Estado y de Gobierno (San Salvador 2008).

Sevilla Paños, Rafael: nacido el 12 de abril de 1944 en Casas de Fernando Alonso (Castilla La Mancha, España), estudios de filología clásica en Salamanca, de romanística y filosofía en Tübingen; 1970-1999: Jefe de la Sección América Latina y el Caribe en el Institut für Wissenschaftliche Zusammenarbeit mit Entwicklungsländern (IWZE Tübingen). Numerosas estancias de estudios en Iberoamérica y gestiones de programas de cooperación universitaria en el marco de la ayuda al desarrollo; redactor y coeditor de la revista *Educación* (2000 ejemplares de tirada, 60 volúmenes) y de la edición española de la revista cuatrimestral *Universitas,* publicación interdisciplinaria en español con el apoyo de Inter Nationes (Bonn) y distribuida en todas las universidades de habla hispana (4000 ejemplares de tirada, 120 números). Desde1992: Editor de *Diálogo Científico – Revista Semestral de Investigaciones Alemanas sobre Sociedad, Derecho y Economía*, una publicación financiada igualmente por Inter Nationes Goethe Institut y, a partir de 2001, por el Departamento de Cultura del Auswärtiges Amt y la Fundación Alexander von Humboldt (3000 ejemplares de tirada). Desde 1995: Fundador y coordinador del Brasilianisten-Gruppe in der ADLAF/Grupo dos Brasilianistas na Alemanha. Desde 2000: Director fundador del Zentrum für Wissenschaftliche Kommunikation mit Ibero-Amerika/Centro de Comunicación Científica con Ibero-América (CCC Tübingen).

PUBLICACIONES: Editor y fundador de la serie *Länderseminare des CCC* en la editorial Horlemann, 16 tomos publicados, y de la serie *Ediciones Foro de Diálogo,* cuyo primer volumen apareció bajo el título *Pueblos Indígenas: Derechos, Estrategias Económicas y Desarrollo con Identidad* , Bad-Honnef 2008 (con J. Ströbele-Gregor).

PUBLICACIONES MÁS RECIENTES: (ed. con Andreas Boeckh) *Kultur und Entwicklung – Vier Weltregionen im Vergleich,* Baden-Baden: Nomos Verlag 2007; «Anmerkungen zur Identität und Literatur in Lateinamerika – Mit einem Beispiel aus Chile», en: *Lateinamerika. Politik, Wirtschaft und Gesellschaft* (Festschrift für Andreas Boeckh), Baden Baden: Nomos Verlag 2008. Su principal área de interés se centra en la mediación cultural entre el mundo de habla alemana y el iberoamericano.

TRADUCCIONES (selección): Otfried Höffe: *Derecho intercultural,* Barcelona: gedisa 2000 (Colección „Estudios Alemanes"); Hans Albert: *Razón crítica y práctica social,* Barcelona: Paidós 2002 (Pensamiento Contemporáneo 68). Ernst Tugendhat: *Problemas,* Barcelona: gedisa 2003

Strack, Dr. Peter: sociólogo, actualmente desempeña la labor de Oficial de Relaciones Públicas, de *terre des hommes*-Alemania. Entre 1996 y 2006 fue Coordinador de la Oficina Regional Andina de esta ONG de apoyo a la infancia, con sede en Cochabamba, Bolivia.

Ströbele-Gregor, Dr. Juliana: antropóloga y pedagoga; Doctorado en Antropología del Instituto Latinoamericano (LAI), Universidad Libre de Berlín. Investigadora asociada al LAI y consultora para la cooperación internacional de desarrollo. Especialización regional: países andinos y Guatemala; investigación en antropología política; estudios de género y derechos humanos; movimientos religiosos, movimientos indígenas. Varias publicaciones sobre los diferentes temas. 1989-2006 Integrante del grupo de editores del anuario: *Jahrbuch – Lateinamerika: Analysen und Berichte,* Münster. Miembro del consejo consultivo de la Revista de Ciencias Políticas Internacionales *Peripherie,* Münster. Desde 2006 miembro de la junta directiva de la «Asociación Alemana de Investigación sobre América Latina» (ADLAF). Actualmente: *fellow* del Centro de Investigación ZIF de la Universidad de Bielefeld. Junto con Rafael Sevilla iniciadora del Foro de Diálogo Europa – Pueblos Indígenas y Afrodescendientes de América Latina, cuya primera edición tuvo lugar en Weingarten, Alemania, el año 2004.

Unigarro Coral, Maria Helena: psicóloga; estudios de maestría en psicología (línea investigativa cultura y desarrollo humano); fundadora y vinculada a la «Asociación Cenpromujer Taller Abierto» en Cali, Colombia; experiencia en temas relacionados con género, migración y desplazamiento forzado especialmente con mujeres y jóvenes. Vinculada a espacios del movimiento social de mujeres. Después de años de trabajo en entidades universitarias y estatales colombianas, la socióloga fundó «Taller Abierto», que dirige hasta hoy. Esta Organización No-Gubernamental ejecuta proyectos de desarrollo comunitario y empoderamiento socio-político, especialmente con mujeres en barrios marginalizados de Cali como Aguas Blancas, con mujeres jóvenes migrantes y población desplazada por el conflicto armado en Colombia. A fines de los años 90 inició un trabajo conjunto de investigación con el Consejo Regional Indígena del Cauca sobre niñas y mujeres jóvenes Nasa migrantes en Cali, que contempló también un estudio de los factores expulsadores en las comunidades indígenas. Todo esto como parte de una investigación comparativa de *terre des hommes*-Alemania sobre la situación de la niña y joven en la región andina, que fue publicado en el libro *Respetando mis derechos, otros serán mis pasos*, en el año 2000. Unigarro Coral es miembro activo de la «Red Colombiana de Mujeres por los Derechos Sexuales y Reproductivos», de la «Red Nacional de Mujeres», y miembro del «Observatorio de Derechos Humanos de Mujeres en Colombia».